lonely planet

免费旅行

THE BEST THINGS IN LIFE ARE FREE

一 本 帮 你 省 钱 的 旅 行 指 南

中国地图出版社

艺术&文化

运动&休闲

音乐&电影

艺术&文化

目录

运动&休闲

节日&活动

艺术&文化

美食&饮品

Mate

前 言

去年，我们第一次带孩子踏足非洲时去了摩洛哥的马拉喀什。到那里的第一晚，我们来到这座城市举世闻名的露天广场德吉玛广场（见16页），就像迈进了另一个世界。这里弥漫着小吃摊散发的烟火气、敲鼓的声响，还有人们呼喊、歌唱、沿街叫卖小物什的声音，热闹喧哗。每个人的眼睛都在超负荷地追踪和感知这一切。我本担心这里会太过混乱，但孩子们第二晚还嚷着要再去。这是我旅途中最难忘的瞬间之一，而它所花费的成本不过是那个晚上走进广场的一个决心。

“免费”这个词所指的货币价值并不能准确地阐释本书中所列的内容，毕竟，一项体验的价值无法被贴上价格标签。我们的许多建议都在挖掘这个世界隐秘的奇异之处，不论是在悉尼的海边泳池（见267页）游泳，还是在德里洛迪花园（见37页）的陵墓和纪念碑间漫步；而那些挑战新西兰（见260页）壮美小径的徒步者，会发现他们正慢慢接近那些美丽岛屿的灵魂。

对于我们当中的许多人而言，当我们迈出旅行的第一步时，如果想让背包旅行的日子尽可能漫长，那么免费的东西不仅是充满诱惑的，而且是必需的。它不只关乎旅途是否成行，许多难以忘怀的自由与探索灵感的迸发也都来源于省钱的经历。你很快就会意识到，原来“便宜”可以意味着太多太多美好。在罗马，没有哪顿饭能比得上我第一次去不朽之城时，在距离古罗马斗兽场（Colosseum）不远处的伽利蒙塔纳别墅（Villa Celimontana）吃的面包加奶酪野餐。当我们谈及人生的命题，比如对人类现状的洞察，很少有比与十几个来自世界各地的人同住一间宿舍来得更为深刻。

几乎在世界各地你都能发现那些平易近人的“无价之宝”。上下五千年的华夏历史？免费（中国国家博物馆；见28页）。华盛顿的19个博物馆和美术馆？免费（美国国家动物园史密森尼生物保护研究所；见242页）。英国的国家公园？全部免费。当然，捐赠永远是受欢迎的。而且如果你想感受所有热门景点的最佳景色，就早点起床吧，抢在人潮之前到达。别忘了，清晨的静谧也同样是无价的。

要说一切美好都是免费的难免过于夸张，所以你会在这本书中找到大量非常值得体验同时很便宜的活动。在布宜诺斯艾利斯（见277页）花掉多余的零钱尝尝choripán（香肠三明治）等诱人的街头小吃，在香港乘坐天星小轮（见48页）一览城市的天际轮廓，或者在波士顿来一趟啤酒厂之旅（见179页）。难忘的回忆、越发快乐的你和感恩的钱包——随手翻一翻这本书，也许你就再也不会渴望奢华旅行的放纵了。

汤姆·霍尔（Tom Hall）

AFRICA
非洲

开普敦

这座以多元文化为骄傲的南非母亲之城，坐落在彩虹之国最具标志性的自然景观桌山和取了个好名字的好望角之间。这里的高山与大海共同提供了种种免费享乐的机会，数不清的炫酷活动和景点使开普敦（Cape Town）俨然成为一座派对之城。

艺术&文化　音乐&电影　运动&休闲　美食&饮品　节日&活动

01 第六区

第六区（District Six）历史上曾是一个由获释的奴隶、工匠、劳工和移民组成的紧密社区，但在种族隔离制度下被强行分裂。1966年以前这里一直是白人区，曾有6万名居民被驱逐，他们的房屋也被拆毁。你可以自由地在已经翻新的街道间探索，尤其不要错过**第六区博物馆**（District Six Museum; districtsix.co.za; 25a Buitenkant St; 周一至周六9:00~16:00; 30南非兰特），博物馆还会组织由曾经的居民做导游的**日落步行游览**（Sunset Walking Tours; 春夏17:50; 100南非兰特）。

02 免费钻石之旅

正如**开普敦钻石博物馆**（Cape Town Diamond Museum; capetowndiamondmuseum.org; Clock Tower, Level 1, Waterfront; 9:00~21:00; 50南非兰特）所介绍的，自19世纪40年代以来，南非一直是钻石的代名词。门票还是要花的，但你可以从**Shimansky**（shimansky.com）下载一张礼品券兑换免费的导览游。当你跟随导览团队穿过切割工厂、制造车间以及钻石和坦桑黝帘石展厅时，还能来一杯免费的南非葡萄酒。不过最后一站依然是礼品店……

03 圣乔治大教堂

即使**罗本岛**（Robben Island; robben-island.org.za; 300南非兰特）超出了你的预算，导致你不能跟随向导参观曾经关押曼德拉（Mandela）和其他政治犯的监狱，也不要错过这座"人民大教堂"，德斯蒙德·图图大主教（Archbishop Desmond Tutu）曾在圣乔治大教堂（St George's Cathedral）领导了一场长达数十载反对种族隔离制度的庄严斗争。教堂的唱诗班偶尔会有免费表演。主要仪式在周日9:30举行，不过这里随时欢迎游客参观。你还可以参加观赏维多利亚风格教堂的导览游。sgcathedral.co.za; 5 Wale St; 免费。

04 如果世界美术馆

前卫的如果世界美术馆（Whatiftheworld Gallery）位于伍德斯托克（Woodstock）的一座废弃犹太教会堂中，布置得特别炫酷，自2008年以来就是南非当代艺术家们聚会的场所。许多年轻的艺术先驱从那时起便塑造了这个国家的艺术风格，不过这丝毫不影响新浪潮的来袭。网站可以查询相关展览信息。whatiftheworld.com; 1 Argyle St,Woodstock; 周二至周五10:00~17:00，周六10:00~14:00; 免费。

当地人说

"开普敦的商店和主流艺术馆在每月第一个星期四会营业到很晚，这点特别棒。夏季在信号山上野餐很美妙，还能在周日下午享受De Waal公园的免费演唱会。不过我来自豪特湾（Hout Bay），大多数晴朗的周日都会去港口附近逛市场（先跟在那里定居的海豹Bob打声招呼），享受那里的美食、酒吧和现场音乐。晚些时候，我会在沙滩上喝瓶葡萄酒，或者转战Noordhoek农庄（noordhoekvillage.co.za）继续听现场音乐。"——卡蒂·欧文斯（Katie Owens），公司主管

05

05 海滩生活

开普敦美丽的海滩名扬四海。**Camps Bay**（5a）和**Clifton**（5b）是时髦的都市人群之选；面朝大西洋的**Llandudno**（5c）适合冲浪爱好者；隐秘的**Sandy Bay**（5d）适合裸体主义者；**False Bay**的**Muizenberg**（5e）和**St James**（5f）加上印度洋洋流带来的温暖海水，是家庭出游的首选之地。除了位于西蒙斯敦（Simons Town）生活着3000只濒危非洲企鹅的**Boulders Beach**（5g；8:00~18:30，12月至次年1月开放时间更长；60南非兰特）以外，所有海滩都是免费开放的。

06 波开普

波开普（Bo-Kaap）位于信号山（Signal Hill）一侧，原为马来区（Malay Quarter），以主打街景、清真寺和美食的旅游业而闻名。你可以在街巷闲逛，或参观门票超值的**波开普博物馆**（Bo-Kaap Museum；6a；bokaap.co.za/museum；71 Wale St；周一至周六10:00~17:00；20南非兰特），或者参加一次**烹饪课程/团队游**（bokaapcookingtour.co.za；700南非兰特，含晚餐）也不错。附近的**长街**（Long St；6b）是这座城市的地下娱乐中心，沿街散布着二手书店和波希米亚风情的小店。

07 向狮子呼喊

桌山国家公园（Table Mountain National Park；7a）围绕着十二门徒山（Twelve Apostles）、魔鬼峰（Devil's Peak）、信号山和桌山，遍布着数百条小径。大多数小径都可免费通行，其中设有4处收费点。各种路线都能让你垂直攀登魔鬼峰，不过如果你在满月期间前来，那就带上啤酒，加入当地人的徒步队伍吧，一起去**狮头峰**（Lion's Head；7b）守望明月，爬上霍屯督荷兰山脉（Hottentots Holland Mountains）。

08 海角大道

11公里长的海角大道（Sea Point promenade）浪花飞溅，充斥着游乐场和户外艺术，从跑步者和滑板爱好者，到手牵手的情侣和孩子，这里满是无忧无虑的气氛，真是个人见人爱的地方。你可以在大西洋中免费游个够，或者躲进露天的**Sea Point Pavilion**（www.

伊兹科博物馆

南非伊兹科博物馆（Iziko Museums; iziko.org.za）是一个由11家开普敦顶级博物馆和景点组成的联合体，包括波开普博物馆、南非国家美术馆（South African National Gallery; Government Ave, Company's Garden; 10:00~17:00）、南非博物馆和天文馆（South African Museum and Planetarium; 25 Queen Victoria St; 10:00~17:00）、航海中心（Maritime Centre; Union Castle House, Dock Rd, V&A Waterfront; 10:00~17:00）以及南非最古老的葡萄酒庄大康斯坦夏庄园（Groot Constantia Manor House或Groot Constantia Estate; 10:00~17:00）。这些博物馆一般收取30南非兰特，但一年中有八九天全部免费开放，通常是在公共假日。查询网站可获取最新消息。

capetown.gov.za; 夏季7:00~19:00, 冬季9:00~17:00; 21南非兰特），作为世界最棒的公共泳池之一，这里有跳水板、戏水池和两个奥林匹克标准的游泳池。

09 维多利亚和阿尔弗雷德码头广场

曾经的码头摇身一变，成为集娱乐、餐饮和购物于一体的时尚滨海商业区，从免费Wi-Fi，到与自由斗士纳尔逊·曼德拉和德斯蒙德·图图的邂逅（尽管只是他们的铜像），维多利亚和阿尔弗雷德码头广场（Victoria & Alfred Waterfront）堪称应有尽有。自拍狂人不要在海豹旁边没完没了地臭美，它们可不是雕像。这里全年都有街头艺人表演和免费活动。罗本岛团队游也从这里出发。waterfront.co.za; 9:00~21:00; 免费。

10 去镇上

参观一座小镇（Township）是游览开普敦的一项必不可少的体验，还可以一起体验便宜的**Mzoli's**（10a; Gugulethu; 9:00~18:00; 菜肴50~100南非兰特）美食。在这家Gugs（Gugulethu小镇的俗称）的肉店买点肉，找一家传统的braai（烤肉店）烹饪，一边痛饮啤酒，一边随着Kwaito音乐的节拍跳动。你可以参加精彩的团队游（laurastownshiptours.co.za; 400南非兰特），**Vicky's B&B**（10b; Khayelitsha Township）提供简单的民宿和科萨（Xhosa）风格的家常菜。

11 品酒

南非出产世界上口感最佳的平价葡萄酒，不尝一尝简直是罪过。幸运的是，**Wine Concepts**（11a; wineconcepts.co.za; 50 Kloof St）每周有6天（周一至周五16:00~19:00，周六正午至15:00）提供免费品酒活动。**Tjing Tjing Rooftop Bar**（11b; tjingtjing.co.za; 165 Longmarket St）每周三17:00~19:00也有免费的红酒可供品尝。

12 开普敦狂欢节

开普敦狂欢节（Cape Town Carnival）源于2010年南非世界杯，长街（Long St）上充满激情与活力的狂欢气氛，它至今已经发展为一项大型的年度集会活动，大约有5万人前来观看和参加狂欢，届时花车、音乐、舞蹈和余兴派对会淹没整个绿点球场（Green Point）。capetowncarnival.com; Fanwalk, Green Point; 3月; 免费。

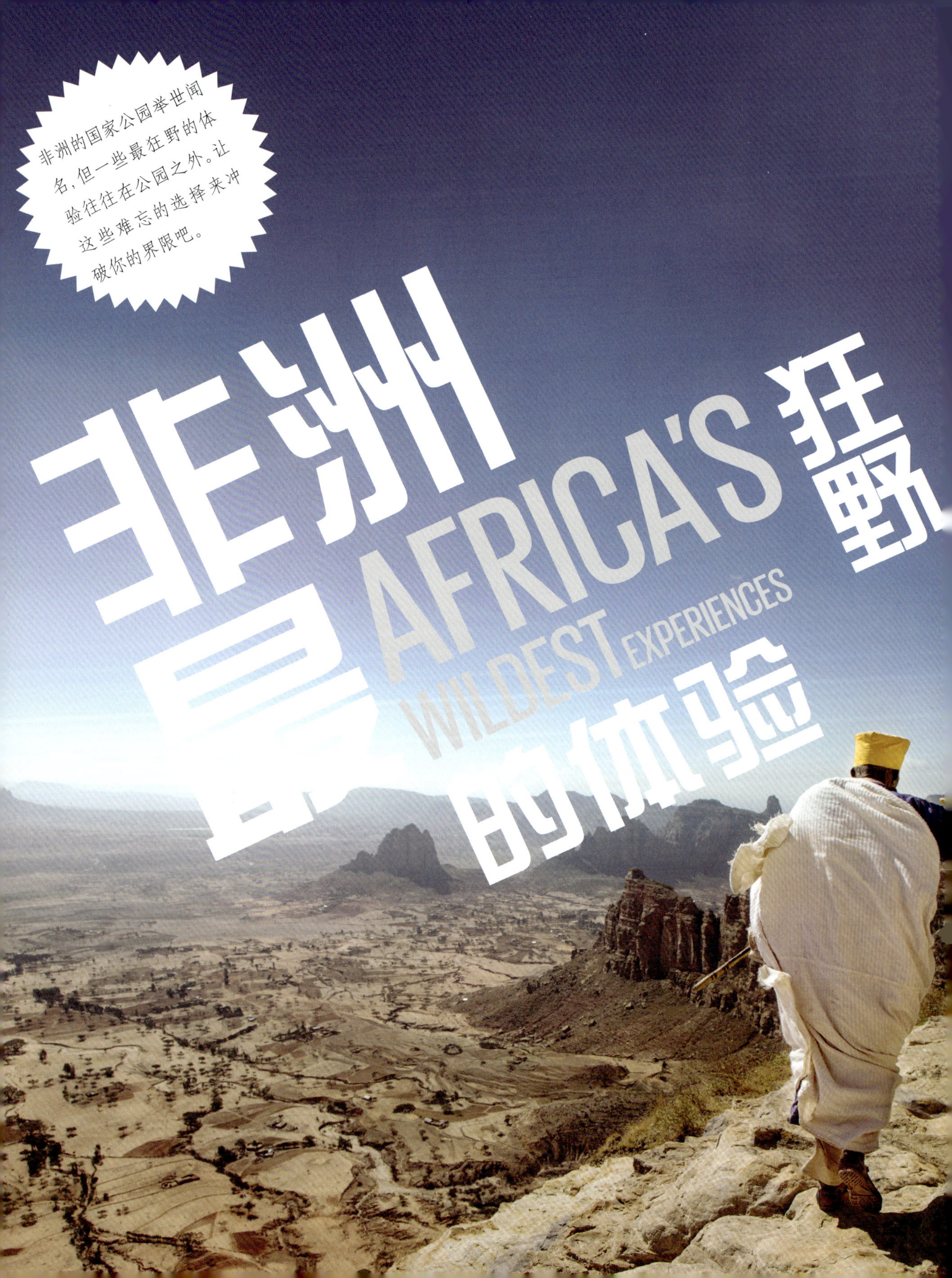

非洲最狂野的体验

AFRICA'S WILDEST EXPERIENCES

非洲的国家公园举世闻名，但一些最狂野的体验往往在公园之外。让这些难忘的选择来冲破你的界限吧。

在利比里亚冲浪

加入不断壮大的利比里亚(Liberia)冲浪者队伍,在非洲乘风破浪。金色的海滩延伸到地平线,入夜后,翻滚的浪花泛着点点粼光。准备好你的冲浪板吧!罗伯茨港(Robertsport),利比里亚;免费。

在纳米比亚沙丘徒步

尽管纳米比亚(Namibia)著名的沙丘大片都在国家公园内部,但斯瓦科普蒙德(Swakopmund)是个例外。朝着通往鲸湾港(Walvis Bay)的路出发探索吧。当你向着峰顶前行时,会听到独特沙质产生的嗡嗡声响。斯瓦科普蒙德,纳米比亚;免费。

看见碧玉海

要到达位于Loyangalani村的湖泊东岸,也许要经过一番漫长难挨到令人发指的卡车之旅。不过火山地貌景观、碧玉海(Jade Sea)的美景和充满活力的图尔卡纳(Turkana)人,都像是来自另一个世界,值得一看。图尔卡纳湖(昵称碧玉海),肯尼亚;免费。

哈勒尔的土狼

勇敢者可以在夜晚走进哈勒尔(Harar)老城的窄巷,看看这座城市的土狼群。花上2.5美元,你就可以在16世纪的围墙外围观它们每晚被喂食的情景,想要亲自投喂价格翻倍……哈勒尔,埃塞俄比亚;晚上;免费。

参观世界上最危险的教堂

阿布纳耶玛塔朝日(Abuna Yemata Guh)教堂在数个世纪之前被雕刻在陡峭的悬崖外立面上,参观者需要在没有绳索的情况下徒手爬上一座6米高的垂直墙面,并在距地面200米的高度走过一段悬空的狭窄小路才能到达。需要给当地导游小费。阿布纳耶玛塔朝日,提格雷(Tigray),埃塞俄比亚;7美元外加小费。

那马夸的野花

每年春天,那马夸(Namakwa)的半沙漠地带铺满野花,释放出缤纷绚烂的色彩。认真地说,这可不是一场花展或者外婆家花园的放大版,这是非洲最让人动容的景致之一。那马夸,南非;8月至9月;免费。

马腊拉尔国际骆驼大赛

加入观众的行列来见证这场盛大的骆驼越野大赛吧。混进人群中,融入大名鼎鼎的派对里,如果你足够勇敢,就租一匹骆驼,骑上它来参加业余组的竞争吧。www.kenyasafari.com/maralal-camel-derby.html;马腊拉尔(Maralal),肯尼亚;免费。

畅游魔鬼泳池

跳进赞比西河(Zambezi),在维多利亚瀑布(Victoria Falls)边的一个天然泳池里畅游,任凭河水从你身边流过,然后垂直落入100米的深渊。尽管它并不是免费的,但如此狂野的体验值得你挥霍一把(含一份超值早餐)。tongabezi.com;活石岛(Livingstone Island),维多利亚瀑布,赞比亚;5月至10月;95美元。

© Mark Read; Matt Munro; Philip Lee Harvey | Lonely Planet Images © Tambako the Jaguar; Nigel Pavitt; Carol Polich Photo Workshops; Yvette Cardozo | Getty Images

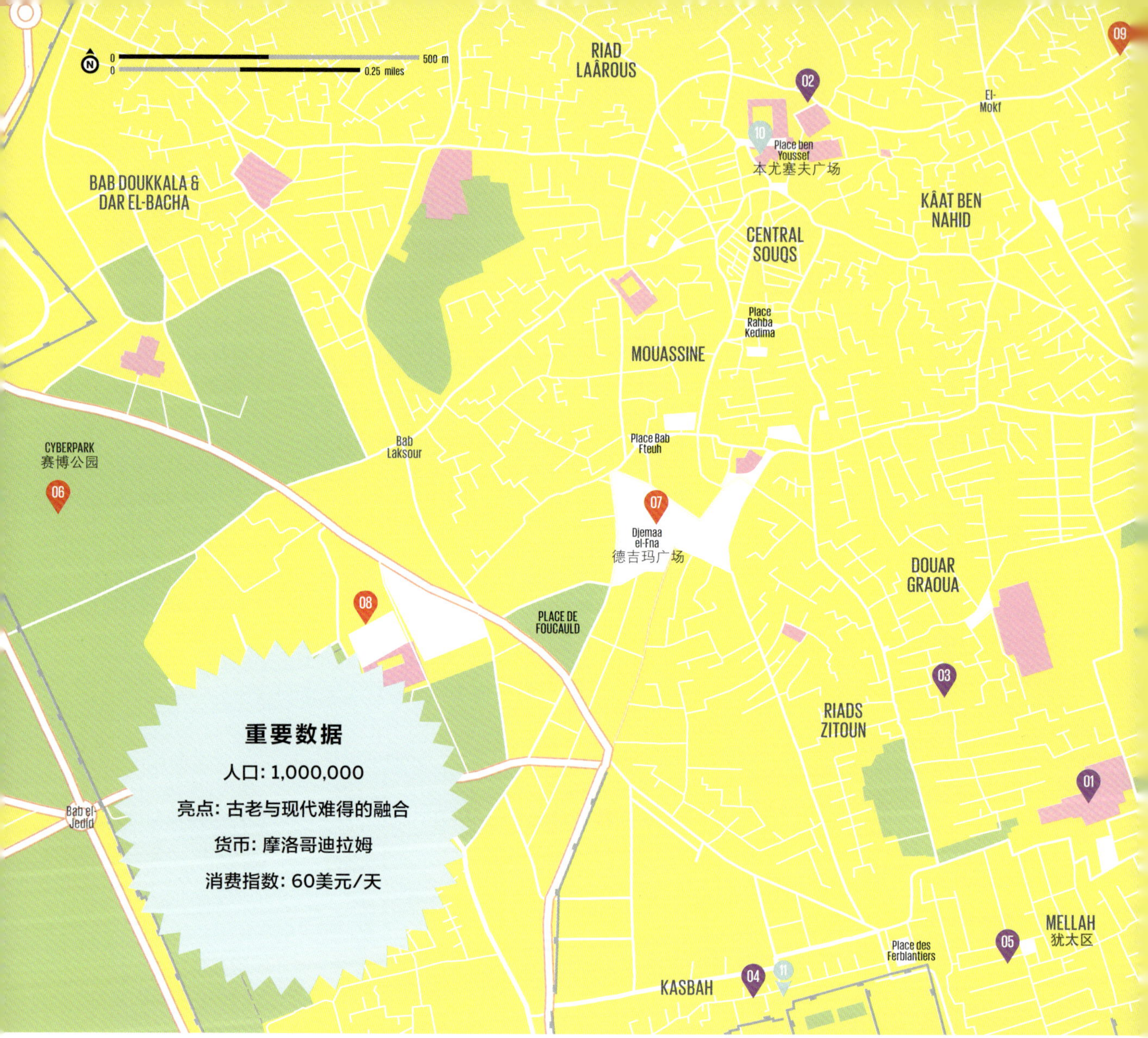

马拉喀什

马拉喀什（Marrakesh）之旅也许会唤起这样的画面：滚石乐队买下了大半个阿拉伯人聚居区，或者一线明星在La Manounia酒店的私人套房里大开派对。不过你大可放心，这座熙熙攘攘、辛辣扑鼻、令人难忘的城市，同样拥有许多适合我等凡人的景点，并不需要你倾尽所有。

01 巴伊亚宫

有点残破的19世纪末宫殿巴伊亚宫(Bahia Palace)具有不可估量的的价值。La Bahia("美丽之宫")是由维齐尔(Vizier;伊斯兰教国家高官)艾哈迈德伊本·穆萨(Ahmed Ibn Moussa)花了超过15年的时间为妻妾所建的寓所,是一个足有160间房的建筑群,被8公顷景致优美的花园环绕,拥有用复杂图案装饰的闺房、抛光的雪松天花板、凉爽的大理石和隐蔽的庭院。Rue Riad Zitoun el-Jedid;周六至周四8:30~11:45和14:30~17:45,周五8:30~11:30和15:00~17:45;10摩洛哥迪拉姆。

02 德贝罗芝

非营利的德贝罗芝基金(Dar Bellarj Foundation)在曾经的"鹤医院"(是真的,一家受伤鸟类的救治所),展出摩洛哥的艺术品和手工艺品。如今这里是马拉喀什材料艺术的主场之一,巡回举办纺织、绘画和其他类型的展览。还有关于摩洛哥传统音乐的儿童工作坊,和在斋月和阿舒拉节(Ashura)期间举办的音乐会。9-7 Toualate Zaouiate Lahdar;周一至周六9:30~12:30和14:00~17:30;免费。

03 达西赛义德

拥有千年历史的摩洛哥和柏柏尔(Berber)的文物收藏,以及展出它们的西班牙-摩尔式宫殿,很难讲到底哪个更令人震撼。镶着珠宝的武器、铜制装饰品、高阿特拉斯山(High Atlas)地毯和大量的古老服饰都能值回便宜的达西赛义德(Dar Si Said)门票。留意穹顶下的婚礼殿堂,其表面是由来自非斯(Fez)的mâalems(工匠大师)精心雕刻的雪松。达西赛义德;周三至周一9:00~16:45;成人/儿童10/3摩洛哥迪拉姆。

04 摄影和视觉艺术博物馆

世界最大的专注于摄影与视觉艺术的博物馆将在梅纳拉花园(Menara Gardens)对面开馆;同时你也可以在巴迪皇宫(El Badi Palace)内的临时美术馆欣赏免费展览。摄影和视觉艺术博物馆(Museum for Photography and Visual Arts;MMVPA)完工后将集中展出摩洛哥乃至整个北非的影像。mmpva.org;Ksibat Nhass;周三至周一9:00~17:00;免费。

免费一日游

如果你的时间和预算一样紧张,这个迷你行程将让你体验精彩的一日观光游。上午先去德贝罗芝看看正在展出的作品,接着向东南走,穿过迷宫般的阿拉伯人聚居区集市,一直走到德吉玛广场(见16页),可以在这里吃点小吃、围观耍蛇。从这里向南漫步一小段路就可以看到犹太区的犹太建筑。最后,在Café Clock(见17页)把今天补充的文化知识就着巨大的骆驼肉汉堡一起消化。

05 犹太区

15世纪马拉喀什的犹太人聚居区以derbs（巷道）迷宫和泥砖建筑而著名。如今犹太区（The Mellah）不再有很多犹太人居住，不过他们的遗产留存在**Lazama犹太教会堂**（Derb Manchoura；需给小费）和**犹太公墓**（miaâra；Ave Taoulat El Miara；需给小费）里。不要错过**犹太市场**（Mellah Market；Ave Houmane el-Fetouaki；8:00~13:00和15:00~19:00；免费）和Pl des Ferblantiers附近的工匠展厅。

06 赛博公园

你会发现这些安静的花园离德吉玛广场不远，它们的全名是阿塞特·穆莱·阿布德斯兰赛博公园（Arsat Moulay Abdeslam Cyber Park）。18世纪，这里原被穆莱王子（Prince Moulay）规划为集市花园，到1920年改为装饰公园。2005年翻新后，栽植了柠檬树、橄榄树和石榴树，还加建了水上景观、整洁的小路和免费Wi-Fi，以此向它的两个前身致敬。morocco.com；Ave Mohammed V；9:00~19:00；免费。

07 德吉玛广场

德吉玛广场（Djemaael-Fna；“死亡集会”）是摩洛哥最大、最著名的公共广场，被联合国教科文组织列入非物质文化遗产。它建于1050年，曾是公共刑场。如今，这里白天满是耍蛇的、变戏法的和卖橙汁的；入夜，沿街叫卖小吃的摊贩、音乐家、说书人、医师、舞者和小商贩也加入进来。在这里欣赏人来人往再合适不过。9:00至次日1:00；免费。

08 库图比亚清真寺和花园

库图比亚清真寺和花园（Koutoubia Mosque & Gardens）是马拉喀什的伟大景观之一，12世纪时在一座没有完全朝向麦加的清真寺旧址上建造。内部禁止非穆斯林进入，但你可以从外部欣赏。70米高的宣礼塔顶部装饰着闪闪发光的铜球，最好在它旁边布满棕榈树的宁静花园里散散步，那里的视角最佳。Rue el-Koutoubia和Ave Mohammed V交叉路口；花园8:00~20:00开放；免费。

阿拉伯人的规矩

马拉喀什一直是一个贸易中心：如果你想把手里的摩洛哥迪拉姆都花在刀刃上，最好做做功课。强行推销在市集里很常见，你一定要立场坚定。小摊贩可能很主动，愿意接受讨价还价，如果你不诚心买就不要陷入漫长的讲价环节。你可能会觉得导游似乎想把你引向特定的店铺：相信你的直觉，还真是这样！在任何东西成交之前都要大胆而礼貌地坚持去别的地方再看看。

09 制革厂

露天的制革厂（Tanneries）是马拉喀什经典的免费看点之一，前提是你能忍受刺鼻的气味。兽皮在数百个混凝土大桶里遵循中世纪的技法加工，其中用到生石灰、水、血甚至鸽子屎。城市集市上出售的皮革制品绚丽多彩，但生产起来是一项繁重又肮脏的差事，而如今化学品的添加也更加危害健康。Ave Bab el-Debbagh；黎明至黄昏；免费。

10 本尤塞夫小吃摊市场

这些位于本尤塞夫（Ben Youssef）室内市场（qissaria）的小吃摊大多是些小买卖，但一切都很划算。他们卖的美食可能不太正统，比如蜗牛、炖羊头和烤羊心，所以做好心理准备。当你决定好要点什么（包括挑战性较低的塔吉锅炖菜、烤肉和沙拉等）的时候，就扯一把长椅，在户外尽情享用吧。紧邻Souq Shaaria, Koubba Ba'adiyn附近；11:30～15:30；免费。

11 Café Clock

摩洛哥的传统和现代多媒体在这家独一无二的咖啡馆里相遇。周一，传统的说书人在这里磨着嘴皮子（英语和阿拉伯语）；周三，任何带着乐器的人都可以在此来段即兴演奏；周六会有艺术家来做嘉宾；周日则主打催眠的夕阳格纳瓦（Gnawa）音乐会。这里还有一个定期更换的艺术展，厨房会供应中规中矩的骆驼肉汉堡。cafeclock.com；224 Derb Chtouka；10:00～22:00；主菜55～80摩洛哥迪拉姆。

12 流行艺术节

每年7月，流行艺术节（Festival of Popular Arts）会在仲夏点亮马拉喀什的街头巷尾。国际表演者与来自摩洛哥各地的柏柏尔流浪乐师、格纳瓦音乐家、吞剑表演者、杂耍演员、舞者、耍蛇者和街头艺人齐聚一堂。在节日持续的10天当中，整座城市的户外场地都能看到各种表演，它们大多集中在巴迪皇宫的庭院和花园，靠近Place des Ferblantiers。穿过德吉玛广场的热闹游行将整个娱乐活动推向高潮。morocco.com/theater/marrakech-popular-arts-festival；7月；免费。

物超所值的游猎之旅

$AFARI WITHOUT THE BIG BUCKS

非洲游猎的花费也许会超过每人每天1000美元，不过我们要介绍的是一些远远物超所值的荒野体验。

骑行游猎，肯尼亚

在这片火山地貌的玄武岩峭壁之下，漫步着的斑马、长颈鹿、黑斑羚和其他标志性物种。不过，大型食肉动物很少见，所以你可以花上一天时间在这里徒步或者骑车。自行车在附近就能租到，需另付6美元。可以露营。kws.go.ke；地狱之门国家公园（Hell's Gate NP），肯尼亚；30美元。

西非游猎，加纳

这里的热带草原以大象著名，同时也栖息着水牛、水羚、狒狒、疣猪和许多鸟类。与别人一起租园内的车辆（每小时20美元）会更实惠些。也有廉价住宿。molemotel-gh.com；莫尔国家公园（Mole NP），加纳；8美元，另请向导2.5美元/小时。

纳米比亚游猎，纳米比亚

埃托沙（Etosha）大片盐田附近荒漠般的环境充满魅力，但真正使其成为非洲最佳公园之一的是经常到这里的水坑附近转悠的野生动物。不错的路况意味着租车自驾是个好选择，还可以露营。etoshanationalpark.org；埃托沙国家公园，纳米比亚；7美元。

Illustration | Owen Gatley

非洲五霸游猎，南非

克鲁格(Kruger)是世界上最棒的公园之一，非洲五霸(Big Five)在这里可以一站看全，还有大量其他游猎动物供你欣赏。这里占地19,485平方公里之广，而独自游览却很容易，还有丰富的露营地可供选择。sanparks.org；克鲁格国家公园，南非；20美元。

徒步游猎，坦桑尼亚

如果你脑海里呈现的是1000头河马正在洗泥浴，那就对了。公园在旱季(8月至10月)会焕发勃勃生机。可以选择在附近的锡塔利凯(Sitalike)露营，并找人分担全副武装的向导费用(每团20美元)。tanzaniaparks.com；卡塔维国家公园(Katavi NP)，坦桑尼亚；80美元(含徒步许可)。

奥卡万戈三角洲独木舟游猎，博茨瓦纳

坐在一条独木舟上穿过奥卡万戈三角洲可谓非洲最棒也最贵的体验之一。Old Bridge Backpackers也会提供自助的露营选择，价格从70美元(1天)到140美元(4天)。maun-backpackers.com；Old Bridge Backpackers；马翁(Maun)，博茨瓦纳；70美元起。

西非游猎

海岸小镇圣卢西亚(St Lucia)位于iSimangaliso(isimangaliso.com)和Hluhluwe-iMfolozi(hluhluwegamereserve.com)这两大公园门前。后者是经典的非洲五霸观赏地，前者既有陆地动物也有水生动物。有平价的游猎和住宿选择。圣卢西亚，夸祖鲁-纳塔尔(KwaZulu-Natal)，南非；40美元起。

追踪大猩猩，乌干达

在荒野中与一只大猩猩对视的感觉是无以言表的。如果在淡季(4月、5月和11月)前往布温迪(Bwindi)，门票为350美元而非600美元。从卢旺达进入的门票则是750美元。ugandawildlife.org；布温迪不可穿越国家公园(Bwindi Impenetrable NP)，乌干达；350美元起。

ASIA
亚洲

© Lottie Davies | Lonely Planet Images

重要数据

人口: 15,000,000

亮点: 金光闪闪的庙宇

货币: 泰铢

消费指数: 40美元/天

曼谷

在曼谷 (Bangkok, Krung Thep), 一切都金灿灿的, 几乎每个转角都会露出一座闪闪发光的佛塔 (chedi) 或佛像。好消息是, 要一睹这些珍宝并不需要花很多钱, 在泰国这座天使之城, 你可以吃得像个国王, 花很少的钱就能玩个痛快。

01 艺术家之屋

古老的艺术家之屋(Baan Silapin Artist's House)藏在吞武里(Thonburi)的一条运河(klorng)上,是传统木偶艺术家的大本营,他们在这座木屋里培养这门古老的东南亚艺术的传承者。每天14:00开始,身着黑衣的木偶艺术家会将泰国的传奇复活,氛围怀旧而煽情。Wat Thong Sala Ngam, Soi28, Th Phet Kasem; 10:00~18:00; 免费。

02 曼谷民俗博物馆

袖珍的曼谷民俗博物馆(The Bangkokian Museum)是一块隐蔽在城市中的宝石,这里堂皇地陈列着很多珍宝。一个个像玩偶之家般的小房子里摆满个人物品,看起来就像20世纪60年代的主人走出前门想去买点面条,然后就再也没有回来。273 Soi 43, Th Charoen Krung; 周三至周日10:00~16:00; 免费。

03 郑王庙

在郑王庙(Wat Arun)花一点门票钱却能换来无价的体验。你可以乘船慢慢接近它,首先看到黎明寺(Temple of Dawn)高棉风格的高塔(prangs),看上去就像雕刻的石头;靠近一些,它们又仿若用中国碎瓷片镶嵌的花园。当你要走进满是雕像的花园时,记得向守门巨人(yaksha)恭敬地低头示意。watarun.net; 靠近Th Arun Amarin; 8:00~18:00; 50泰铢。

04 在萨拉罗姆公园跳健美操

吃过几顿海鲜大餐之后,你可能会觉得还是运动一下比较好。那还等什么呢?每天晚上,萨拉罗姆公园(Saranrom Park)都有免费的露天健美操课,空气里回荡着喘息声和短促的节拍。所有人都可以加入,不一定非要穿紧身衣裤。以Th Ratchini、Th Charoen Krung和Th Sanam Chai为界; 公园5:00~21:00开放; 免费。

05 本巴德

泰国的僧侣会用一车一车的化缘钵(bàht)来为贫困者募集施舍,而小小的城中村本巴德(Ban Baat)就延续着传统的制钵技艺。在Tha Phan Fah站刚跳下运河小船,你就会听到金属匠人"铛,铛,铛"敲打钵的声音,钵由八片不同的金属拼成,象征着佛教八正道。Soi Ban Baat; 8:00~17:00; 免费。

06 湄南河快船

花上大概一碗米饭的钱,你就可以登上这艘曼谷最有气氛的观景小船,来一段便宜的河上巡游。乘湄南河快船(Chao Phraya Express Ferry)的最佳时间是黄昏,加入Tha Phra Athit码头等船的僧侣当中,随巡游经过曼谷的一些地标性历史建筑,让温暖的徐徐晚风吹散疲惫。chaophrayaexpressboat.com; Th Phra Athit Pier; 9:30~22:00; 10~40泰铢。

07 金山寺

拉塔那古辛岛(Ko Ratanakosin)和邦兰普(Banglamphu)在旅行愿望清单上均占有重要位置,可你又不知道去哪儿观赏它们最合适。这时金山寺(Golden Mount, Wat Saket)就显现出了它的价值。这座人造小山就在民主纪念碑东侧,一座隐约可见的金色佛塔平台高踞山顶,提供了鸟瞰城市的视角。靠近Th Boriphat; 7:30~17:30; 免费。

08 柯叻岛

缅甸人聚居的狭小的柯叻岛(Ko Kret Island)感觉就像一个乡村,位于曼谷北部郊区,藏匿在湄南河的河湾里。这个微型的陶工社群创建于1722年,至今仍然遵循着18世纪的生活节奏。沿木栈道漫步,会经过陶工的工作室,最终抵达河边一个看起来不太稳固的孟族(Mon)风格小佛塔。周末还有一个熙熙攘攘(这点可能会让你不开心)的市场。Nonthaburi; 24小时; 免费。

经济型按摩

按摩是曼谷文化的一部分,但是想在昂贵的水疗和狡猾的商家中找到一家正规又便宜的按摩店,算得上是一个挑战。我们的建议是溯源前往卧佛寺(Wat Pho; Th Sanam Chai; 8:30~18:30),这既是一座惊人的寺庙,也是泰式按摩和传统泰医的精神故土。在这所著名的按摩学校中,你可以懒洋洋地享受一次由寺庙培训的技师带来的30分钟拍打按摩,地点可以选择在寺庙中的一间亭子里,或在寺庙外的培训场地中进行,整套按摩只要260泰铢。

09 蓝毗尼公园

每天清晨，在曼谷还没活跃起来的时候，蓝毗尼公园（Lumphini Park）便以更轻柔的姿态苏醒过来。在那里，老人聚在一起打太极，身后是充当观众的蜥蜴，还有古怪的耄耋老人在慢慢跑步。在早上难得的几个小时里，这座城市仿佛飘浮在一个平静的气泡中，直到轰鸣的发动机打破这种幻象。以Th sarasin、Th Phra Ram IV、Th Witthayu和Th Ratchadamri为界；4:30~21:00；免费。

10 MBK泰拳中心

泰拳（Moo・ay tai）是一项行家之间的运动，这也许能解释体育馆里夸张的票价。不过没关系，预算有限的泰拳爱好者可以每周三18:00到MBK泰拳中心（MBK Center Moo・ay tai）免费观看赛事，届时在曼谷青少年最喜爱的时尚商场门前的露天拳击场上，可以看到热闹的拳赛。Th Rama I；周三18:00开始；免费。

11 派克隆花市

在这里，鲜花不只适用于特殊场合，以芳香的花朵来为空气增添几分甜蜜气息是当地人日常生活的一部分。当节庆到来时，花朵的运用简直登峰造极，规模惊人的鲜花和芭蕉叶装饰着游行队伍和家庭神龛。不出意外，派克隆花市（Pak Khlong Talat Flower Market）应该是曼谷最香的地方。Th Chakraphet；24小时；免费。

12 玛哈泰寺冥想课

尽管卧佛寺的走廊被人群挤得水泄不通，你仍可以在附近的玛哈泰寺（Wat Mahathat）找到一丝佛门清静。在这里，当地的信徒多过自拍的游客和导游，每天会举行3小时的冥想课程，捐赠随喜。主礼堂（wí・hăhn）被布满佛像的阴凉回廊环绕，你可以很容易找到适合内观的空间。3 Th Maha Rat；冥想课7:00、13:00和18:00；免费。

饮酒和禁忌

在探索曼谷的过程中你可能会感到口渴，但一瓶大象啤酒（Chang）的价格比一顿饭还贵，葡萄酒和烈酒更会一瞬间就掏空你的钱包。不如跟随当地人的脚步，在最近的7-11囤些饮料，把坐下来正经喝酒的奢侈留给某些特殊场合。你的酒店阳台是临时起意开个小酒会的最佳场地；需要注意的是，在公共场所饮酒会引起其他人不悦，在公园和宗教场所，包括寺庙内，更是禁止饮酒。

免费一日游

以玛哈泰寺7:00的冥想课开始这一天，之后带着内心沉静的感觉，穿过背包客人潮到达Tha Phra Athit码头，这里是湄南河快船（见23页）的登船点。乘船前往Tha Ratchawong码头，再漫步到唐人街的Tha Yaowarat吃午饭。向北走一小段距离就到了本巴德（见23页）的巷子，然后登上金山寺（见23页）的山顶看日落。最后带着恰到好处的高涨情绪，穿过运河去Thip Samai吃一碗曼谷最棒的泰式炒面。

12

13 唐人街街头小吃

每个人都知道曼谷最好的食物在街头，而唐人街（Chinatown）更是位居榜首。在Tha Yaowarat背街（sois）的摊档上，滑溜溜的面条像蛇一样缠绕着，鱼在布满甜辣椒的河流里游泳，虾潜入嗞嗞作响的酱汁中，螃蟹则在咖喱的海洋里雀跃。这是曼谷最美味、最丰富多样的平价街头盛宴。祝你好胃口！bangkok.com/chinatown; Th Yaowarat; 17:00~23:00; 菜肴30~50泰铢。

14 Thip Samai

忘掉Tha Khao San卖的乏味又油腻的泰式炒面（pàt tai）吧，消息灵通的人会在Thip Samai排成长队，只为吃掉一碗又一碗"鬼门面"——这是整个曼谷甚至全世界最好吃的泰式炒面。Thip Samai低调、地道又美味，门前的长龙便是明证。313 Th Mahachai; 17:30至次日1:30，隔周周三歇业；主菜25~120泰铢。

15 胜利纪念碑船面

大多数曾经沿着曼谷运河卖汤的小贩已经将他们的船桨束之高阁许久了，但你仍然能在胜利纪念碑（Victory Monument）北侧的一条窄巷中，找到曾使他们闻名的美味"船面汤"，价格便宜到当地人能一口气点上三碗。靠近Th phaholyothin，胜利纪念碑；11:00~18:00；面汤11泰铢起。

16 护身符市场

泰国的佛教徒交易宗教性质的护身符已经有几个世纪了。在Tha Maha Rat，沿人行道散布着堆满护身符的摊位，收藏者聚集于护身符市场（Amulet Market），围绕着格外受追捧的佛牌、供品和大尺寸阳物崇拜象征物讨价还价。那些狂热的崇拜者全身挂满护身符，简直都快站不住了，还是离他们远点吧。Th Maha Rat; 7:00~17:00; 免费。

17 加都加周末市场

与其说加都加周末市场（Chatuchak Weekend Market）是一个市场，不如说是一个摊位之城，它几乎使泰国其他任何市场都黯然失色。在这个窄巷迷宫中，你可以为古老的漆器、筷子、泰国丝绸和山地部落的银饰讨价还价，或者只是找一家穷街陋巷的酒吧小酌一杯鸡尾酒，旁观这片市井喧嚣。周末就应该这样过！chatuchak.org; Th Phahonyothin; 周六和周日9:00~18:00; 免费入场。

18 火车市集

一个废弃的铁路站几乎为这个专注于一切复古品的市集提供了完美背景。火车市集（Rot Fai Market）的小摊上堆放着闲置的骑行夹克、复古的黄蜂牌小型摩托车（Vespas）和20世纪中期的橡胶木和三聚氰胺板。大众露营车支起车顶充当流动酒吧，置办复古衣服的年轻泰国嬉皮大军更为市场增添了狂欢的氛围。facebook.com/taradrodfi; Soi 51, Th Srinakharin; 周三、周五至周日18:00至午夜；免费入场。

艺术&文化　音乐&电影　运动&休闲　美食&饮品　节日&活动

北京

北京是一座真正的大都市，大街小巷承载着历史，又常常弥漫着嗞嗞作响的街头小吃散发的香气。虽然最近物价升高，而且很少有游客来北京会不花上些钱去探索故宫和颐和园，但其实这里还有许多免费的东西可看。

01 798创意艺术园区

前身是民主德国援建的“北京华北无线电联合器材厂”，如今可能是国内最知名和集中的当代艺术园区。在798艺术区的包豪斯（Bauhaus）建筑中，随处可见特殊时代留下的印记。当代涂鸦和“文革”时期的墙相结合，随便逛逛便是乐趣。不要错过**北京东京艺术工程**（Beijing Tokyo Art Projects；BTAP；tokyo-gallery.com；4月至10月周二至周六10:00~18:00，11月至次年3月10:00~17:00；门票20元）和**尤伦斯当代艺术中心**（UCCA；ucca.org.cn；周二至周日10:00~19:00；UCCA会员免费）。大山子；酒仙桥路和酒仙桥北路交叉路口；免费。

02 北京自然博物馆

从恐怖的小爬虫，到生动的水族馆，再到史前怪兽，这里有20多万件展品等你探索。恐龙展的明星是井研马门溪龙（Mamenchisaurus jingyanensis），一只26米长的蜥脚类恐龙，侏罗纪晚期生活在中国附近；还有一只巨型史前野兽的头盖骨，它长得像大象一样，一度遍布亚洲。通过官网可免费预约次日至10日内的门票，预约成功可免费领取门票。bmnh.org.cn；天桥南大街126号；周二至周日9:00~17:00；免费。

03 首都博物馆

这座当代博物馆坐落在一栋现代建筑中，在这里可以探索北京的历史和文化，以及民俗传统。展览包括一组闪亮的古代佛像、华丽的中国瓷器展、京剧文化遗产展，以及古代的青铜器、玉器、书法、绘画陈列。还可以在二层的茶馆喝一杯茶（15元）补充能量。提前1天通过官网预约可免门票。capitalmuseum.org.cn；复兴门外大街16号；周二至周日9:00~16:00；免费。

© Kshana | 500px

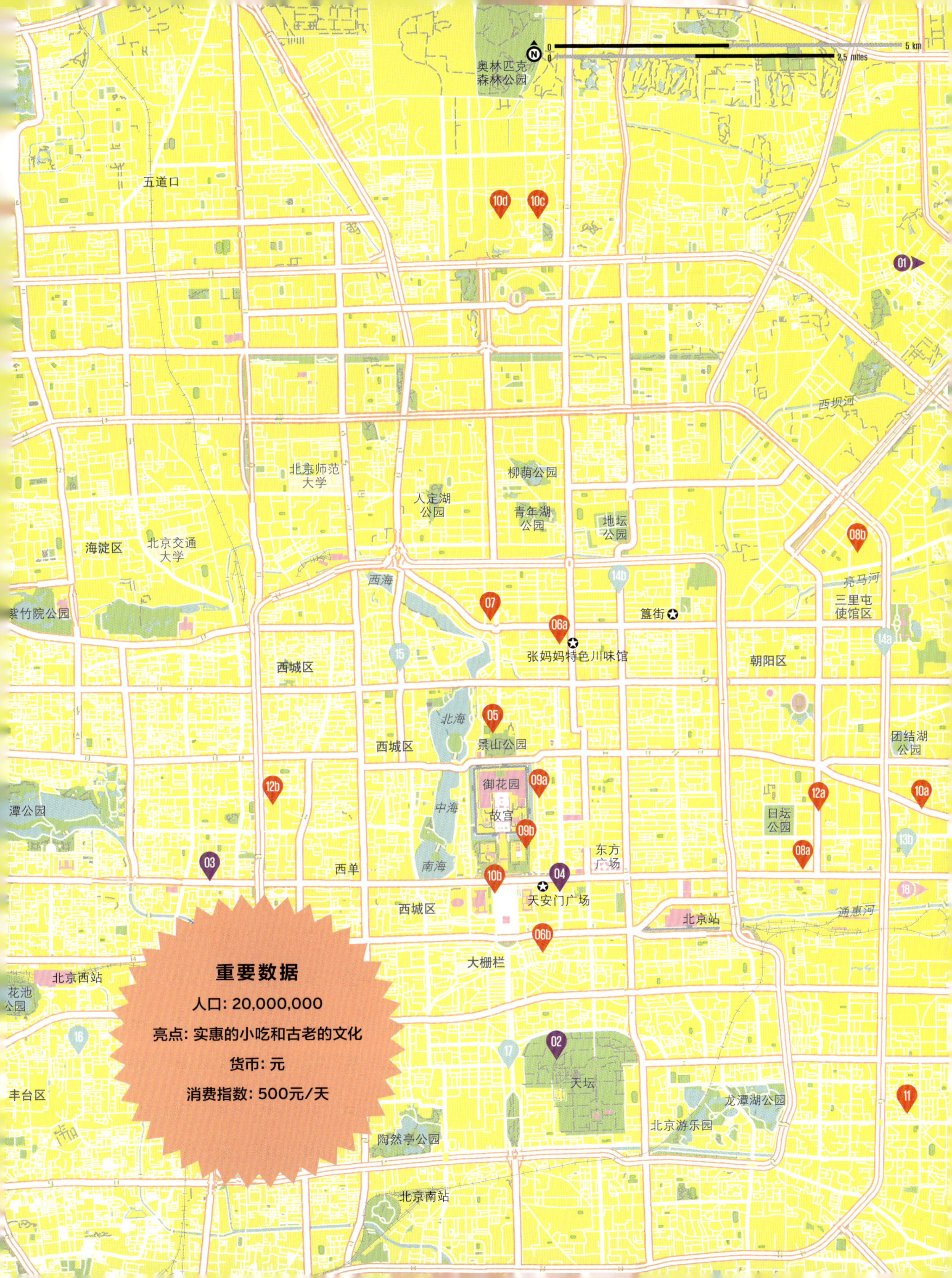

重要数据

人口: 20,000,000

亮点: 实惠的小吃和古老的文化

货币: 元

消费指数: 500元/天

04 中国国家博物馆

这里可能是世界最大、中华文物收藏量最丰富的博物馆，通过这里的永久展览可以探索中国5000年的历史、艺术和文化，其中包括精彩的"古代中国"展，时间跨度从史前一直到秦朝。"复兴之路"讲述了中国如何在1840年鸦片战争之后沦为半殖民地半封建社会，直到迎来社会主义，并在"全国幸福繁荣"的道路上前进。15:30之前可在售票处凭证件免费入馆。chnmuseum.cn；东长安街16号；9:00~17:00；免费。

05 北海公园

在电影《阳光灿烂的日子》里，主人公曾害羞地邀请女孩来这里约会。这座历史最悠久、保护最完整的皇家宫苑跨越五个朝代，拥有佛塔、九龙壁、迷人的景观、如画的亭阁和湖畔美景，也是几代北京人的共同回忆。Beihaipark.com.cn；西城区文津街1号；4月至5月和9月至10月6:00~20:30，6月至8月6:00~22:00，1月至3月和11月至12月6:00~20:00；门票旺/淡季10/5元。

06 胡同漫步

在鸟巢和高楼大厦之下，仍然能在迷宫般的古老胡同里听到北京的心跳。要想获得这个日益面临消失的体验，可以探索鼓楼附近（比如**南锣鼓巷**，6a）和天安门广场西南边的大栅栏，找找狭窄的**钱市胡同**（6b；靠近珠宝市街）。或者到景山公园东北边看看皇家胡同宅院，那里曾是宦官的家。24小时；免费。

07 后海

提到北京，你想到的第一项活动肯定不会是野泳，但对于这座超级大都市里的一些居民来说，一大早扎进水里是他们的日常活动，无论天气如何都会投入后海或冰冷或温暖的怀抱。在北京刺骨的严冬，湖水会结冰，你还可以在上面滑冰。如果你希望自由寻找隐藏在后海周边的深宅大院，租一辆自行车会是个好选择。24小时；免费。

11

05

免费一日游

天安门广场是世界最大的公共广场之一，占地44万平方米（相当于73个足球场），然而却没什么地方可坐。幸运的是，有不少免费的东西可看，包括显眼的人民英雄纪念碑、人民大会堂、中国国家博物馆和毛主席纪念堂。每天清晨在升旗仪式期间，士兵列队穿过天安门，步伐精确到每分钟108步，每步75厘米长。广场的每个入口都需要排队过安检才能进入，记得带好身份证。

03

09

08 市场行情

避开被高估的游客陷阱**秀水市场**（8a；北京市朝阳区秀水东街8号；9:30~21:00），在那里你必须推开为山寨商品讨价还价的人群，上到三层去找精明实际的丝绸商家。你还可以去**三源里菜市场**（8b；东三环顺源街2号楼左侧；9:00~19:00），那里出售各种西餐调料，能找到北方不常见的蔬菜，还有种类齐全的外国香肠和奶酪，光是看看海鲜区那些模样凶猛的大家伙就不虚此行了。免费入场。

09 不禁之城

穿过午门进入**故宫博物院**（9a；40~60元）是要花钱的，但你也可以免费欣赏紫禁城的皇家气派。从天安门广场朝着毛主席纪念堂的方向一边溜达，一边欣赏这片广阔的广场。然后探索**中山公园**（9b；成人3元），它曾是皇城的一部分，亭台楼阁和庙宇中还包括1421年的社稷坛，还会在四季展现不同的花团锦簇，门票很超值。24小时；免费。

10 大裤衩和鸟巢

北京拥有杰出（有些可能会显得古怪）的当代建筑，包括234米高的**中央电视台总部**（10a；东三环中路32号），当地人因其形状酷似一条裤子而称之为“大裤衩”，还有弧形的**国家大剧院**（10b；西长安街2号）。你可以参加**国家体育场**（10c；鸟巢）和**国家游泳中心**（10d；水立方）的付费导览游，两者都在奥林匹克体育中心，不过最佳的景观是免费的——黄昏时分，你会看到它们被落日的余晖照亮。24小时；免费。

11 潘家园古玩市场

北京最知名的古玩旧货市场，从清末就有了。只要想得到的物件，在这里都能找着，以至于许多人说潘家园比任何一个博物馆的藏品还要丰富得多。即便对古玩不感兴趣，来这儿逛逛也能大开眼界。如今摊子上出售的99%都是赝品，但若碰上心仪之物，抱着轻松的心态讨价还价也算一种乐趣。“鬼市”只在周末开放，以周六最为热闹。朝阳区华威里18号；周一至周五8:30~18:00，周六和周日4:30~18:00；免费入场。

12 日坛公园

在**日坛公园**（12a）里有一个最初于明嘉靖年间（1530年）所建的祭坛，用于向太阳供奉祭品，称为日坛。清晨或傍晚，都能见到不少在此运动唱歌的中老年人，场景十分祥和。夏季荷花绽放和秋季银杏变色都是日坛公园一年中最美丽的光景。而月坛则在城市另一边的**月坛公园**（12b）。日坛公园；6:00~21:00；免费。

13 观景酒吧

登上**中央电视塔观景台**（13a）要花70元，但你也可以在国贸大酒店80层的**云·酷酒吧**（13b；每天至凌晨2:00），花上一杯啤酒的价格伴着高空美景举杯。当然，如果赶上北京的经典雾霾天，你只能看到白茫茫一片——但至少你省下了70元啤酒钱。

14 欢乐时光

豪饮会让你很快超出预算，尤其是你钟爱欧洲啤酒的话。还是喝当地啤酒，或是发掘些偏僻小巷里的平价酒吧。**三里屯酒吧街**（14a；朝阳区）一带有莫吉托只要15元的**Mojito Man**（三里屯后街42号）。此外，小小的**El Nido**（14b；方家胡同59号）也很受欢迎，哈尔滨啤酒10元一瓶，葡萄酒25元一杯，在北京酒吧中已算良心价格。

15 老北京炙子烤肉

来北京不吃烤鸭也能有其他更地道实惠的选择。炙子烤肉在圆铁板上翻烤的吃法足够的接地气，烤肥牛（42元/份）和烤羊肉（38元/份）算是必点菜。下肉后利用盛肉的盘沿，与铁铲一起炒肉更能匀称香气，单吃或放入烧饼都非常合适。德胜门内大街313号；10:30~22:30。

16 马连道茶城

如果你能分辨出普洱和乌龙，那你将在马连道之旅中获得极大乐趣，那里几乎有中国所有的茶，可观，可闻，可品。这里主要针对批发商，但大多数商家都会提供免费品茶服务，先品后买，不妨坐下来跟店主聊聊天。你也可以在这里挑选茶具，有可能以低价买到不错的茶具。马连道路11号；8:30~18:00；免费入场。

街头小吃

在北京下馆子本身就是一场奇遇，在这座美食之城花费很少的钱就能吃得非常满足。回族和维吾尔族等信仰伊斯兰教的少数民族的美食既好吃又超级便宜，牛街就有一些不错的小吃选择。张妈妈特色川味馆（交道口南大街76号；10:30~22:30；主菜10~20元）是吃热辣川菜的地方，尤其是用辣椒调味的麻辣香锅。1.4公里长的簋街聚集着150多家餐馆，是深夜觅食的好地方，特别吸引麻辣小龙虾爱好者。

© Luis Martinez / Design Pics | Getty Images

17 老北京演艺聚集地

清末民间艺人齐聚摆摊卖艺的天桥一带，如今以天桥文化广场为中心，汇聚了音乐剧、话剧、芭蕾舞、京剧、音乐会等各种演艺形式。除了气势恢宏的**北京天桥艺术中心**（www.tartscenter.com；天桥南大街9号），还有红字招牌的**德云社**（www.xiangshengwang.com.cn；北纬路甲1号）场场火爆，而**宣南书馆**（天桥艺术大厦B1）每周六14:00~17:00有著名评书大师连丽如等的评书演出，40元座位费可听一下午，超值。

18 北京国际风筝节

将目光投向天空吧，一起来免费观赏这个一年一度为期两日的庆典。这项中国传统娱乐活动的历史可以追溯到几百年前。在周末，会有颜色格外鲜艳、设计繁复的风筝被放飞到北京上空，其中不乏一些古老风格的风筝，在自由的空气中自由地飞翔，吸引了世界各地的发烧友。北京园博园，丰台区，运河奥体公园，通州区；4月；免费。

18

© Andrew Rowat | Getty Images

小贴士

» 几乎所有的酒店、青旅、咖啡馆甚至农家乐都提供免费Wi-Fi。

» 办理北京市政交通一卡通，公交车票5折优惠（分段计价，1元起）。

» 北京的地铁一般单程花费3~6元。

» 好好利用各种出行的手机App，实惠便捷的共享单车是短途出行的好选择。

» 在德胜门外、东直门这样的旅行集散地，有可能遇到拼车同行者。在青旅布告栏上往往也能找到拼车信息。

» 部分景点有免费参观日，注意关注相应的官网。

艺术&文化　音乐&电影　运动&休闲　美食&饮品　节日&活动

贝鲁特

黎巴嫩的现代首都贝鲁特（Beirut）曾被誉为"东方巴黎"，近些年来已发展成为一个文化上复杂而精彩的城市，东西方的影响在这里毫不费力地和谐共存，就像神奇中东的其他任何地方一样，这里的历史会强烈又充满诱惑地与你产生共鸣。

04

01 贝鲁特美国大学考古博物馆

贝鲁特美国大学考古博物馆（American University of Beirut Archaeological Museum）是贝鲁特最有威望的大学，在一片风景如画的环境中，展示规模不大、分量却很重的展览。亮点包括腓尼基文物（硬币、玻璃、石碑），以及来自帕尔米拉（Palmyra）动人的半身纪念像，历史可追溯到2~3世纪。aub.edu.lb; Bliss St, Hamra; 冬季周一至周五9:00~17:00，夏季9:00~16:00；免费。

02 贝鲁特中央区

贝鲁特中央区（Beirut Central District，BCD）花了超过25年时间从内战的损伤中复苏，一项官方的城区修复计划重新赋予其以精致繁复。这里还曾是那些20世纪60年代乘喷气客机到处旅游的富豪的至爱。你可以在星形广场（Place de l'Etoile）周边的街道漫步，看看那些土耳其和法国统治时期的建筑、考古遗址和一系列具有历史意义的清真寺、犹太会堂和教堂。24小时；免费。

03 瑟索克博物馆

贝鲁特拥有先锋的当代艺术圈，而最近重新开放的瑟索克博物馆（Sursock Museum）便是皇冠上的一颗珍珠。博物馆坐落在一栋1902年的华丽宅院中，由建筑师让-米

重要数据

人口：2,000,000

亮点：美食和派对

货币：黎巴嫩镑

消费指数：200美元/天

歇尔·维尔莫特（Jean-Michel Wilmotte）和雅克·阿布卡勒德（Jacques Aboukhaled）花费毕生心血修复。馆内既有临时展览，也有关于现当代艺术的永久展览。Rue Sursock, Achrafiye；周三、周五至周一10:00~18:00，周四正午至21:00；免费。

04 滨海路

天气和暖的日落时分沿着贝鲁特的滨海路（Corniche）漫步，是这座城市的标志性体验。从Zaitunay海湾的码头开始，向东朝着栩栩如生的鸽子岩（Pigeon Rocks）闲逛，沿途会经过一连串奢侈享乐的海滩夜店。一路上你可以尽情地观望人来人往，快走到终点时就用一杯咖啡犒赏自己吧。在令人惊叹的复古风格的月神公园（Luna Park）游乐场旁边就有一家当地人常去的**Al-Rawda Cafe**（Chouran St；7:00至午夜）。

05 贝鲁特沙拉三明治一条街

Beshara al-Khoury St曾作为臭名昭著的绿线（Green Line）的一部分，将敌对的东西贝鲁特隔开，如今这条街又因超棒的沙拉三明治店铺使贝鲁特人联合起来。最古老的一家是20世纪30年代开业的**Falafel Sahyoun**（falafelsahyoun.com；St 17；10:00~23:00），此外还有**Falafel Tabboush**（St 17；10:00至午夜）和**Arax**（Al Maliyah Building, St 17；10:00至午夜）。3000~13,500黎巴嫩镑。

06 特恩布农贸市场

只在周六出现的特恩布农贸市场（Souk el Tayeb Farmers' Market），正如它名字的含义——"好市场"。它位于市中心的商业区（Beirut Souks）前，创建于2004年，通过食物的分享、优秀的传统和好客的氛围将断裂的社会联结起来，自那时起便逐渐发展壮大。小农户（许多是有机的）、食品生产者和当地的手工艺匠人会在这里出售新鲜的农产品、美味的小吃和手工艺品。Soukeltayeb.com；Beirut Souks；周六9:00~14:00；免费入场。

贝鲁特制造

黎巴嫩的美食享誉整个中东，当地的手工艺虽然没那么有名，但对游客来说同样是一个难以抗拒的卖点。当地设计师的服饰、纺织品和家居用品物美价廉，这里绝对是你买买买的好选择。可以去美艳至极的Orient 499（499 Omar Daouk St, Mina El Hosn；周一至周六10:30~19:00）或者手工艺品中心L' Artisan du Liban（Centre Saint Antoine, Rue Gourand, Gemmayezeh；周一至周五9:30~19:00，周六9:30~17:00），你将收获让人羡慕的大批纪念品，或者单纯欣赏一下那里展出的伟大手工艺作品也不错。

ASIA'S BEST SUNSETS WITHOUT THE PRICE TAG 亚洲最佳免费日落观赏点

01 马尼拉湾，菲律宾

污染和地理共同创造了马尼拉湾(Manila Bay)的美景，亚洲最壮观的日落在此上演。早点抵达，在亚洲购物中心(Mall of Asia)的游乐场附近抢一个观景的位子，这里是菲律宾版的圣莫妮卡码头(Santa Monica Pier)。Seaside Blvd，马尼拉；免费。

02 桑冉库特，尼泊尔

博卡拉(Pokhara)镜面般的湖泊和高耸的山峦使其拥有壮观的日落美景。想要极致的震撼，就去费瓦湖(Phewa Tal)上位于山脊间的桑冉库特(Sarangkot)吧，在那里可以欣赏鱼尾峰(Mt Machhapuchhare)和安纳普尔纳山脉上的光影演出。30尼泊尔卢比。

03 尖东步行街，中国香港

在香港的尖沙咀步行街，日落会伴随着一场晚餐后的灯光秀降临。沿着星光大道漫步，向李连杰和成龙打声招呼，然后抢一个水边的座位静候日落和灯光音乐表演。Salisbury Rd，香港；免费。

04 东京都厅，日本

城市的日落一定要在高处俯瞰，而挑战在于如何找一个不需要昂贵门票的观景台。钻进东京都厅吧，45层有免费的日落景致。2-8-1 Nishi Shinjuku，东京；免费。

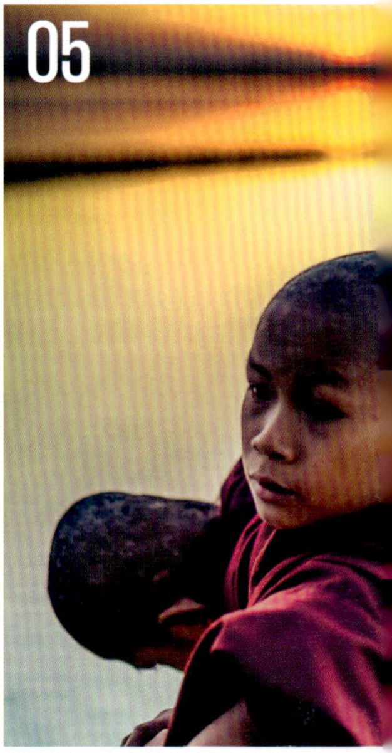

05

乌本桥，缅甸

有些地标拥有最美的轮廓剪影，乌本桥(U Bein Bridge)就是其中之一，它在太阳浸入东塔曼湖(Taungthaman Lake)时最上镜。在白天的最后几个小时，这座世界上最长的柚木桥会挤满僧侣、自行车和当地人，构成一幅别致生动的画面。阿玛拉普拉(Amarapura)；免费。

金庙，印度

一天中的任何时间，朝圣者都会涌入金庙(Golden Temple)，但日落时分会有一种神奇的魔法盘旋在这个锡克教最神圣的神殿之上，优雅的镀金哈曼迪尔寺(Harmandir Sahib)就像一片镜子海洋中的一抹火光。阿姆利则(Amritsar)；免费。

07

金巴兰海滩，巴厘岛

日落，沙滩，海鲜——对于金巴兰海滩(Jimbaran Beach)你还有什么可挑剔的呢？在靠前的海滩上抢一张桌子，看西边的天空渐渐被落日染上霞光，点些烤海虾、鱿鱼、梭鱼、鲷鱼和泥蟹，犒劳你所有的感官吧。巴厘岛，印度尼西亚；免费。

西湖，中国

北宋大诗人苏轼曾寄情于杭州西湖，所幸千年的岁月几乎并未削弱西湖的魅力。在垂柳依依的桥边选一个观景点，任凭落日载着你的思绪穿越时空。杭州；免费。

艺术&文化　音乐&电影　运动&休闲　美食&饮品　节日&活动

德里

充满魅力的德里(Delhi)就像整个印度的缩影。不需太多花费，你就可以探索古老的莫卧儿(Mughul)时代的纪念碑和由建筑师设计的优雅街道，或者去感受老城的斑斓与混乱。既想专心享受景点，又不想浪费辛苦赚来的旅费？在这里这都不是事儿！

01 做只书虫

在一家Full Circle Bookstore里享受冷气、文化和咖啡吧。这些装有空调的书店和咖啡馆是爱书者的天堂，有印度和国外作家本土版的作品，价格通常比较便宜，还拥有细致的历史分区，会举行作者见面会，并附有一家慵懒的咖啡馆。fullcirclebooks.in；Khan Market(1a)：书店和咖啡馆 9:30～21:30；GreaterKailash 1(1b)：书店10:00～20:00，咖啡馆9:30～20:30；免费入场。

02 印度国家艺术与文化遗产信托基金会

跟着基金会(Indian National Trust for Art and Cultural Heritage；INTACH)一起在历史中漫步吧。这些周末的步行游览活动由热情的历史学家做导游，很受德里人和游客欢迎，这是透过当地人的视角了解这座城市的一个很好的渠道，还会游览一些不太可能出现在自助游旅行者行程上的地区，比如梅赫饶利考古公园(Mehrauli Archaeological Park)。需要在线注册。intachdelhichapter.org/heritage_walks.php；多个地点；详情查询网站；100印度卢比。

03 印度国际中心之夜

印度国际中心(India International Centre；IIC)被绿树环绕，是体验古典与现代的表演、作品和展览的好地方，这里还有一家大型的图书馆。在演出前后，你会看到学者与

© Asaad Saleh | 500px

吃不完的炸面圈

Abhijit Menon-Sen曾画过一幅月光集市（Chandni Chowk）的详尽地图，那上面的Old Famous Jalebi Wala（Dariba Kalan；月光集市；10:00～21:00；45印度卢比/100克）从他童年时起便是德里一个极具特色的地方。“去找找街角挤满人的地方就是了，”他告诉我们。那么到底什么是炸面圈（jalebi）呢？“它是一种炸得很焦的面线，再浸到粘牙的糖浆里。最好刚炸完时趁热吃，在等待它们炸好的过程中，你可以到对面的奶昔店（lassi-wallah）或者巷子里的珍宝店打发时间。但不要逛太久而错过下一锅炸面圈！”

潮人擦肩而过，当地人与游客混在一起，人来人往，能量满满。大多数活动都对公众开放。iicdelhi.nic.in；40 Max Mueller Marg；免费。

04 和狐蝠厮混

在Janpath路成排的大树间，德里最深沉的睡神全然不顾下面永不停息的交通，呼呼大睡。狐蝠也叫果蝠，白天大头朝下打盹，黎明和黄昏时会盘旋着成群地飞来飞去（温馨提示：一只动物身体朝上必定是马上要拉屎的迹象）。Janpath，靠近Janpath Circle；白天开放；免费。

05 洛迪花园

欢笑的瑜伽修行者、亲热的情侣、遛狗的和喂松鼠的人、严肃的跑步者、散步的老者、随意的板球爱好者和聚餐的家庭——这些人都是这座36公顷的田园风情城市公园洛迪花园（Lodi Gardens）的常客，你随时都可以加入他们的队伍。风景如画的花园、外表脱落的陵墓和莫卧儿纪念碑（还有德里最适合观鸟的古树）为各种活动提供了绝佳的背景。入口在South End Rd；10月至次年3月6:00～20:00，4月至9月5:00～20:00；免费。

06 德里式早茶

不妨在旧德里卖茶的小铺（chaiwallahs）伴着日出喝一杯茶，看着整个世界慢慢苏醒过来：打着哈欠的司机在他们的人力车上伸着懒腰，扫大街的清洁工忙碌起来，街头小贩兜售着他们的商品。你可以循着加了糖的茶和滚烫牛奶的香甜气息，坐在一张长凳上喝杯茶，然后和当地人一起准备迎接新的一天。红堡（Red Fort）外，主入口北侧；黎明；茶10印度卢比起。

重要数据

人口：24,000,000

亮点：古老的过去与时髦的现在相结合的气氛

货币：印度卢比

消费指数：40美元/天

艺术&文化　音乐&电影　运动&休闲　美食&饮品　节日&活动

迪拜

第一眼看上去，庸俗华丽的迪拜（Dubai）有些颓靡又贵得离谱，但在这座现代城市的浮夸外表之下，藏着一个曾经低调的珍珠交易区，你仍然能从高楼大厦和古怪的商场之间一瞥其真容。即使在新城里，也能找到些便宜甚至免费的东西。

01 埃姆美术馆

自2006年创建以来，引人瞩目的埃姆美术馆（Ayyam Gallery）一直展示着中东新兴艺术家们杰出的当代艺术品，引人深思。它在迪拜拥有两个独特的场地，在贝鲁特还有第三家。查询网站可了解展览详情，通常都免费开放。Ayyamgallery.com; Gate Village Bldg 3, DIFC & Unit B11, Alserkal Ave, Al Quoz。

02 骆驼博物馆

骆驼博物馆（Camel Museum, Beit Al Rekkab）歌颂着骆驼以及这些“沙漠之舟”在阿拉伯历史、文化和文学中的地位。当迪拜还只是一个海湾边的移民区时，骆驼对贝都因部落（Bani Yas Bedouin）意味着一切，既是装运货物的牲畜，也可以产出奶和药材（骆驼的尿似乎可以治溃疡和秃头），同时还是一种竞技动物。Al Shindagha Historic Village; 周日至周四8:00~14:00; 免费。

03 迪拜博物馆

于1787年完工的阿法迪城堡（Al Fahidi Fort）是这座不断变化的城市中最古老的建筑，曾经的宫殿监狱如今坐落着迪拜博物馆

中心
500 m
0.25 miles
FISH MARKET
鱼市
PALM DEIRA
DEIRA
AL RAS
AL RAS
Dubai Creek (Khor Dubai)
迪拜湾
AL GHUBAIBA
NDAGHA
BUR DUBAI
16
06d
06a
05b
02
05a
06b
09
06c
10
03
见放大图
Port Rashid
SHINDAGHA
BUR DUBAI
MANKHOOL
AL JAFILIYA
17
RAVI RESTAURANT
ZA'ABEEL PARK
08
04
ZA'ABEEL
11b
SATWA
JUMEIRAH 1
FINANCIAL CENTRE
金融中心
14a
DOWNTOWN DUBAI
JUMEIRAH 2
AL SAFA PARK
BUSINESS BAY
JUMEIRAH
朱美拉
SAFA
AL MARQADH
AL SUQEIM KITE BEACH
UMM SUQEIM 1
13
11a
Sunset Beach
UMM SUQEIM
01
AL QUOZ
LM
EIRAH
拉棕榈岛
AL SUFOUH
AL BARSHA
07
DUBAI INTERNET CITY
迪拜互联网城
TECOM
DUBAI MEDIA CITY
迪拜媒体城
Emirates Golf Club
MEIRAH BEACH ROAD
重要数据
人口: 3,900,000
亮点: 市集与各种惊喜
货币: 阿联酋迪拉姆
消费指数: 200美元/天
N
0
5 km
0
2.5 miles

（Dubai Museum）。在馆内，你可以了解迪拜作为一个珍珠贸易区的历史，见证它自1960年以来的巨变，看一个现代化的大都市如何从沙地中破土而出。展品包括乐器和武器，还有市集、帆船和珍珠捕捞的展览。Al Fahidi St；周六至周四8:30~20:30，周五14:00~20:30；3阿联酋迪拉姆。

04 扎达夫帆船制造厂

dhow（往来于半岛周围水域的标志性帆船）能让你迅速联想到阿拉伯半岛。这些帆船至今仍由传统的船厂手工打造，船厂位于与迪拜节日城（Dubai Festival City）隔海相望的扎达夫（Jaddaf）。在这里可以看看匠人如何在柚木和杉木上变着戏法，长久以来他们仅仅使用锤子、锯、凿子、钻子和刨子就能造出一艘船。免费。

05 萨义德酋长屋

萨义德酋长屋（Sheikh Saeed Al Maktoum House）是迪拜现任埃米尔（Emir，穆斯林统治者）祖父的故居，宫殿如今是一座博物馆（5a），里边精彩的图片展讲述了迪拜从贝都因移民区到现代化大都市的变迁。房屋本身也是一个建筑珍宝，在没有空调的时代，就有一套设计独特的内置降温系统。你还可以去附近找找**遗产和潜水村**（Heritage and Diving Villages；5b），它们都是探索迪拜珍珠捕捞历史的免费展览。Al Shindagha Heritage Village, Bur Dubai；周六至周四8:00~20:30，周五15:00~21:30；成人/儿童 3/1阿联酋迪拉姆。

06 逛市集

在迪拜的市集里拥抱最真实的阿拉伯半岛吧，就从闪烁耀目的**黄金市集**（Gold Souq；6a；Sikkat Al Khail St；10:00~13:00和15:00~22:00）和**香料市集**（Spice Souq；6b；Baniyas Rd、Al Ras Rd和Al Abra St之间；周六至周四9:00~22:00，周五16:00~22:00）开始。此外，**Bur Dubai Souq**（6c；Bur Dubai waterfront和Ali bin Abi Talib St之间）和**Covered Souq**（6d；Al Sabkha Rd、107th St和Naif Rd之间）也值得一逛。免费入场。

当地人说

“Karma、Deira和Bur Dubai的市集售卖便宜的食物和衣服，你还能在那里找到惊艳的亚洲美食，价格便宜得几乎可以忽略不计。我的最爱是Pakistani Ravi Restaurant（Shop 245, Al Dhiyafa Rd, Satwa; 5:00至次日3:00），有城里最棒的咖喱。我们虽身处一片沙漠之中，但绿地公园的门票只要4迪拉姆，而且那里还有跑道以及供烧烤、踢足球、野餐的场地。朱美拉滨海路上有许多公共海滩，Al Suqueim风筝海滩能看到七星级的迪拜帆船酒店。”——戴夫·斯普尔斯（Dave Spours），平面设计师

07 独立电影圈

不是所有迪拜人都喜欢在毫无特色的多功能放映厅里播放的好莱坞大片。The Scene俱乐部每月会播放世界影坛的精华之作，讨论相关电影主题，并为独立电影爱好者和从业者提供一个合作平台。这些聚会通常在迪拜知识村（Dubai Knowledge Village）会议中心的主礼堂举行——你只需要在网上注册加入组织并申请一张免费入场券。thesceneclub.com; 免费。

08 屋顶影院

这是个位于迪拜的埃及主题商场顶层花园间的屋顶影院（Rooftop cinema），每周日都会在星空下放映免费电影。电影20:30开始，但早点去可以获得一袋豆子和好位子。爆米花、热狗和饮料以吓人的迪拜价格供应，但至少电影是免费的。pyramidsrestaurantsatwafi.com; Pyramids Rooftop Gardens, Wafi Mall, Oud Metha Rd; 周日20:30开始; 免费。

09 水上巴士

跳上一艘小小的水上巴士（Abra; cada-bra），穿越海湾来到Deira区，你就被送回了传统的迪拜，这就像变戏法一样。北岸是传统

上的繁忙地区，海上贸易商从波斯湾来到这里卸下他们的货物。能够搭乘一艘拥挤的机动dhow（帆船）本身便是最难忘的体验了。不过上船时一定要小心。迪拜湾（Dubai Creek）; 1阿联酋迪拉姆。

10 阿法迪历史区

如果厌倦了现代都市的新潮浮华，就去

这个曾被称作Bastakia的历史街区逛一逛，清醒一下头脑，感受一下迪拜的过去。19世纪末，从伊朗Bastak来的富有的珍珠贸易商和纺织品商人定居在这个传统阿拉伯地区，蜿蜒的巷道如今聚集着精心修复的美术馆、繁忙的咖啡馆和漂亮的精品酒店。

11 海滩生活

如果你没有住在一个海滩边的酒店，那可以花钱去海滩公园，或者去免费的公共海滩（这里的设施通常比较少）。**Burj海滩**（11a）是免费的，拥有欣赏迪拜帆船酒店（Burj Al Arab）的绝佳视野，**朱美拉海滩**（Jumeirah Beach；11b）被一条14公里长的崭新滨海公路穿过，很适合跑步或散步。在公共海滩可花大约5阿联酋迪拉姆使用烧烤设施。24小时；免费入场。

12 上一节瑜伽课

在处处空调强劲、充满城市景观的迪拜，总会让人缺少一种"度假"的感觉，这时或许你需要调节一下精神、放松放松。不妨去Friends of Yoga做做拉伸，这个志愿组织每天5:30和19:30在阿联酋的13个地方开展免费瑜伽课，包括Deira河、Bur Dubai湾、扎比尔公园（Zabeel Park）、JLT公园和互联网城（Internet City）等地。上网注册并查询最近的场地。friendsofyogaglobal.org；免费。

13 在迈丹赛马场看赛马

所谓王者的比赛并不是贵族的特权，也不必花高昂的价格。早点到达可以免费进入迈丹看台（Meydan Grandstand）的普通门票区，观赏纯种马奔驰。如果能找到视野好的座位，也可以从舞台口的侧面看到在展示圈（Parade Ring）中的马匹。www.dubaiworldcup.com；Nad Al Sheba；11月至次年3月；免费。

14 逛商场

迪拜拥有许多震撼的消费天堂，有些与其说是购物中心，不如说是娱乐公园。你可以在**Dubai Mall**（14a；thedubaimall.com；Financial Centre Rd；周日至周三10:00~23:00，周四至周六10:00至午夜）一个宏大的水族馆里免费观赏30,000种海洋生物，还能一睹830米高的世界最高建筑哈利法塔（Burj Khalifa）。**Ibn Battuta Mall**（14b；ibnbattutamall.com；Sheikh Zayed Rd；周日至周三10:00~22:00，周四至周六10:00至午夜）的主题分区被装饰成中国、西班牙、印度、波斯、埃及和突尼斯的样子。24小时；免费入场。

© Konstantin Stepanenko | 500px

免费一日游

迪拜市中心的正确打开方式：沿着海湾漫步，穿过城市的历史区。从漫游阿法迪（见41页）迷宫般的巷道开始，经过现代的大清真寺（Grand Mosque），非穆斯林只允许进入光塔，然后在Bur Dubai的市集（见41页）磨炼你讲价的本事。之后沿海湾探索Al Shindagha的遗产村（见40页），或者搭一艘水上巴士（见41页）去Deira，那里有更多的市集等着你。继续沿Corniche Rd寻找忙乱的鱼市场，包括鲨鱼在内的各种波斯湾水产每天在这里变成刀下亡魂。

15 朱美拉棕榈岛

即使你没钱入住一家朱美拉棕榈岛（Palm Jumeirah）上贵得让人想哭的酒店，也仍然可以到这个盛放在波斯湾上的人造群岛上来个跳岛游。在树木间漫步是免费的，或者挥霍一点买一张**monorail**（palm-monorail.com；25阿联酋迪拉姆）的返程票，它的行驶轨道是沿着这个人造奇观而建的。

16 印度式摔角

每周五日落前不久，成群的建筑工人聚集在Deira鱼市后的沙地上，观看和参与一场力量和技巧的比赛。印度式摔角（Pehlwani）是一项东南亚（迪拜大多数劳动力的来源地）的传统比赛，你会看到两个缠着腰布的男人努力将对方摔倒的场景。人群很容易激动，但总体还是友好的，记得穿得低调些。Deira；周五17:00；免费。

17 12月2日街

这条曾经被称作Al Dhiyafah Rd的街道已经改名为12月2日街（2nd of December，以纪念阿联酋的国庆日），什么时候来你都能在这条街上找到一家便宜的街头小吃，来犒劳你的味蕾。外国人、体力劳动者和游客混在一起，面对着飘香诱人的伊朗、印度、黎巴嫩和非洲美食大快朵颐。24小时；免费入场。

18 街头之夜

作为一项基于社区的街头文化庆祝活动，这个一年一度的曾获过奖的节日试图通过现场音乐、一排街头小吃风格的餐馆将迪拜人从巨大的空调商场中诱惑到室外。这里还会聚着阿联酋最大规模的艺术家，他们总是忙于将墙壁和围栏变成画布。留心网站上关于下一次活动的详情。streetnights.ae；免费。

© Dave and Les Jacobs | Getty Images

小贴士

» 想找点平价小吃或淘点儿便宜的小商品？去市集（见41页）、鱼市，或者沿着12月2日街闲逛吧，带上现金（尤其是小面值的纸币），记得买东西的时候狠狠杀价。

» 如果你要在城里待一段时间，就像当地人一样，买本Entertainer的书或者下载它们的App（theentertainerme.com/tryapp；450阿联酋迪拉姆），凭它可以在餐馆、咖啡馆、主题公园、水疗等场所享受买一赠一的优惠，如果使用频繁，一个假期就能回本。

» **Dubizzle**（dubizzle.com）可算得上是个“地下网站”了，住在迪拜的侨民通过这个网站收售二手物品，留意网站上的“free stuff”（免费物品）页面，可能会有惊喜。

艺术&文化　音乐&电影　运动&休闲　美食&饮品　节日&活动

香港

香港倾其所有带来美好，而享受这种美好并不需要花很多钱；这座城市既是富人的游乐场，也可以通过丰富的想象力成为穷人的乐园。作为一项附加的福利，大自然的免费荒野只需要一段便宜又轻松的巴士之旅即可到达。

01 不贵的艺术市集

如果你喜欢一应俱全（红酒，还有衣着光鲜的工作人员为你答疑）的艺术展，这里是最便宜的选择，而且还有不错的品质。你会看到数以千计的原创作品，包括荒木经惟（Nobuyoshi Araki）等名人的大作。作品价格在1000港币到100,000港币，以艺术界的标准来看不算贵，入场门票也不贵。affordableartfair.com/hongkong/；地点不定；5月；门票160港币。

02 博物馆的“免费星期三”

一些博物馆（museums.gov.hk）在每周三门票免费。**历史博物馆**（2a；尖沙咀漆咸道南100号；周一和周三至周五10:00~18:00，周六、周日至19:00）和**文化博物馆**（2b；新界沙田文林路1号；周一和周三至周五10:00~18:00，周六、周日至19:00）将带你了解香港。**茶具文物馆**（2c；hk.art.museum；中西区红棉路10号；周三至周一10:00~18:00）和**铁路博物馆**（2d；www.heritagemuseum.gov.hk；大埔墟崇德街13号；周三至周一9:00~18:00）则长期免费。

03 Para Site艺术空间

作为香港（乃至亚洲）最长久也最活跃的独立艺术机构，Para Site在刚进入策展和多媒体领域时就表现出了批判和冒险的精神，并获得良好的声誉。这里的展览是敏锐的，并倾向与当代城市相关的主题。它们会让你兴奋到战栗。para-site.org.hk；鲗鱼涌英皇道677号荣华工业大厦22楼；周三至周日正午至19:00；免费。

02

© Earnest Tse

重要数据

人口：7,200,000

亮点：美食、充分利用城市与乡村间的距离

货币：港币

消费指数：1000港币/天

04 PMQ元创方

曾为已婚警察宿舍的PMQ元创方或许以"艺术中心"来宣传自己，但它其实是以带着商业倾向的本土设计为主。那些商铺大多是家居用品和时尚店，即使什么都不买也值得一逛。而且在工作室中总会有精彩的展览。宽敞的走廊和微风吹过的庭院也很舒服。pmq.hk；鸭巴甸街35号；场地7:00~23:00，商店11:00~19:00；免费。

05 庙街夜市的粤剧

在这里看演出并不需要你真的懂粤剧。这个香港最活跃的夜市充斥着沿街叫卖和算命的人，还有露天排挡传来的香味。就在这里短暂停留一下吧，任凭钵铙、唱腔和风格化的手势刺激你的感官。说不定多年以后再次听到这些剧目，也会触发你对香港之行的美好回忆。油麻地庙街；18:00~23:00；免费。

06 Sense99的音乐

这个地下酒吧占据着一栋浮夸的公寓，装饰着红墙、枝形吊灯和改造后的长沙发，每周末会有一群朴素的艺术家聚集在这里，气氛活跃。他们拿着几面鼓和一把电吉他，随时准备在楼上来一场即兴演奏。演奏质量取决于你的运气，你可能碰上专业的音乐家，也可能是喝醉了的朋友，或者你自己想来一段也行，不过记得带上你的乐器。Sense99.com；2层和3层，威灵顿街99号；周五和周六21:00至次日4:00；免费。

07 街头音乐会串联

这些音乐会是专业管理与自然发酵的完美结合。音乐类型从独立摇滚到粤剧，你肯定会找到心之所爱，即便是这里的气氛也都很迷人。音乐会每月在**Arts Centre**（7a；湾仔港湾道2号；第3个周六17:30~20:00）、**Comix Home Base**（7d；湾仔茂罗街7号；第4个周日15:00~16:30）和**Blue House**（7c；湾仔石水渠街72号；第2个周四19:30~21:00）举行。hkstreetmusic.com；免费。

当地人说

“药店和农贸市场比超市便宜。楼上的店铺和咖啡馆比街边的价格低些。”——安吉拉·陈(Angela Chan),小说家

“去机场最便宜的方法是坐MTR到东涌站(Tung Chung),然后换乘一辆巴士。去公共泳池游泳17港币一次。超市在不同的日子有不同的价格。Parkn Shop周一最便宜;清仓货物会贴黄色标签,要留意。大多数超市都会有一架的减价商品。”——珍妮·张(Janine Cheung),律师

“电影节(hkiff.org.hk)放映的影片比商业影院的便宜。想看表演艺术,选择小公司的演出,避开那些大艺术节。”——杰拉德·亨利(Gérard Henri),艺术评论家

08 Visage One

白天是美发沙龙,晚上是爵士乐窝点,Visage One拥有一种秘密团伙的氛围。没有人知道将上演什么,也没人在乎,因为所有人都相信老板Benki的品位。你只管在周六前来,慢慢入场,在音乐家身后的台阶上有洗发椅,你就坐下虔诚地等待第一个音符响起吧。Soho区荷李活道93号宝龙大厦;周六20:30~23:30;免费。

09 徒步麦理浩径

隐蔽的海湾、火山岩石、云雾笼罩的山顶和古老的村落,这些只是100公里长的惊人而多变的麦理浩径的一部分看点。小径从东边西贡的北潭涌开始被分为10段,蜿蜒穿过乡村公园,在西边的屯门终止。大多数路段都有连接公共交通的出口,可以让你在1小时内到达最近的城镇。hiking.gov.hk;24小时;免费。

10 跑马地赛马

花10港币,你就能在一个有照明设施的赛马场,看一晚上这个城市最热门的观赏性运动。当马蹄冲向终点线时,你可以和人群一起欢呼,或者尝试下注将游戏升级。无论哪种玩法,如果你不想为了买吃的填饱肚子在人群中挤来挤去,那就记得带上食物(和饮料)。hkjc.com;跑马地黄泥涌道;9月至次年6月,周三19:30~22:30;10港币。

11 屏山文物径

在这段1公里长的小径沿途,前殖民地时期的风情与当代的香港农村并存。你会经过12座历史建筑,它们属于当地权贵邓氏,这个历经5个世纪却仍充满生机的小村由邓氏家族创立。祖上留下来的精美大厅如今是宴会和时尚秀(邓达智是一位设计师)的会场。聚星楼是香港现存最古老的塔。元朗屏山;大厅和塔9:00~13:00和14:00~17:00,周二关闭;免费。

12 港式烧烤

这是项便宜又愉快的活动,关键在于提前腌制好的肉(猪排、鸡翅、香肠)、蔬菜,当然还有棉花糖。你还需要带两个尖头的烧烤叉、纸盘(或用生菜叶作为环保替代品)、木炭和打火机。在超市采购完这些东西,然后奔向海滩或者乡村公园,租一个烧烤炉,然后开始最难的挑战——生火。

13 Khalsa Diwan锡克庙

香港最大的锡克庙并不是一个食物银行，但它会对走进大门的所有人发放免费的素餐（11:30~20:30），无论你是何信仰、阶层、肤色或国籍。你可以主动洗碗作为对扁豆或蔬菜咖喱餐的回报。周日的祈祷活动（9:00~13:30）和每日祈祷（6:00~8:30，18:30~20:00）也对所有人开放。khalsadiwan.com；皇后大道东371号，湾仔；免费。

14 长洲太平清醮

你也许听说过这个有一个世纪历史的疯狂比赛——参赛者爬上一座摆满了“好运”点心的塔，然后努力尽可能多地将点心装入口袋——这是许多清朝佛诞节仪式的重演之一。还有一个活动是彩车游行，特色是由儿童扮成神，如今也有越来越多的政客形象出现。这些仪式曾被用来驱走会带来精神恐慌的海盗。cheungchau.org；地点和时间不定；免费。

15 赛龙舟

这次难得的体验以装饰过的渔船为背景，你一边看赛龙舟，一边会看到有人将烧着的纸钱投进水中。从3月到10月，每月会举行2~4场比赛。龙舟节时在赤柱和大澳，以及天后诞辰日在南丫岛和蒲台岛举办的最为壮观。hong-kong-traveller.com；地点和时间不定；免费。

16 中秋节舞火龙

中秋节时，一条67米长的稻草长龙上插着70,000支燃烧着的线香，由数百名热血男子列队举着游行，在**大坑**（Tai Hang；16a；taihangfiredragon.hk；免费）街区富裕的铜锣湾一带会持续三晚。这个烟气弥漫的仪式纪念着大约一百年前的旧时光，那时还会在满月时表演舞蹈，以期终结瘟疫和台风。另一个舞火龙地点在**薄扶林村**（Pok Fu Lam Village；16b；hong-kong-traveller.com；免费）。早点去，人很多。

15

经济出行

有轨电车（hktramways.com）和天星小轮（www.starferry.com.hk）是香港交通工具的珍贵遗产。将两者结合，再加上步行，便是一种绿色、能欣赏优美风景又不太昂贵的城市探索方式。作为世界上仍在运行的最大的双层有轨电车（大约始于1904年），票价却仅为2.3港币，在港岛16公里长的轨道上，你想坐多久就坐多久。在天星小轮（大约始于1880年）12分钟的航程中可以欣赏明信片般的维多利亚港美景，只要2.5港币而已。

© Keith Mulcahy | 500px

17 自由约，西九龙

何不花一个慵懒的周日，与香港文化圈的年轻领袖们一起嗨起来。这个新生的月度活动是一个集合了现场音乐、电影、舞蹈、跑酷、手工艺和其他许多活动的万花筒。记得带上你的野餐篮和飞盘，这一带有足够大的草坪和广阔的海景供你休憩观赏。westkowloon.hk；苗圃公园，西九龙海滨长廊；每月第2个周日14:00~19:00；免费。

18 中元节

传统认为农历七月鬼门开，要在路边用食物和纸钱祭奠孤魂野鬼，街坊社区还会架起竹台，举办宗教仪式（佛教和道教）和戏曲表演。为期一个月的中元节结束时，一个纸糊的阎王像会被烧掉，火苗蔓延过他紧握的拳头、凸出的眼睛，直至全身。discoverhongkong；免费。

16

© Hei Yu | 500px

超值团队游

以下提供免费团队游的遗产非常值得一游：

» 亚洲协会（Asia Society; asiasociety.org）提供免费粤语团队游，需提前预约。

» 青年旅舍美荷楼生活馆（Mei Ho House Youth Hostel; yha.org.hk），每天提供一场免费的粤语团队游，根据需求可提供普通话团队游。均需提前预约。

» 大澳文物酒店（Tai O Heritage Hotel; taioheritagehotel.com）提供"探索之旅""水乡文化之旅""大澳探索体验游"主题团队游，可在预约时咨询导览游所使用的语言。

» 饶宗颐文化馆（Galleries at JaoTsung-I Academy; jtia.hk）的常规免费团队游"文化馆活化之旅"使用粤语，如需普通话可通过官网申请。

只能参加团队游参观的场馆：

» 北九龙裁判法院（North Kowloon Magistracy; visitscadhk.hk），如今是一所学校。

» 慈山寺（Tsz Shan Monastery; tszshan.org），一个受古人启发的现代寺院。

» 雷生春（Lui Seng Chun; scm.hkbu.edu.hk）的中医诊所。在免费会诊日，大夫会无偿为你把脉。

艺术&文化　音乐&电影　运动&休闲　美食&饮品　节日&活动

孟买

印度仍然是一个相对便宜的旅行目的地，但孟买（Mumbai）——宝莱坞的地盘以及这个国家最大、最繁忙、最富有也最国际化的大城市——恐怕是最贵的地方了。不过，在鱼龙混杂的孟买老城中有许多平价之选，惊喜真是随手可得。

02

04

06

01 英属印度

在世界最繁忙的火车站——维多利亚时代的**贾特拉帕蒂·希瓦吉终点站**（Chhatrapati Shivaji Terminus，1a），可以免费参观其怪兽状的滴水嘴。不远处，**印度门**（Gateway of India；1b）——为纪念1911年乔治五世（King George V）访问而建的玄武岩拱门——是个打量人群的好地方，尤其是在3月大象节（Elephanta Festival）期间。会有船只从这里出发前往被联合国教科文组织列入世界遗产的**象岛石窟**（Elephanta Caves；250印度卢比），那里可是有1300年历史的手工雕刻石窟寺。

02 喀拉科达艺术区

尽管**国家现代艺术美术馆**（National Gallery of Modern Art；ngmaindia.gov.in；周二至周日11:00~18:00；500印度卢比）需要门票，但喀拉科达（Kala Ghoda）还有**Jehangir艺术画廊**（Jehangir Art Gallery；2a；jehangirartgallery.com；Mahatma Gandhi Rd；11:00~19:00；免费），展出现代印度艺术家的作品。在1月或2月会举行**喀拉科达艺术节**（halaghodaassociation.com；免费），这是一场为期9天的艺术和多元文化庆祝活动。附近的**Project 88画廊**（2b；project88.in；BMP Building，NA Sawant Marg，

重要数据

人口：21,000,000

亮点：打望人群和多元文化混搭

货币：印度卢比

消费指数：45美元/天

Colaba；周二至周六11:00~19:00；免费）则会展出更先锋的作品。

03 甘地纪念馆

圣人甘地（Mahatma Gandhi）曾是孟买的常客，他来孟买的时候就会住在这里，推行Satyagraha（非暴力的消极抵抗和不合作主义）。如今这个建筑作为博物馆（Mani Bhavan）展出相关照片和甘地的信件。gandhimanibhavan.org；19 Laburnum Rd，Gamdevi；9:30~18:00；免费。

04 孟买的海滩

作为岛屿城市，这里有许多海滩值得探索。城北的**Juhu海滩**（4a）不那么热闹，但中心的**Chowpatty海滩**（4b）更有趣，挤满了玩板球的家庭、小贩和跳着舞的猴子。从10月到次年3月，印度人会涌到这里，把象头多臂的神像浸入大海，以庆祝象神节（Ganesh Chaturthi）。24小时；免费。

05 桑贾伊·甘地国家公园

作为世界最大的位于城市内部的国家公园桑贾伊·甘地国家公园（Sanjay Ghandi National Park），这个"孟买之肺"受城市所限，虽不免费，但门票便宜（33印度卢比）且容易到达。你可以在那里划船、看瀑布、观野生动物，探索有千年历史的坎赫里石窟（Kanheri Caves；100印度卢比），它是由佛教僧侣在峡谷中雕刻的。Sanjaygandhinationalpark.net；7:30~18:00。

06 跳蚤市场

在混乱刺耳的跳蚤市场（Chor Bazaar），你可以淘到优质低价的纪念品。小贩们兜售着从宝莱坞海报到拉吉时代（Raj-era）小摆设的各种物品。在这里的摊位上淘宝（或者破烂），是必不可少的孟买体验（只是要小心扒手）。Mutton St；周六至周四11:00~19:30；免费入场。

做个宝莱坞明星

孟买是宝莱坞的主场——印度电影工业制作的电影数量可是好莱坞的两倍。作为外国人，你在当地很有可能被邀请参演这些绚丽多彩的电影，在克拉巴（Colaba）附近的背包客聚集地常有"星探"逡巡，比如在Leopold Cafe（leopoldcafe.com；Colaba Causeway和Nawroji FRd交叉路口）和Salvation Army Red Shield Hostel（Ormiston Rd）等地，你也可以在那里的前台主动登记你想要参加什么样的电影摄制。独自旅行时如有人来搭讪还是要保持警惕，但诈骗其实并不多见。参演宝莱坞电影会是一场难忘的体验，而且你没准还能免费参观电影城（mumbaifilmcitytours.com；Goregaon；10:00~17:00；团队游600印度卢比起），省掉门票钱。

ASIA'S BEST CHEAP GOURMET GRUB
亚洲最佳平价美食

每一位旅行者心里，都藏着一个秘密的美食家。幸运的是，在亚洲你能找到最棒的街头平价美食。

1 SRI SAGAR，印度

南印度的卷饼（dosa，类似可丽饼）在当地是一种特色，其中班加罗尔（Bengaluru）的卷饼被奉为世界最佳。你值得为了Sri Sagar厚厚的黄油卷饼（benne dosa）挑战长长的队伍。Margosa Rd, Malleswaram，班加罗尔；7:00~21:00；卷饼30印度卢比起。

3 TALAT CHANG PHEUAK 夜市，泰国

清迈（Chiang Mai）的美食家都会直奔夜市。在Talat Chang Pheuak，戴牛仔帽的女士的摊位有泰北最好吃的猪腿饭（kôw kăhmŏo）。Th Mani Nopharat，清迈；17:00至午夜；菜肴30泰铢起。

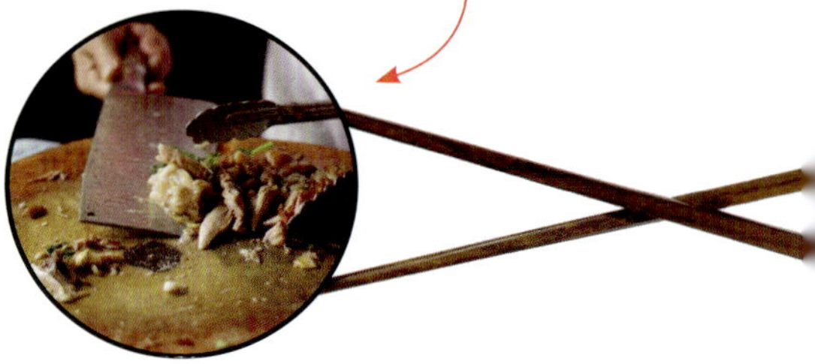

2 JOO HOOI CAFE，马来西亚

槟城（Penang）少了叻沙（laksa），就像蝙蝠侠少了罗宾（Robin）。当你在乔治城（George Town）搜罗这种街头美食时，记得去Joo Hooi，那里有岛上最棒的叻沙。Jln Penang和Lebuh Keng Kwee交叉路口，乔治城；11:00~17:00；主菜3马来西亚林吉特起。

7 KIMLY，柬埔寨

Kep-sur-Mer曾是在柬埔寨殖民的有钱人来享用湄公河三角洲最好的螃蟹的地方。现在法国人走了，但螃蟹还在，在这家螃蟹市场旁的海鲜老店，螃蟹的做法有27种之多，真不可思议。螃蟹市场，Kep；9:00~22:00；菜肴2.5美元起。

6 WARUNG IBU OKA，印度尼西亚巴厘岛

乳猪可不是只属于16世纪帝王的。在印度尼西亚，烤乳猪可是百姓的食物，Warung Ibu Oka以便宜的价钱供应烤猪肉。Jl Suweta, Ubud, 巴厘岛；10:00~16:00；主菜50,000印尼卢比。

5 莲香楼，中国香港

在香港想找到便宜的点心是个挑战，但威灵顿街上的莲香楼却很怀旧：手推车上的蒸笼，爱搭不理的服务，还有使一切都值得的美味又便宜的点心。160-164 威灵顿街，香港；6:00~23:00，点心供应至15:30；点心12港币起。

8 NASI KANDAR PELITA，马来西亚

马来西亚如何吸引回头客？要归功于这里超棒的印裔穆斯林（Mamak）大排档。在Nasi Kandar Pelita，一餐精致的印度煎饼（Roti canai；煎饼配扁豆和咖喱鸡）会帮你省下不少钱。149 Jln Ampang，吉隆坡；24小时；2~8马来西亚林吉特。

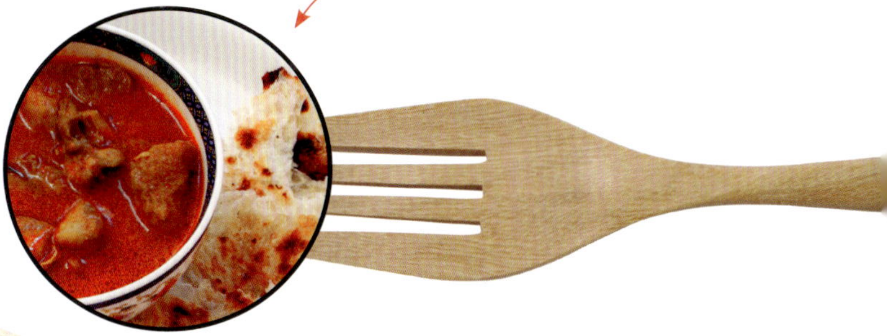

4 大和寿司，日本

在寿司之源品尝寿司是东京之旅中必不可少的体验，大和寿司店里的生鱼片是从当日捕捞的鱼上直接切下来的，午餐套餐都是新鲜的海产，并且（以东京的标准来看）价格很亲民。Bldg 6, 5-2-1 中央区筑地，东京；周一至周六5:00~13:30；寿司套餐3500日元起。

艺术&文化　音乐&电影　运动&休闲　美食&饮品　节日&活动

上海

追求时髦的人疯狂购物，商务人士进行繁忙的交易，上海可以说是中国最现代的城市。但这里有丰富的免费博物馆、公园和艺术画廊，更不用说非常便宜的街头小吃市场和朴实的生煎连锁店了——来到时尚有序的上海并不需要倾家荡产。

01 M50创意园

位于满是涂鸦的莫干山路上，这个上海最著名的艺术领地是一片引领潮流的工业建筑群。这里也许没有北京的先锋艺术区那么有诱惑力，但仍然非常值得围绕艺术家的工作室一探究竟。如果你累得精疲力竭，这里还有许多吃吃喝喝的好地方。莫干山路50号；大多数画廊每日9:30~18:30开放；免费。

02 上海博物馆

这也许是中国最好的博物馆（包含超过百万件藏品）之一，引人注目的文物陈列展出了跨越千年的杰作——从古代的青铜器和宗教雕像，到一些中国最好的陶器、绘画、玉器、硬币和书法。注意，每天只允许8000人入馆，所以不要去得太晚。www.shanghaimuseum.net/en/；人民大道201号；9:00~17:00，16:00停止入场；免费。

© Roland Fei | 500px

免费一日游

从人民公园（南京西路；6:00~18:00，7月至9月6:00~19:00；免费）开始这一天，然后前往上海博物馆。在附近的小杨生煎（黄河路97号；6:30~20:30；4个生煎6元）简单吃点午餐，然后沿着南京东路（大多数商店10:00~22:00）——上海最著名的商业街——去富有特色的邮政博物馆（苏州北路250号；周三、周四、周六和周日9:00~17:00；免费）看看；不要错过顶层花园，那里有很好的视野。接着沿标志性的外滩漫步，跟随着嗅觉来到云南路美食街（云南南路），点些羊肉串和冰啤酒吧。

03 复兴公园

郁郁葱葱的复兴公园由法国人于1909年设计，是一个逃离阳光的热力和持续不断的恐怖交通噪声的宜人之地。尤其是一大清早，公园里满是跳舞的、打牌的、倒着走路的和打太极的人。找一把梧桐树下的长椅坐下，看看这些上海人是如何真正放松的。黄浦区复兴中路516号；5:00~18:00；免费。

04 外滩

这片由过去的银行和交易所围成的繁华河岸，是上海租界时代的终极象征，也成为中国最好的城市漫步地点之一。装饰艺术风格和新古典主义的建筑如今变身为一些精品店、酒店和餐馆。你可以在人行道上散散步：早上，看当地人打太极；傍晚，回来看看被霓虹照亮的壮观城市景色。中山东一路；24小时；免费。

05 田子坊

在优雅的法租界区，要想逛得有点目的性，就去这片迷人的传统弄堂巷道吧。树木间散布着提供Wi-Fi的咖啡馆、时尚的酒吧和餐馆，艺术商店和出色的小精品店里卖着各种商品，从民族刺绣到手工普洱茶，还有复古餐具。这片区域的许多建筑还住着人家，使这里保持着市井氛围。tianzifang.cn；泰康路；24小时；免费。

06 七宝古镇

如果大城市的莽撞无礼困扰到你，就乘地铁去运河边很有吸引力的七宝古镇吧，它的历史可追溯到遥远的北宋时期（960~1127年）。45元的门票可以让你进入一些特殊建筑，相反你也可以省掉这个门票，只是在交错的小巷和拱桥之间随意逛逛，再尝尝街边的小吃。闵行区七宝镇；景点9:00~18:00；免费。

重要数据

人口：24,300,000

亮点：中国时尚

货币：元

消费指数：500元/天

艺术&文化　音乐&电影　运动&休闲　美食&饮品　节日&活动

新加坡

这可能是世界上消费最高的城市之一，但只要你搞定了最贵的部分——找到住宿，你就会惊喜地发现新加坡元可以花那么久。从绿化空间到千变万化的庙宇，许多景点都不花一分钱。

01 峇峇住宅

峇峇住宅(Baba House)是新加坡保存最好的峇峇娘惹(Peranakan)遗产之一，为你了解一个世纪前生活在新加坡的富裕海峡华人的生活提供了一个迷人的窗口。参观这个被豪华修复过的19世纪90年代房屋的唯一方法就是参加精彩并且免费的导览游。提前预订是必不可少的。nus.edu.sg/cfa/museum/about.php; 157 Neil Rd; 免费团队游周一14:00，周二18:30，周四10:00，周六11:00; 免费。

02 佛牙寺

这座五层的佛寺(Buddha Tooth Relic Temple)珍藏着据说是佛陀的左犬牙，是释迦牟尼在印度北部的拘尸那迦(Kushinagar)圆寂时留下的。当你走进一个华丽炫目的房间里，就会看到放置遗物的一个420千克的纯金佛塔。在三层的博物馆可以看到更多遗物，顶层花园还有巨大的转经筒。btrts.org.sg; 288 South Bridge Rd; 7:00~19:00，遗物瞻仰9:00~18:00; 免费。

06

05

02

FARRER PARK FIELDS
LITTLE INDIA
小印度
NS23
SRI VEERAMAKALIAMMAN TEMPLE
维拉玛卡里亚曼兴都庙
HOUSE OF TAN TENG NIAH
陈东龄故居
TEKKA CENTRE
竹脚中心
ABDUL GAFOOR MOSQUE
阿都卡夫回教堂
ISTANA PARK
MT EMILY PARK
06
NE 3
KAMPONG GLAM
EW17
04
FORT CANNING PARK
FORT CANNING PARK
福康宁公园
F.CLUB
Alexandra Canal
03a
03c
NE2/EW16
07
THE PADANG
Esplanade Jetty
MARINA PROMENADE
TIONG BAHRU PARK
HENDERSON PARK
15
Singapore River
新加坡河
Marina Bay
滨海湾
03b
CÉ LA VI
PEARL'S HILL CITY PARK
05
08
WONDER FULL
09
02
CHINATOWN
唐人街
13
14
GARDENS BY THE BAY
滨海湾花园
BOON TAT STREET
文达街
01
TANJONG PAGAR
Tanjong Pagar Plaza
MARINA SOUTH
SPOTTISWOODE PARK
RAEBURN PARK
SINGAPORE RAILWAY STATION
HarbourFront
Keppel Harbour
重要数据
人口: 5,500,000
亮点: 文化风云人物和
让人垂涎欲滴的街头小吃
货币: 新加坡元
消费指数: 130美元/天
Causeway Bridge
PULAU BRANI
布拉尼岛
Resorts World
Selat Sengkir
Strait of Singapore
新加坡海峡
Serapong Golf Course
SENTOSA ISLAND
圣淘沙岛
Palawan Beach
12
Buran Darat
0
2 km
0
1 miles

03 免费的艺术之旅

一些新加坡酒店里会有杰出的艺术展，也对非住客开放，比如**泛太平洋公共艺术空间**（Pan Pacific's Public Art Space；3a；panpacific.com；7 Raffles Blvd；免费），以及融入**滨海湾金沙**（Marina Bay Sands；3b；marinabaysands.com；10 Bayfront Ave；免费）的许多公共区域的艺术作品。艺术爱好者一定会在**The Ritz-Carlton, Millenia Singapore**（3c；ritzcarlton.com；7 Raffles Ave；免费）被宠坏，从戴尔·奇胡利（Dale Chihuly）的吹制玻璃艺术到弗兰克·斯特拉（Frank Stella）的装置艺术，任何人都可以在此展开一场自己心仪的艺术之旅。

04 新加坡国家博物馆

作为活跃的新加坡博物馆之王，新加坡国家博物馆（National Museum of Singapore）位于一栋宏伟的19世纪新古典主义建筑中。一定要去看看修复过的华丽圆形大厅，它拥有50扇精心雕刻的染色玻璃窗。博物馆除了展示新加坡历史文化的永久展览之外，许多特展也同样免费，而且提供免费的一小时导览游。nationalmuseum.sg；93 Stamford Rd；10:00~18:00；免费。

05 马里安曼兴都庙

新加坡最古老的印度教庙宇（却不协调地位于唐人街中）是马里安曼兴都庙（Sri Mariamman Temple），入口之上一座20世纪30年代的彩色塔（gopuram）非常有特色，它是印度南部德拉威（Dravidian）风格庙宇的关键所在。一个供奉着马里安曼神的神龛占据着内部空间。每年10月，寺庙会举办蹈火节（Thimithi festival），信徒们将排队赤脚走过燃烧的煤炭。heb.gov.sg；244 South Bridge Rd；7:00至正午和18:00~21:00；免费。

12

09

经济出行

新加坡出色的公共交通网络似乎已经不那么贵了，当你使用提前准备好的EzyLink卡（ezlink.com.sg；可在机场、大多数地铁站和7-11商店获得）时，乘地铁或公共汽车的一次标准行程票价从1.4新加坡元降到了0.79新加坡元。不过如果你打算在几天时间里频繁出行，可以考虑办一张游客通行卡（Tourist Pass），花10新加坡元（1天）、16新加坡元（2天）或20新加坡元（3天），另加可退的10新加坡元押金，即可无限次搭乘公共汽车和地铁。

06 苏丹清真寺

这座新加坡最大的清真寺以撒拉逊（Saracenic）风格设计，顶着一个金色的穹顶，看起来像从迪士尼的《阿拉丁》场景中搬出来的。如今的苏丹清真寺（Sultan Mosque）是1928年在原址上（1825年）修建的。如果你想进去一探究竟，可以在入口处免费借用长袍。Sultanmosque.org.sg；3 Muscat St；周六至周四10:00至正午和14:00~16:00，周五14:30~16:00；免费。

07 艾斯普拉纳德国家大剧院

耗资6亿新加坡元的娱乐中心艾斯普拉纳德国家大剧院（Esplanade – Theatres on the Bay），顶部像装满大钉子一样，被比作苍蝇的眼睛、两个朝上的榴莲等各种东西。这里有不间断的国内外演出，包括一些免费的室外表演。查询网站了解最新活动，如果你能成功获得免费赠券，那么考虑下演出前到屋顶酒吧Orgo（orgo.sg；18:30至次日1:30）小酌一杯犒劳自己。esplanade.com；1 Esplanade Dr；部分演出免费。

08 滨海湾电影

新加坡有全年都适合户外娱乐的好气候，非常适合在星空下看场电影。最佳免费电影之夜活动是运营许久的DBS滨海湾电影（Movies by the Bay），通常在每月的第3个周五和周六，在Shoppes by the Bay旁边的人行道上放映。早去的人甚至还能得到免费的爆米花！dbsmoviesbythebay.com；Shoppes by the Bay附近，滨海湾；免费。

09 滨海湾花园

这个由超现代的生物穹顶、高科技的大树和异想天开的雕塑组成的生态梦境，真的要亲眼见过才能相信。尽管室内的温室和超级树顶端的人行天桥都是收费的，但在19:45或20:45上演的一场壮观的花园狂想曲（Garden Rhapsody）声光秀是免费的，你会看到闪闪发光的超级树，这大概是这里最酷的事情。gardensbythebay.com.sg；18 MarinaGardens Dr；室外公园5:00至次日2:00；免费入场。

10 虎豹别墅

这个超级媚俗的中国神话颂歌由虎标万金油药膏的创始人胡文虎（Aw Boon Haw）构想出来，说虎豹别墅（Haw Par Villa）是地球上最怪异的“主题公园”，虽不中亦不远矣。当你在这个奇妙的花园里闲逛时，可能会对着艳丽的雕像和模型傻笑，它们每一个都讲述着中国民间故事，“十层地狱”则表现了阴森的阴间场景。262 Rasir Panjang Rd；9:00~19:00；免费。

11 新加坡植物园

逃离城市一个下午，来欣赏这个点缀着可爱湖泊、起伏草坪和主题花园的郁郁葱葱的植物仙境。探索这个美丽的联合国教科文组织世界遗产是免费的，不过你值得考虑一下花5新加坡元进入国家兰花园（National Orchid Garden；8:30~19:00）参观，这里有世界最大的热带兰花展。sbg.org.sg；1 Cluny Rd；花园5:00至午夜；主花园免费。

12 圣淘沙岛海滩

大多数圣淘沙岛（Sentosa Island）上大名鼎鼎的景点（比如环球影城和SEA海洋馆）的门票很快就会花掉不少钱，但在岛上的海滩消磨时光（几乎）是免费的。你有几个选择：岛上西北边热闹的**Siloso**（满是餐馆和酒吧）、南边更安静些的**Tanjong**，或者中部有免费戏水池（适合孩子）的**Palawan海滩**。sentosa.com.sg/en/beaches；24小时；行人上岛费1新加坡元。

13 麦士威路美食中心

麦士威路（Maxwell Rd）是新加坡最亲民的小吃中心，是一个品尝这里最著名的街头小吃的好地方。有几十家摊位可选，其中长盛不衰的有天天海南鸡饭、香炸番薯枣、洪家福州蚝饼。提示：有人排队的摊位，味道一定不错。Maxwell Rd和South Bridge Rd交叉路口；8:00~22:00；菜肴2.50新加坡元起。

14 沙嗲街

每晚，直落亚逸集市[Telok Ayer Market，也称老巴刹（Lau Pa Sat）美食中心]旁边的街道都会封闭交通，变成一个嗞嗞作响的露天烤肉排档，被称为“沙嗲街”（Satay Street）。点上一打沙嗲烤串，蘸着美味的花生酱，配上一壶虎牌啤酒，便是终极的平价大餐。Boon Tat St；周一至周五19:00至次日1:00，周六和周日15:00至次日1:00；沙嗲约0.6新加坡元一串。

15 中峇鲁的烘焙咖啡馆

新加坡最时尚的街区中峇鲁（Tiong Bahru）满是时尚的咖啡馆、室内排档和精品店。上午逛完街，在这里选一份让人充满负罪感的点心再配一杯完美冲泡的咖啡吧（两者约8新加坡元）。**Tiong Bahru Bakery**（tiongbahrubakery.com；252 North Bridge Rd；8:00~22:00）、**Drips Bakery Café**（drips.com.sg/dripsbakery；82 Tiong Poh Rd；周日至周四11:00~21:30，周五和周六11:00~23:00），或者**Plain Vanilla Bakery**（plainvanillabakery.com；1D Yong Siak St；周一至周五11:00~20:00，周六9:00~20:00，周日9:00~18:00），都是不错的选择。

16 妆艺大游行

在农历新年后的第22天，妆艺大游行（Chingay）将带来新加坡最盛大、最精彩的街头游行。这是一场炫丽的多元文化盛事，以舞狮者、花车和其他文化演出为特色。如果你想在观礼台上有一个好座位，就需要提前购买门票，但是透过CBD周围的路边栅栏仍然能够免费看到游行。chingay.org.sg；CBD；2月；公共观众免费。

17 新加坡美食节

如果说新加坡人对一件事情永远充满激情，那就是食物，所以在这座城市主办一个关于所有食物的年度庆典就不奇怪了。为期10天的新加坡美食节（Singapore Food Festival）包括品尝活动、特别晚宴和穿越新加坡的美食团队游。大多数活动需要付点小钱（通常包括品尝），但也可以试试在活动中找找免费项目，而且一般早去的人能免费品尝菜肴。yoursingapore.com；多个地点；7月至8月；部分活动免费。

免费饮品！

饮品在新加坡尤其贵，但如果你找对时间和地点，就能喝到便宜的饮品（有时甚至是免费的）。大多数酒吧每天有减价时段，大约从正午到21:00。有饮品买一赠一的优惠，或是以8新加坡元或10新加坡元的价格喝到鸡尾酒和啤酒。女士之夜（通常在周三）最划算，在Cé La Vi（celavi.com；1 Bayfront Ave）可享受免费入场和一杯免费饮品，如果你带上4个女性朋友去f.Club（f-club.sg；Clarke Quay），将获得一瓶免费的伏特加。

SINGAPORE/新加坡

18 新加坡国际电影节

这个新加坡最大且持续时间最长的电影节集中展映具有突破性的国际电影，同时也为优秀的新加坡电影提供了一个国际化平台。放映活动在全岛多个场地举行，包括**滨海湾金沙**（见58页）、**邵氏丽都影院**（Shaw Theatres Lido; shaw.sg; 350 Orchard Rd）、**新加坡国家博物馆**（见58页）和**The Arts House**（theartshouse.sg; 1 Old Parliament Lane）。查询网站了解赠票信息。sgiff.com; 多个地点; 11月至12月; 部分放映免费。

© Thank you | Getty Images, © Pete Seaward | Lonely Planet Images

免费一日游

从探索小印度（Little India; 24小时; 免费）的巷子开始，依次参观**维拉玛卡里亚曼兴都庙**（Sri Veeramakalimman Temple; 141 Serangoon Rd; 5:15~12:15和16:00~21:15; 免费）、**阿都卡夫回教堂**（Abdul Gafoor Mosque; 41 Dunlop St; 免费）和**陈东龄故居**（House of Tan Teng Niah; 7 Kerbau Rd; 24小时; 免费）。午餐在**竹脚中心**（Tekka Centre; Serangoon和Buffalo路交叉路口; 7:00~23:00; 菜肴2~10新加坡元）解决，然后乘地铁去**克拉码头**（Clarke Quay），在**福康宁公园**（Fort Canning Park）附近闲逛，或者去唐人街看看。之后到**文达街**（Boon Tat Street）享受一顿沙嗲大餐，最后以一场灯光秀**Wonder Full**（滨海湾活动广场; 20:00和21:30，周六和周日23:00加场; 免费）结束。

艺术&文化　音乐&电影　运动&休闲　美食&饮品　节日&活动

东京

东京（Tokyo）因为高物价而受到无理指责，这是不公正的。许多顶级景点其实是免费的，而且单单在城市闲逛就是一次让人眼花缭乱的体验。来东京吧，为了当代建筑、让你回头率超高的时尚风格，或是遍及每个角落的美味拉面。

01 荒汐部屋相扑馆

可能很多当地人都不知道，一些相扑馆（相扑选手居住和训练的地方）是允许参观者观看上午练习的。在最友好的荒汐部屋相扑馆（Arashio Stable），你可以透过窗子旁观，比你在比赛现场还要近得多。查询网站了解训练计划和参观规则。arashio.net；中央区日本橋浜町2-47-2；7:30~10:00；免费。

02 台场购物广场

在这个商场（算是标准配置，但美食广场很棒）门前立着19.7米高的新高达机器人模型“RX-0独角兽高达”，源自同名日本动漫。即便不了解这个动漫系列，你也会意识到一个巨型机器人是非常上镜的。18:00~23:00，它会被点亮，在天际线的背景映衬下显得格外震撼。江東区青海1-1-10；免费。

重要数据

人口: 37,800,000

亮点: 包罗万象的都市体验

货币: 日元

消费指数: 135美元/天

03 表参道

当奢华精品店被包装得像榉树成排的表参道（Omote-sandō）一样时，你就很难讨厌它们了。所有商店都各不相同，由当代建筑界的大人物设计，包括日本普利兹克建筑奖获得者伊东丰雄（Itō Toyō）以及来自SANAA建筑事务所的妹岛和世（Kazuyo Sejima）和西泽立卫（Nishizawa Ryūe）。走在街上就好像漫步浏览一个个展厅。涉谷区神宫前；24小时；免费。

04 东京都厅

尽管名字听起来枯燥无味，这个政府大楼可是个双重免费的好地方：它既是日本已故的伟大建筑师丹下健三（Kenzō Tange）一个引人瞩目的现代建筑作品，45层还有一个免费的观景台。晴朗的日子里你能看到西边的富士山，到了晚上，你将看到东京闪烁的霓虹蔓延到地平线的景色。新宿区西新宿2-8-1；9:30~22:30；免费。

05 皇居

位于城市正中的是日本皇室的家。每天有两次游览皇居（Imperial Palace）外苑的免费团队游（周一至周五10:00和13:30）。但是，在东御苑（East Garden；9:00~17:00，周一和周五封闭）自由地徜徉，或者利用周日（10:00~15:00）免费的自行车租赁，沿着外围的护城河骑行，是更有意思的活动。千代田区千代田1；免费。

06 蛇骨汤

去一处天然温泉（onsen）泡汤是你日本旅行清单上不可或缺的内容。其实不需要走很远或者支付过高的住宿价格，在这个简朴的公共浴室就可以泡到天然温泉水，这里甚至还有一个亮着灯笼的露天浴池。想挥霍一下就买张桑拿门票（200日元），毛巾和洗浴用品需另付费，前者可以租用。这可是一次彻头彻尾的本土体验。台东区浅草1-11-11；周三至周一13:00至午夜；成人/儿童/婴儿460/180/80日元。

10

夏季节日

东京的夏天炎热潮湿，但是大量的免费节日大大弥补了这一点。首先，城市各处有定期举行的焰火表演——最盛大的是7月最后一个周六的隅田川花火大会（Sumida River fireworks; sumidagawahanabi.com/index_eg.html）。还有包括民间舞蹈在内的各种游行活动，你会看到大汗淋漓的男人（也有一些女人）唱着歌，举着轻便的神龛走街串巷。福利：有节庆的地方就有小吃摊（yatai），供应便宜的小吃，比如炒面（yakisoba）和日式煎饼（okonomiyaki）。活动列表请见gotokyo.org。

07 明治神宫

这座宏伟的神道教神殿隐于茂密的树林中（在夏天感觉比其他任何地方都要凉快大约5℃），是城市丛林中的一片绿洲。沿着高耸的木质鸟居下的一条碎石小路前行就能到达这里。木质的神殿朴实无华，是举行传统婚礼和仪式的热门场地——你也可能有幸见证。涩谷区代々木神園町1-1；黎明至黄昏；免费。

08 六本木之丘

好吧，这其实是一个高端商场，不过属于亲民的那种，由公共艺术品装饰着地面，比如一个路易丝·布尔乔亚（Louise Bourgeois）的蜘蛛雕塑。这里还有一个很适合野餐（出售便宜食品的店铺在地下层）的景观花园，以及一个会在夏天举办免费活动的圆形露天场地，早上你可能会看到有人在打太极。整体上这就是一座让人要么爱要么恨的后现代建筑。港区六本木6-11-1；商店11:00~21:00，餐厅11:00~23:00，但每个店铺营业时间不同，需提前查询；免费入场。

09 浅草寺

五层的宝塔，烟雾缭绕的大香炉，门前停着的人力车，这座老日本风格的千年佛寺显得有点笨拙，但仍然是必看的景点。在主道两旁是十几家不同的小吃摊，卖着油炸包子（age-manjū）等便宜的美食。黄昏后，人潮散去一些，地面则被灯光点亮。台東区浅草2-3-1；24小时；免费。

10 涩谷十字路口

你被席卷在人群中，眼前川流不息又秩序井然的人潮令你惊叹，背景是闪烁着的霓虹灯。这种人口稠密的城市化特征是东京主要的吸引力之一。没有哪个地方像东京最著名的涩谷十字路口一样，将这种体验包装得恰到好处。在高峰时段，每次交通灯变换，都有超过1000人过马路。等晚上霓虹闪烁时去感受一下吧。涩谷区；24小时；免费。

11 代代木公园

在东京所有的公园中，它是最有趣的。景观美化做得很随意，边缘一带还保持野生状态，你也看不到“请勿践踏草坪”的标志。在晴朗的周末，各种各样的人会聚到这里野餐、玩飞盘、敲鼓和跳舞。街道对面的广场在夏季周末会举办免费的节庆活动，许多是由城市的民族社团组织的。涩谷区代々木神園町2-1；24小时；免费。

免费一日游

如果赶上周六或者周日，早点出发前往UNU农夫市场（UNU Farmers' Market；涩谷区神宫前5-53-7；周六和周日10:00~16:00），在那里你可以选一家快餐车边喝咖啡边吃早午餐。然后去表参道（见64页）看看当代建筑，再沿竹下通的人行巷道（青少年的时尚圣地）闲逛。在原宿站（Harajuku Station）的另一面是宁静的圣地明治神宫（见65页），从这里走一小段路就到了代代木公园（见65页），幸运的话还可能碰到节庆活动（以及小吃摊）。

12 Forest Beer Garden

盛夏，城市各处的花园和百货商店屋顶就变身为露天啤酒花园。其中，可容纳1000人的Forest Beer Garden的规模最大，2小时的任选烧烤外加任选啤酒的自助餐一如既往地划算。穿条宽松的裤子是明智的……新宿区霞ケ丘町14-13；6月至9月，周一至周五17:00~22:00，周六和周日正午至22:00；晚餐女/男 3800/4100日元。

13 伊势丹百货

这家奇特的百货公司地下的美食广场（日语称为depachika）有很多日本顶级餐馆和甜食店的摊位。你可以轻松地凑出包含寿司、饺子、炸猪排（tonkatsu）三明治和蛋糕等在内的相当壮观的一餐，大约每人20美元，然后你就可以带到楼上的屋顶花园享用。isetan.mistore.jp；新宿区新宿3-14-1；10:00~20:00；免费入场。

14 活美登利回转寿司

这家东京最棒的回转寿司（kaitenzushi）由著名的东京寿司店**寿司の美登利**（Sushi Katsu midori；sushinomidori.co.jp）经营。这里比大多数的回转寿司店贵，但仍然是高性价比之选。店里永远人头攒动，这就意味着所有旋转的盘子里都是新鲜食材；你也可以直接跟主厨点餐。最好在非高峰期前往。西武百货（Seibu Department Store）8层，涩谷区宇田川町21-1；11:00~23:00；每盘100~500日元。

15 俺の割烹

不断壮大的俺の割烹（Ore no Kappō）连锁店是省钱吃货的福利：你可以品尝所有高端餐馆的一流小吃，但没有铺着白桌布的高端服务——这样的妥协意味着你将享受到折扣价格。俺の割烹专注于日式高级料理（其他分店专注于法餐和意大利餐），菜单由米其林星级厨师把关。oreno.co.jp；中央区银座8-8-17；15:00~23:00；晚餐约4000日元。

05

16 嵯峨谷

如果要评选一个东京最佳超值美食的奖项，嵯峨谷（Sagatani）面馆很可能获奖，这里有当日制作的研磨得细细的新鲜荞麦（soba）面条，并以竹制托盘呈上。美味的面条加上一份芝麻（goma）蘸酱，只需380日元，你还可以再配一瓶150日元的啤酒。嵯峨谷位于夜生活区涩谷（Shibuya），全天都很火爆。涩谷区道玄坂2-25-7；24小时；面280日元起。

17 筑地市场

在你读到这里的时候，东京的批发鱼市筑地市场（Tsukiji Market）——这座城市的热门景点之一——很可能已经搬到位于丰洲（Toyosu）的新址了（由于丰洲土地遭污染等问题延迟了搬迁）。不过，“外围的市场”仍会留下，就是那些聚集在老市场周围卖各种东西的小贩，从寿司到靴子，应有尽有。有消息称这里会变成一个绿色市场。tsukijimarket.or.jp；中央区築地4-10-16；5:00~14:00；免费入场。

18 花见

每当早春时节樱花绽放，整个东京就进入了派对模式。代代木公园（见65页）、上野公园（Ueno Park）和井之头恩赐公园（Inokashira Park）等热闹的公园里满是饮酒狂欢者。人们在树下铺上野餐布，带上烧烤装备，有些人甚至把电唱机和音箱都带来了。公园免费入内；别忘了从最近的便利店随意买些啤酒和小食。24小时；3月下旬至4月上旬；免费。

当地人说

“要想品尝不错的高级料理（kaiseki），最好选择午餐时段去，这时通常会提供比晚餐便宜的菜品。此外，你可以在工作日的18:00以后买到东京迪士尼乐园的便宜票。”——佳苗（Kanae），产品经理

“与其去百货零售店，不如在本地人经营的商店街（shōtengai）买东西。幸运的话，店主可能会给你一些额外的赠品（omake）。”——真理（Mari），通信工作人员

“在很多大型火车站，都有一个叫Kaldi的商店，卖些便宜的进口食品，比如咖喱酱、椰奶、葡萄酒和芝士等。很适合去那里采购野餐食物和小吃。”——斯蒂芬尼（Stephanie），理疗师

EUROPE
欧洲

© Justin Foulkes | Lonely Planet Images

艺术&文化　音乐&电影　运动&休闲　美食&饮品　节日&活动

阿姆斯特丹

阿姆斯特丹（Amsterdam）就像一只代代相传的手镯，精彩纷呈的古典魅力与现代便利和谐共存，每一处都有着迷人的故事。这座城市整体上散发着一种独特的荷兰都市风情。更妙的是，不花一分钱就可以玩儿得很好。

01 船屋博物馆

住在运河上对阿姆斯特丹人来说并不稀奇，但想必你会对船屋的内部好奇。太害羞不敢问？那就踏上这艘古色古香的改装船吧，船屋博物馆（Houseboat Museum）建于1914年前后，最初用作货船，而后变成一个家，如今则用来展示如何在随水起伏的双床居室生活起居。houseboatmuseum.nl; Prinsengracht 296; 查询网站了解季节性开放时间; 4.50欧元。

重要数据

人口: 1,600,000

亮点: 艺术、设计和历史，拥有多达44座博物馆和7000多座纪念碑，在这座文化之城有太多可看

货币: 欧元

消费指数: 180美元/天

02 阿姆斯特丹音乐厅午间音乐会

在富丽堂皇的阿姆斯特丹音乐厅（Concertgebouw）放纵你的听觉吧。这座建于1888年的新古典主义建筑与其著名的音响效果一样令人震撼。每周三（7月和8月除外）12:30在大厅（Main Hall）或者演奏厅（Recital Hall）举行免费音乐会，主要是管弦乐、室内音乐和新兴音乐家的演出。由此证明，格调高雅的文化并不一定需要花钱。concertgebouw.nl; Concertgebouwplein 10; 免费。

03 花市

阿姆斯特丹的棕色建筑和北海（North Sea）的天空因鲜花而充满生机。你可以穿过水上鲜花市场在运河边休闲漫步，来欣赏这种风景。从杜鹃花到郁金香和异域植物，150年历史的花市（Bloemenmarkt）带来地道而免费的阿姆斯特丹体验。可以带回家的球茎和俗气的纪念品不会很贵。位于Koningsplein和Muntplein之间的辛格运河边; 周一至周六9:00~17:30，周日11:00~17:30; 免费入场。

04 运河徒步

从城市纵横交错的运河可以感受17世纪阿姆斯特丹的些许风情，与水息息相关的文化以及无可匹敌的美景，这一切都免费可得。入夜，灯笼被点亮，人行桥的金色灯光倒映在水面上，流光溢彩，运河区（Canal Ring）的魅力尤其大。沿着围绕同一个中心修建的王子运河（Prinsengracht）、皇帝运河（Keizersgracht）、绅士运河（Herengracht）和辛格运河（Singel）漫步，然后拐一个直角转向修士运河（Reguliersgracht），在运河交汇处你能遇见如画的景致。24小时；免费。

05 在祖伊德贝德游泳

在一座被水环绕的城市，来一次有气氛的游泳似乎是很应景的，幸亏有纯朴依旧的祖伊德贝德（Zuiderbad），才能在博物馆广场（Museumplein）附近这样游泳，还不需要花很多钱。池水暖和（27℃），自1912年开始使用的泳池有一座漂亮马赛克装饰的喷泉。在这座洒满阳光宽敞的装饰艺术风格建筑（大约建造于1897年）内，痛快游上几圈，绝对令人记忆深刻。amsterdam.nl/sport/sport-amsterdam/zwembaden/zuiderbad; Hobbemastraat 26; 2.75~3.60欧元。

06 阿姆斯特丹奶酪博物馆

你很可能已经注意到了，奶酪是荷兰日常饮食中的主要食物。这个古色古香的小商店和教育中心的架子上摆满了车轮大小（还有稍小一些的圆形）的奶酪。在阿姆斯特丹奶酪博物馆（Amsterdam Cheese Museum）来一场一站式的荷兰奶制品之旅，了解奶酪是如何制作的，品尝当地不同风味的奶酪，然后还可以再夸张些，穿上传统服饰拍照留念。cheesemuseumamsterdam.nl; Prinsengracht 112; 每天9:00~19:00; 免费。

免费星期六

周六早上去乔丹区（Jordaan）的北市场（Noordermarkt; jordaanmarkten.nl; 9:00~16:00; 免费）和Lindengracht市场（9:00~16:00; 免费入场）转转。再搭有轨电车前往Plantage区，乘车可以使用包含公共交通和景点门票的城市卡（iamsterdam card; iamsterdam.com; 24/48/72小时卡 49/59/69欧元）。在抵抗博物馆（Verzetsmuseum; verzetsmuseum.org; PlantageKerklaan 61; 11:00~17:00; 城市卡）或者阿姆斯特丹植物园（HortusBotanicus; dehortus.nl; Plantage Middenlaan2a; 10:00~17:00; 城市卡）探游一番后，还可以去Brouwerij 't IJ微酿酒厂（brouwerijhetij.nl; Funenkade 7; 酒吧14:00~20:00，英语团队游15:30; 团队游4.50欧元）转一转。

艺术&文化　音乐&电影　运动&休闲　美食&饮品　节日&活动

雅典

这座友好的希腊首都正在一场政治与经济危机中寻找出路，这里满是廉价的选择。从街头艺术到历史奇观，雅典（Athens）的魅力既给人惊喜，又让人受到教育。尽管以欧洲的标准来看，咖啡有些昂贵，但你会激动地发现手里的欧元能花很久。

01 埃布罗斯剧院

文化狂热者千万别错过这家多功能艺术中心埃布罗斯剧院（Embros Theratre），它依靠公众捐助，由Mavili Collective这个剧院艺术家和理论家团体运营。你可以欣赏拉丁舞蹈、古巴萨尔萨，或观看戏剧、欣赏展览。逛累了，就在休闲区坐下来，和当地人聊聊这里迷人的历史。embros.gr; King Palamedes 2, Psirri; 时间不定：查询网上日程表；免费。

02 自由骑行日

在雅典骑车通常是很让人绝望的，因为这里没有自行车道，而且道路拥堵。但是周五晚上，（在警察和志愿者的协助下）车辆会为这一持续4小时的骑行活动而停驶，不管你骑车的水平如何，都可以参与到骑行的队伍中，自备自行车就行。来和1000多名志同道合的夜骑者一起，在平常被尾气污染的街道上沉稳、安全地骑行吧。facebook.com/freedayride; 从Agion Asomaton Sq出发；21:30；免费。

03 Kavouri海滩

天气这么热，你想游个泳，但又不想花钱在一家下饺子似的城市泳池里原地转着圈游怎么办？不要慌，办法就在眼前，出城30分钟车程的地方，漂亮的阿提卡（Attica）海岸等着你。这里有无价的美景，尽管有些海滩要收费，但Kavouri海滩可以免费任你享受。一头扎进水里吧。Vouliagmeni海岬西岸；24小时；免费。

04

这是我的雅典

如果想要由一名当地志愿者带着你免费逛城市，来一场私人定制之旅，至少提前72小时上网（http://myathens.thisisathens.org）提交申请，告诉他们你想做或不想做什么样的事情，然后你将被分配到最适合这份工作的雅典人。小费的价格让你完全不会有压力。

04 利卡维多斯山

想要免费欣赏雅典卫城（Acropolis）？爬上雅典最高点利卡维多斯山（Lykavittos Hill，海拔277米），便能获得鸟瞰的视角。有一条索道（周五至周三8:45至午夜，周四10:30至午夜，每30分钟一趟；往返7欧元）从你徒步登山的起点处始发，不过锻炼一下腿脚更能获得满满的成就感。黎明和日落时分景色最壮观，是拍照的好时机，天气也会更凉快。从Ploutarchou St出发；24小时；免费。

05 国家花园

在普拉卡（Pláka）采购一些野餐食物，然后一路穿过这里蜿蜒的街道，可以到达充满田园风情的15公顷绿地国家花园（National Gardens）。这里有鸭子、儿童游乐场，还有一个小动物园！或者就把野餐布铺在枣椰树下，喝一瓶冰镇饮料，吃点橄榄、羊乳酪或者任何你喜欢的开胃小菜（mezedhes），享受这份宁静与凉爽。Leoforos Vasilissis Sofias和Leoforos Vasilissis Amalias交叉路口，Syntagma；7:00至黄昏；免费。

06 议会大厦和卫兵换岗仪式

即使你通常对盛大场面和仪式不感兴趣，但是到一座新的城市，如果正赶上欣赏这种高踢腿文化的机会，也应该去凑个热闹。在这里，每到整点都能观赏无名战士墓（Mnimeio Agnostou Stratiotou）的卫兵换岗仪式，卫兵全部以苏格兰短裙和砰砰作响的鞋子盛装打扮。Plateia Syntagmatos；24小时，整点；免费。

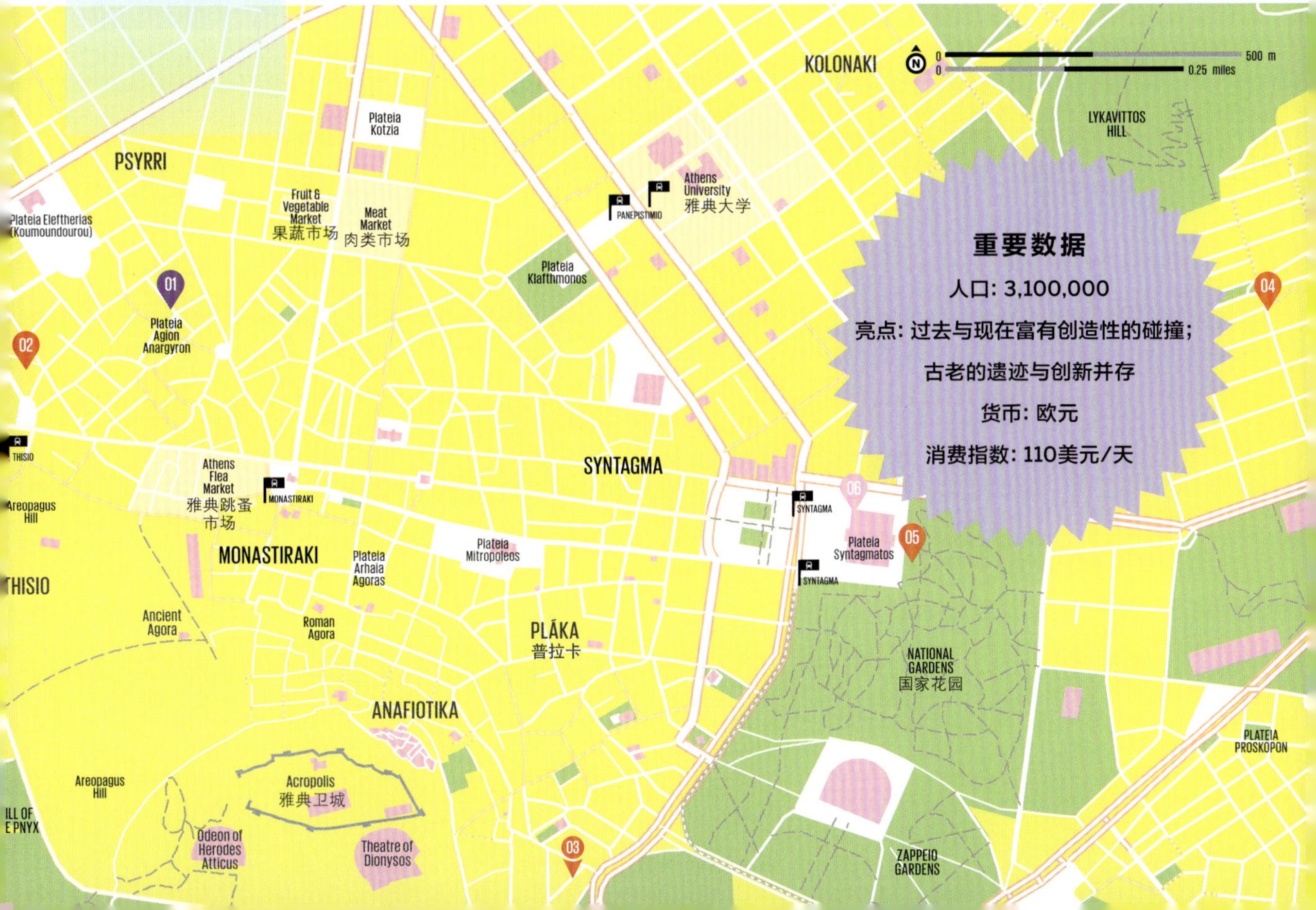

重要数据

人口：3,100,000

亮点：过去与现在富有创造性的碰撞；古老的遗迹与创新并存

货币：欧元

消费指数：110美元/天

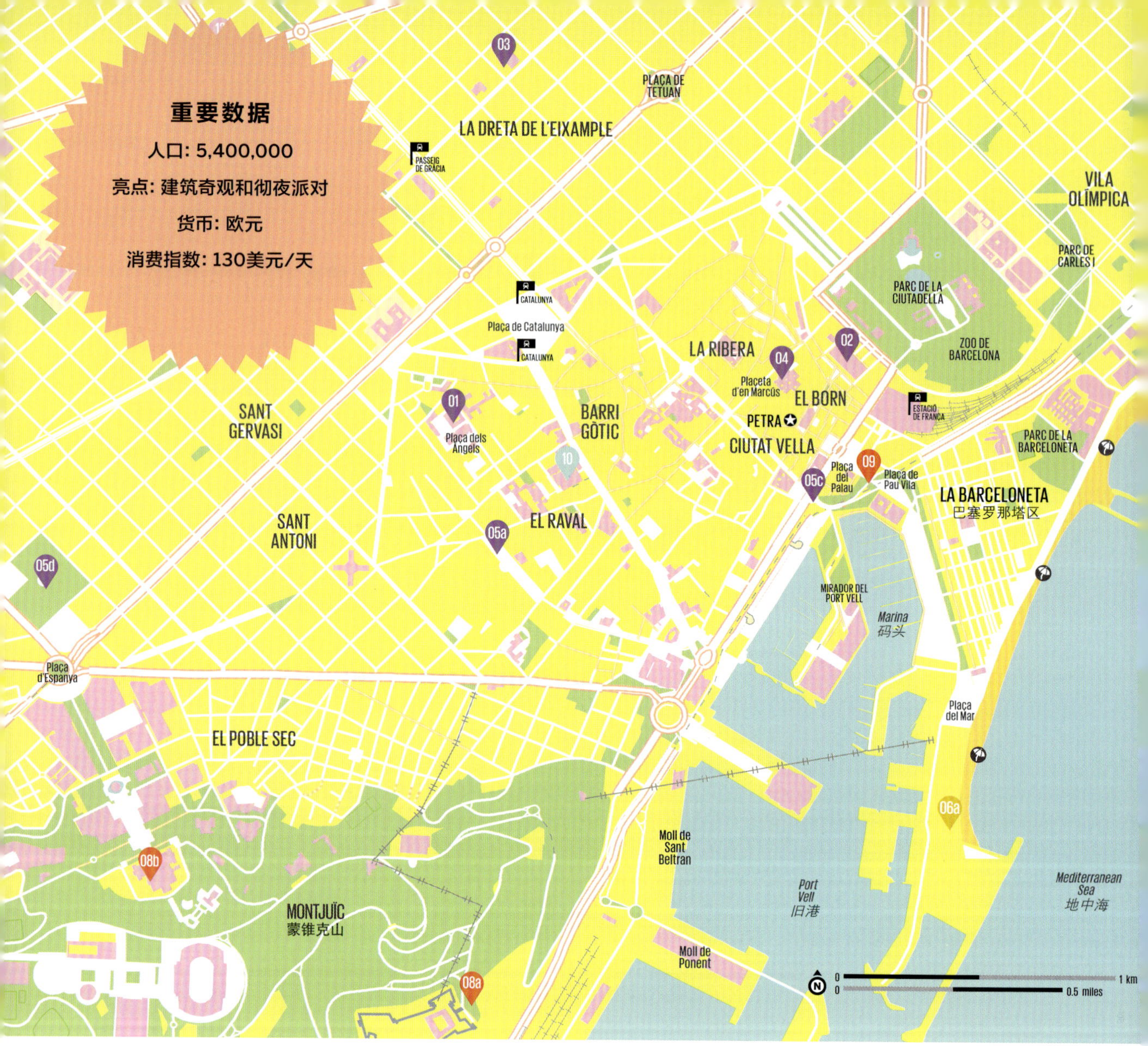

巴塞罗那

巴塞罗那 (Barcelona) 堪称海边小镇与国际化大都市的完美结合。这里拥有海滩，永远都是好天气，以嗨到黎明的派对闻名，令人惊艳的现代派建筑和世界级的美食更是无缝对接。再加上毫不过分的物价，你一定会乐不思蜀……

艺术&文化　音乐&电影　运动&休闲　美食&饮品　节日&活动

01 巴塞罗那当代文化中心

巴塞罗那当代文化中心(Centre de Cultura Contemporània de Barcelona, 简称CCCB)是一个创新的文化空间, 从展览、辩论、电影之夜, 到课程和演讲, 围绕着城市化和当代文化的主题而开展的各种各样的活动精彩纷呈, 参观这里总能引人深思。而以一面巨大的镜面墙为特色的院子本身看起来也相当壮观。cccb.org; Montalegre 5; 每天11:00~20:00, 周一关闭(节假日除外); 周日15:00~20:00所有人免费, 其他时间有折扣。

02 El Born文化中心

这个用于展览的壮观建筑由市场改建而来, 是加泰罗尼亚现代主义(Catalan Modernism)的地标。然而, 占据重要地位的是地下遗迹那充满政治色彩的历史, 遗迹证明了在巴塞罗那1714年王位继承战(War of Succession)惨败之后, 西班牙国王菲利普五世(Philip V)对这里的破坏。elborncentrecultural.barcelona.cat/; PlaçaComercial 12; 3月至9月周二至周日10:00~20:00, 10月至次年2月周二至周六10:00~19:00, 周日10:00~20:00; 文化中心免费, 展览门票4.20~6.00欧元。

03 现代派建筑

这座城市散布着引人瞩目的现代派大师之作, 诸如高迪(Gaudí)、多梅内奇·蒙达内尔(Domènech i Montaner)和普伊赫·卡达法尔契(Puig i Cadafalch)等, 他们设计的童话般迷人建筑的外立面从街头就可以瞻仰到(绝对比排队去看强)。这些建筑杰作最集中的地方是位于Eixample区被称为黄金广场(Quadrat d'Or)的区域。免费。

04 毕加索博物馆

如果你想了解毕加索早年生活对其艺术风格的影响, 毕加索博物馆(Museu Picasso)提供了一个深入的视角。这里非常值得一游, 不仅能(通过3500余件作品)了解一个天才的成长之路, 还能洞察他在这座城市中的体验。记得早点去。museupicasso.bcn.cat; CarrerMontcada 15-23; 周二至周日9:00~19:00, 周四9:00~21:30, 周一闭馆(节假日除外); 每月第一个周日和每周日15:00后免费。

05 公共/街头艺术

巴塞罗那有大量令人惊叹且值得探索的公共艺术, 包括位于Rambladel Raval的费尔南多·波特罗(Fernando Botero)的《肥猫》(5a), 坐落于海滨由弗兰克·盖里(Frank Gehry)设计的巨大不锈钢鱼雕塑Peix(5b), 以及矗立在旧港(Port Vell)的罗伊·利希滕斯坦(Roy Lichtenstein)15米高的标志性作品《巴塞罗那的脸》(*El Cap de Barcelona*; 5c)。还有许多米罗(Miró)的作品以飨他的追随者, 包括胡安·米罗公园(Parc de Joan Miró)内的雕塑《女人和鸟》(*Woman and Bird*; 5d)。24小时; 免费。

当日套餐

有人说这是弗朗哥（Franco）的发明，通过这些套餐鼓励工人不回家吃午饭以提高生产力。也有人说它是在地中海沿岸旅游业快速发展时期为游客设计的。无论原因何在，当日套餐（menu del dia）被所有满足于高性价比餐食的人所喜爱。套餐由2~3道菜组成，价格为7~12欧元。我们最爱的是Petra（Carrer dels Sombrerers 13，周一至周四13:15~16:00和20:30~23:00，周五至周六13:15~16:00和21:00至午夜；当日套餐6.75~12.25欧元），菜肴口味清爽，餐厅设计俗丽，灯饰也是由餐具改造而成的。

06 露天电影

没有什么能比在夜空下看一场露天电影（Flicks al Fresco）更美妙的体验，巴塞罗那温暖的天气使这项活动可以轻松贯穿整个夏季。你可以选择以下场地：**CCCB**（1；Gandules' Outdoor CinemaSeason；见75页）风景如画的广场，或者**San Sebastian**（6a；Cinema Lliure a laPlatja；cinemalliure.com；Platja de SantSebastià；7月至8月周四和周日）的开放海滩。电影可能是稍微有点碰运气、水平参差，但通常能引发热议的独立制作影片。放映时间参见网站；免费。

07 摇摆舞活动

随着摇摆舞（Swing）在巴塞罗那大规模流行起来，免费的活动和课程（大部分使用加泰罗尼亚语）在整座城市快速涌现。这些活动气氛友好，任何人都可以参与到舞池里试试运气。一些课程需要花点费用，但我们只不过是花上几欧元，就能换取绝对充满乐趣的一课。swingmaniacs.com或bcnswing.org；地点、时间和价格请查询网站。

08 蒙锥克山

乘坐索道（公共交通票适用）或者徒步登上蒙锥克山（Montjuïc Hill）山顶，欣赏让人赞叹的城市风光、迷人的花园和大量有趣的景点。有些景点会收取门票，不过**蒙锥克城堡**（Castell de Montjuïc；8a；Ctra de Montjüic；每天10:00~20:00）免费，它曾是这座城市的堡垒。布满壁画的**加泰罗尼亚国家艺术博物馆**（Museu Nacional d'Art de Catalunya；8b；Palau Nacional；周二至周日10:00~20:00）在每月第一个周日和每周六15:00以后免费。

当地人说

"我叫伊贝尔特·菲格雷斯(Llibert Figueras; @llibertf),在拍摄广告的Sauvage.tv任执行制片。我35岁,在巴塞罗那出生长大,是加泰罗尼亚人,我深爱着我的城市。对我来说,巴塞罗那的魅力在于它在极端之中找到平衡,在这里生活和工作都很愉快。我最爱的免费活动之一是在海滩散步,它唤起了我内心的某种情感,使我与这座城市连接起来。既然这是一个阳光眷顾的温暖国度,我们就选择以市井的方式去生活。从排屋到蜿蜒的街巷,巴塞罗那是一个适合四处闲逛的可爱之城。"

09 海滩和海滨

巴塞罗那有名的海滨和人造沙滩可以让你轻松愉快地逃离拥挤而蜿蜒的历史中心区。成排棕榈树下的海滨道上点缀着过剩而昂贵的海滩酒吧(chiringuitos),不妨加入众多慢跑和骑行者的队伍,或者在众多海滩中寻找一块自己的沙地躲清静。从拥挤的巴塞罗那塔区(Barceloneta),到天体海滩Platja de la Mar Bella,每个人都会找到自己所爱。24小时;免费。

10 波盖利亚市场

活跃的波盖利亚市场(Mercado de La Boqueria)古老而吸引人,是巴塞罗那主要景点之一,以摩肩接踵的游客、五花八门的味道与色彩带来感官的幸福冲击。从水果蔬菜,到光泽水灵的海鲜和肉铺令人瞠目的陈列品,这里应有尽有。选择便宜的冰沙和适合野餐的熟食,来一顿美味实惠的午餐吧。Les Rambles 91;周一至周六8:00~20:30;免费入场。

11 圣梅尔塞节

圣梅尔塞节(Festes de la Mercè)最初用来纪念城市保护神梅尔塞,如今已发展成有500场活动盛事,似乎更像是每年最大狂欢的一个好借口。全民期待的是人塔(Castellers)、Correfoc(火龙口中吐出的火花离围观者近得吓人),以及一场皇室和其他显要人物的巨人像游行(Gigantes)。spanish-fiestas.com/festivals/festes-merce;9月;免费。

12 格拉西亚节

就像一场由时髦的老奶奶、躁动的青少年、看热闹的游客以及介于其间的各色人等参与的疯狂街头派对,周围是专业的手工艺摊位,还有排得满满的免费活动和音乐会——这就是这座城市最盛大的街头节日格拉西亚节(Festa Major de Gràcia)。它围绕着一场街头主题装饰比赛展开,每年都有一周时间把这个安静的当地街区变成狂欢中心。festamajordegracia.cat;Gràcia district;8月;免费。

EUROPE'S BEST NATIONAL PARKS
欧洲最佳国家公园

请君笑纳：一张免费的通行证，通往欧洲最好的国家公园，唯一的准入门槛就是冒险精神。

尤通黑门，挪威

这座被称为“巨人之家”的公园尤通黑门(Jotunheimen)涵盖了挪威最高的29座山，包括2469米高的格利特峰(Galdhøpiggen)。在挪威每个人都有享受大自然的权利——可以免费进入乡野，当然也包括国家公园。这里有包括贝斯山脊(Besseggen Ridge)在内的荒野徒步路线。jotunheimen.com；挪威；免费。

巴伐利亚森林/ŠUMAVA，德国/捷克

在欧洲最大的森林里，巴伐利亚遇见波希米亚，形成这片荒野乌托邦。超过1万种动物栖息在这些森林里，林中还有纵横分布着多条徒步、越野滑雪和骑行线路。允许野营。nationalpark-bayerischer-wald.de；免费。

布雷肯灯塔，英国威尔士

这个黑暗天空保护区(dark-sky reserve)里坐落着远山如黛的布拉克山脉(Black Mountains)和神奇的水之林(Coed-y-Rhaeadr)，还有包括海普斯特河(River Hepste)上的雪瀑(Sgwd-y-Eira)在内的瀑布群，有一条小路可以通往瀑布水帘背后。breconbeacons.org；免费。

VATNAJÖKULL，冰岛

欧洲最大的国家公园占冰岛表面积的12%，欧洲大陆水流量最大的瀑布——壮观的黛提瀑布(Dettifoss)也坐落于此。游客可以在冰岛最大的冰盖上进行冰川徒步和冰洞探险等活动。vatnajokulsthjodgardur.is；免费。

大天堂山，意大利

在意大利最高峰——4061米高的大天堂山(Gran Paradiso)两侧，高山野山羊像这里的主人一般奔腾跳跃。这里曾是维克托·埃马努埃尔二世国王(King Victor EmmanuelII)的狩猎场，如今这个壮美无比的公园是备受徒步、登山和越野滑雪者青睐的禁猎区。pngp.it；免费。

凯恩戈姆山，英国苏格兰

这座英国最大的国家公园凯恩戈姆山(Cairngorms)位于一片广袤的高原上，园内矗立着五座英国最高峰，包括海拔1309米的本麦克杜伊山(Ben Macdui)——传说中的大灰人(Am Fear Liath Mòr，一种神秘怪兽)就出没于此，山上有一些小屋(免费的高山庇护所)可以住宿。胆小者不宜前往……cairngorms.co.uk；免费。

比利牛斯山国家公园/奥德萨和佩迪杜山国家公园，法国/西班牙

这两座国家公园被比利牛斯山分隔，分享着奇妙无比的动物群，包括欧洲最大的猛禽——髭兀鹰。数百条徒步线路穿过峡谷，在法国一侧可以野营。parc-pyrenees.com；免费。

奥林匹斯山，希腊

在希腊神话中，奥林匹斯山(Olympus)的山峰和峡谷间居住着12位奥林匹斯主神。如今，金鹰在天空中盘旋，山间出没着狼、野猫以及在原始的奥林匹斯山剧场中挑战自己的徒步者们。www.olympusfd.gr；免费。

奥兰卡国家公园，芬兰

这座绝妙的国家公园位于芬兰/俄罗斯交界处，是数百头驯鹿的栖息地，园内还分布着熊之环(Karhunkierros)小径，它是一条长50英里、耗时一周的多日徒步路线，徒步者可以在沿途的小屋里免费住宿。luontoon.fi/en/oulanka；拉普兰(Lapland)；免费。

Illustration | Patrick Hruby

艺术&文化　音乐&电影　运动&休闲　美食&饮品　节日&活动

柏林

柏林（Berlin）就像一个尽情享受生活大杂烩的享乐主义者，从来不对事情或者自己太过认真。柏林墙倒塌25年之后，这座德国的首都继续以创造力、文化和国际化景色吸引着人们，而这一切又都融合在出奇便宜的行程里。

01 东区画廊

讽刺的是，柏林必看的旅游景点是个已不复存在的东西：柏林墙。幸亏还有东区画廊（East Side Gallery），当年那道屏障遗留下来的1.3公里长的残垣，如今涂满街头艺术后成为世界上最长的露天美术馆。当你沿着它行走时，反思一下“冷战”时期的生活会是什么样子。eastsidegallery-berlin.de/；Oberbaumbrücke和Ostbahnhof之间的Mühlenstrasse街；24小时；免费。

02 柏林墙纪念展

柏林墙遗址纪念公园（Gedenkstätte Berliner Mauer）就像一本很好的初级读本，展现了这个边界地带曾经的真实面目以及它是如何影响界墙两边人民生活的。纪念公园沿着柏林墙原址延伸1.4公里，包括一段重建的死亡地带、原墙遗迹、一个文献中心、一座纪念堂和几处信息台。berliner-mauer-gedenkstaette.de；Bernauer Strasse 111，Schwedter Strasse和Gartenstrasse之间；8:00~22:00；免费。

Bartek Kuzia | 500px

重要数据

人口: 4,000,000

亮点: 20世纪历史，以及各种派对

货币: 欧元

消费指数: 125美元/天

03 柏林大屠杀纪念馆

柏林的欧洲被害犹太人纪念碑群(Memorial to the MurderedJews of Europe)中纪念碑林立，当你穿行在这些迷宫般矗立的纪念碑之间，仿佛深刻地感受到这里数不清的灵魂。这片巨大的场地上共分布着2711座不同高度的水泥台，网格排列让人感到幽闭压抑。柏林大屠杀纪念馆(Holocaust Memorial)可以自由参观。信息中心位于地下层，展览的内容令人心悸动容。stiftung-denkmal.de/en/home.html；Cora-Berliner-Strasse 1；纪念碑 24小时，信息中心 4月至9月10:00~20:00，10月至次年3月10:00~19:00，周一闭馆；免费。

04 洪堡盒子

柏林最大的建筑工程实际上是一个能唤起回忆的旧物：它是对1951年被东德政府摧毁的巴洛克风格普鲁士皇家城市宫殿的重建。这座被称作Humboldtforum的巨大建筑预计于2019年完工。前往未来主义风格的洪堡盒子(Humboldt-Box)深入了解一下这个工程，顺便预览一下这里将会出现的博物馆和文化场馆。humboldt-box.com；Schlossplatz 5；10:00~19:00；免费。

05 自助照相亭

忘掉在勃兰登堡门(Brandenburg Gate)前用iPhone自拍吧，你真正的柏林时髦瞬间来自于一个投币的照相亭。只要区区2欧元，你和你的好朋友就能在一台隐形照相机前扮鬼脸，然后等着机器吐出一张相纸，上有四幅护照尺寸的黑白照片。柏林到处都有这种照相亭，在Kastanienallee就有一家。具体地址请见photoautomat.de；24小时；2欧元。

06 议会大厦圆顶

当德国政治家们在主会议厅商讨国策时，你可以从他们的办公楼——议会大厦圆顶(Reichstag Dome)注视他们。电梯将你快速带到这栋普鲁士时代建筑的屋顶，你可以伴着美好的城市风光饮酒，走进由诺曼·福斯特(Norman Foster)设计的玻璃镜面穹顶内。需要提前预约。bundestag.de/htdocs_e/visits/kuppel；Platz der Republik 1；8:00至午夜，最晚22:00入场，每隔15分钟；免费。

超值一日游

买一张Tageskarte(公共交通一日票；6.90~7.40欧元)，在班霍夫动物园(Bahnhof Zoo；Hardenbergplatz11)搭乘100路公共汽车，沿途会经过议会大厦和博物馆岛(Museum Island)等景点。然后在Alexanderplatz参加11:00的步行游览，初步了解柏林的亚文化，团队游依靠捐赠运营，由Alternative Berlin Tours(alternativeberlin.com)组织。饿了吗？Rosenthaler Grill und Schlemmerbuffet(Torstrasse 125；24小时；菜肴2.80~7欧元)有柏林最好吃的烤肉。饱餐一顿后去军械库(Scheunenviertel)散步消食，如今这里极富魅力，挤挤挨挨开着多家独立精品店和咖啡馆。晚上在Clärchens Ballhaus的舞池里消磨时光吧。

07 萨克森豪森集中营

纳粹在柏林市区外围修建了萨克森豪森（Sachsenhausen），这是德国土地上最臭名昭著的集中营之一。1936年至1945年间，曾囚禁于此的200,000名囚犯中有成千上万人都在这处残酷的集中营内丧生。如今这里是一个纪念馆，在医务室营房和死刑区等原址里，扣人心弦的展览述说着这里的故事，也使回忆永存。stiftungbg.de/gums/; Strasse der Nationen 22, Oranienburg; 3月至10月8:30~18:00，11月至次年2月8:30~16:30；免费。

08 克罗伊茨贝格的街头艺术

自20世纪70年代以来，涂鸦和街头艺术就是柏林创意基因的一部分，尤其是在克罗伊茨贝格（Kreuzberg），这里简直就是一块露天画布，国际与本土天才在此尽显才华。其中最著名的作品有受美苏太空竞赛启发、维克多·阿什（Victor Ash）创作的《宇航员》（*Astronaut/Cosmonaut*）；ROA五层楼高的描绘动物尸体的《静物画》（*Nature Morte*）；还有Blu创作的怪异的《粉色男人》（*Pink Man*），一个由数百具扭曲的裸体组成的生物。随处可见；24小时；免费。

09 恐怖地形博物馆

希特勒（Hitler）、希姆莱（Himmler）、戈林（Göring）、戈培尔（Goebbels）——仅仅提到这些纳粹德国最丑恶的几个人，就已经令人不寒而栗。这个恐怖而扣人心弦的文献中心，着重介绍了第三帝国（Third Reich）的统治者们及其追随者们，恐怖地形博物馆（Topographie des Terrors）所在地正是当年政权最可怕的机构——包括盖世太保（Gestapo）和纳粹党卫军（SS）中央司令部的所在地，他们就是在这里策划实施其血腥残暴的恐怖统治。topographie.de; Niederkirchnerstrasse 8; 10:00~20:00；免费。

10 Clärchens 舞厅

这间堂皇的魏玛（Weimar）时代舞厅，装饰着闪闪发光的金属亮片，延续着黄金20世纪20年代（Golden Twenties）的辉煌。每晚，从时尚潮人到奶奶级别，所有人都涌到破旧的镶木地板舞池中热舞，DJ播放着古典摇摆舞、探戈、曼波、摇摆舞和其他怀旧的音乐。早点来可参加低价课程。ballhaus.de; Auguststrasse 24; 周一至周四21:00起，周日15:00~18:00；免费。

11 爵士表演

城里各处的酒吧和小酒馆里有许多免费音乐，但在周六晚上，爵士狂人们会聚集到**A-Trane**（11a; a-trane.de; Bleibtreustrasse 1; 周六午夜起免费，午夜前5欧元）参加即席演奏会，这个迷你俱乐部的舞台曾大牌云集，温顿·马沙利斯（Wynton Marsalis）也曾在此演出。在周三晚上，同样受推崇的**b-flat**（11b; b-flat-berlin.de; Rosenthaler Strasse 13; 周三21:00开始营业；免费）会举办自己的免费活动。

12 柏林爱乐厅午间音乐会

填饱肚子之余，为何不在午餐时间用一场大厅音乐滋养一下你的耳朵呢？由世界顶级古典管弦乐团之一的柏林爱乐乐团（Berliner Philharmoniker）的音乐大师们演奏。每周一次的演出吸引着数百名音乐爱好者，所以记得早点到达这个柏林地标性的音乐厅——芥末黄色的柏林爱乐厅，抢一个好位置。berliner-philharmoniker.de；Herbert-von-Karajan-Strasse 1；9月至次年6月周二13:00；免费。

13 Badeschiff

如果没有Badeschiff这个超级酷的城市沙滩俱乐部，柏林的夏天会有些失色。它围绕着一个由驳船改造的游泳池而建，就停泊在施普雷河（Spree River）上。白天可以来游泳，等到日落时分，不妨伴着童话般的奥伯鲍姆桥（Oberbaumbrücke）美景喝杯鸡尾酒。到了冬天，Badeschiff会被遮盖起来，变成一个温暖舒适的桑拿酒吧，是时髦人士的据点。Eichenstrasse 4；5月至9月（天气允许）8:00至午夜；5欧元。

当地人说

“为了买到便宜的果蔬，我通常赶在农夫市场关门前才去，这时许多商贩都会甩货。酒吧里的酒水无疑会增加开销，所以我通常在杂货亭买些啤酒到公园或河边喝。没错，这可是合法的！有些夜店刚开门时不收入场费，所以我先到那里在手上盖好戳后，等派对火力全开时再回来。相比昂贵的多厅影城，我更喜欢票价便宜的独立影院，但‘Kinotag’影城除外，他们通常在周二有打折票。”——苏姗妮·克里泽尔（Susanne Kreisel），柏林人

14 湖边消夏

如果你正好奇，在酷暑的周末当地人都去哪里了，把目光投向最近的湖边吧。他们就在那里的沙地或者树下纳凉避暑。最热门的游泳池包括风景如画的**Krumme Lanke**（14a；免费）、圆形的**Weisser See**（14b；9:00起；免费）和广阔的**Strandbad Wannsee**（14c；周六和周日8:00~21:00，周一至周五时间不定；5.50欧元），后者1.3公里长的湖滩百多年来一直吸引着亲水人士。

15 在坦佩尔霍夫机场休闲

这座机场曾见证了奥维尔·莱特（Orville Wright；1871~1948年）的早期飞行、第一架齐柏林飞艇（Zeppelin）降落、德国汉莎航空（Lufthansa）首个定期航班起飞，曾是柏林空运（Berlin Airlift）所属的机场。如今，具有历史意义的坦佩尔霍夫机场（Tempelhof Airport）是一个巨大的公园和游乐场，你可以在平坦的飞机跑道上骑车、滑冰、玩风筝滑板、生火烧烤，或者只是看看嬉皮风格的城市园林项目。在Oderstrasse、Columbiadamm或Tempelhofer Damm进入，黎明至黄昏；免费；导览游16.50欧元。

16 无忧宫公园的皇室辉煌

在波茨坦（Potsdam），**无忧宫公园**（Park Sanssouci；potsdampark-sanssouci.de/home.html；ZurHistorischen Mühle 1，波茨坦；8:00至黄昏；免费）是当时国王品位不错、国库充盈和艺术大家触手可及等综合作用下的杰作。腓特烈大帝（Frederick theGreat；1712~1786年）策划了这个皇家避暑地，如今当你在公园里闲逛时可以欣赏一下洛可可式的房间。**无忧宫**（Sanssouci Palace；Maulbeerallee；4月至10月周二至周六10:00~18:00，11月至次年3月10:00~17:00；8欧元）和**中国茶楼**（5月至10月周二至周日10:00~18:00；8欧元）都不容错过。

17 9号市场的周四街头食物日

柏林街头小吃市场的鼻祖9号市场（Markthalle Neun）自从2013年崭露头角以来从未被超越。周四晚上加入吃货的队伍，来到这个修复一新华丽的19世纪克罗伊茨贝格（Kreuzberg）市场大厅，尽情享用全球的美食盛宴，比如新西兰肉饼、中国台湾汉堡和韩国卷饼，最好再配上一品脱优质的当地Heidenpeters精酿啤酒。markthalleneun.de；Eisenbahnstrasse 42/43；周四17:00~22:00；免费入场。

18 柏林墙公园的周日

参观柏林墙公园（Mauerpark）的最佳时间是周日，届时这片由柏林墙死亡地带改建的狭窄绿地会爆发出一场古怪的狂欢。你可以在跳蚤市场淘宝，然后带上一瓶啤酒，寻找你最喜欢的街头艺人，观看挥舞着喷漆的"毕加索们"试验他们的新画作，或者跟着舞台上的表演者和露天卡拉OK的疯狂歌手们一起拍手。Bernauer Strasse；10:00至午夜；免费。

跳蚤市场

跳蚤市场就像城市考古：你需要耐心和运气，但发现宝贝时的那种激动心情，你懂的！以下是我们的首选：

» Flohmarktam Mauerpark（Bernauer Strasse；周日8:00~18:00）：堪称"所有市场的鼻祖"，以复古纺织品和本土设计师著称。

» BoxhagenerPlatz（BoxhagenerPlatz；周日10:00~18:00）：主要是当地人甩卖他们的"断舍离"之物。

» BerlinerTrödelmarkt（berlinertroedelmarkt.com；Strassedes 17. Juni 110-114；周六和周日10:00~17:00）：各种古董、小摆设和手工艺品。

» Nowkölln Flowmarkt（nowkoelln.de；Maybachufer；3月至11月隔周周日10:00~17:30）：非常时髦的本土设计师市场。

艺术&文化　音乐&电影　运动&休闲　美食&饮品　节日&活动

布鲁日

凭着每条鹅卵石装饰的运河和每个精致广场周围的浪漫景致，很容易明白为什么布鲁日(Bruges)这么热门。这里有美好的艺术、更美好的巧克力和啤酒，尽管物价已经涨到靠旅游业大赚一笔的程度，你仍然可以避开拉生意的人，独享这座联合国教科文组织的世界文化遗产之城。

01 圣母教堂

13世纪的圣母教堂(Onze-Lieve-Vrouwekerk)是艺术爱好者的必访之地，拥有布鲁日最高的塔，并且珍藏着米开朗琪罗(Michelangelo)的大理石作品《圣母与圣子像》(*Madonna and Child*；1504年)，它由一位当地商人买下并捐赠于此，使这座教堂成为米开朗琪罗在世时，唯一一处意大利以外收藏着他的作品的地方。在教堂的半圆形后殿还保存有其他艺术家的优秀作品。Mariastraat；周一至周六9:30~16:30，周日13:30~16:30；免费。

02 情人桥

如果你在**爱之湖**(Minnewater)还没有获得足够的浪漫桥上体验，那就到这个漂亮公园里的情人桥(Arentshof)上走走吧。这座桥昵称为“情人桥”，嗯，显然是大多数当地人初吻的地方。运河美景无价，除非是被接吻的情侣虐的单身狗。如果有点尴尬你可以欣赏下艺术家里克·普特(Rik Poot)的几尊精美的雕塑。4月至9月7:00~22:00，10月至次年3月7:00~21:00；免费。

03 贝居安修道院

在布鲁日如果你渴望一场安静的逃离，不得不说，13世纪的贝居安修道院(Begijnhof)正合你意。尽管这个树木茂盛的安静庭院最初是专门用于安置单身女性和寡妇的，但你大可不必受此限制。春天是最佳季节，花园成为金色水仙花的海洋，不过全年的任何时间来此安静地散散步，都将是一种美学上的享受。Wijngaardstraat；6:30~18:30；免费。

LEGENDS OF BRUGES

布鲁日没有太多免费的团队游，想省钱只能自助导览，但说实在的，你真的能像当地人一样了解这里吗？而参加Legends of Bruges，不花一分钱，你就能用两个小时聆听这座城市的历史，品尝免费巧克力和啤酒，享受华夫饼和自行车租赁的折扣，还能获得一场市中心的私人导览游。真是个大便宜！需要给些小费，但并非强制收取，而且对于一场免费的步行游览，你不难想象到，这将是一个人数众多的团队。legendsofbruges.com；在GroteMarkt的雕像前；周二、周四至周日9:45和14:30，周一和周三14:30；免费。

重要数据

人口：120,000

亮点：中世纪魅力和浪漫的运河

货币：欧元

消费指数：130美元/天

04 爱之湖

如果你知道自己即将去的地方是“爱之湖”，会不会更期待了？是的，这个公园围绕着旧时由码头改建的湖泊而建，是一个景色很美、适合野餐的地方。根据传说，如果你和一个特殊的人走过湖上的桥，你将经历不朽的爱情。鉴于这种压力，我们建议带上一点香槟和草莓吧——谁知道会发生什么呢。免费。

05 鱼市

布鲁日的鱼市（Vismarkt）自1821年发展壮大，工作日时在一个石柱拱廊里开市，这个理想的地理位置很适合打量人群，更不用说搜罗海鲜了。到了周末，摊位上则卖起小玩意和古董。来到这里你肯定会食欲大开，去咖啡馆Gouden Karpel（dengoudenkarpel.be/）打包一个蟹肉三明治（4欧元起），在绿色运河（Groenerei Canal）边找张长椅坐下，边吃边看热闹。Steenhouwersdijk；周二至周五7:00~13:00；免费。

06 市集广场

如果你认为需要买一个高价的华夫饼、薯条或者一张马车票，才能欣赏布鲁日市集广场（Markt）的辉煌和城里的新哥特式建筑，这种想法是荒谬的。为了使拥挤度最小化而乐趣最大化，在黎明或者夜晚来这个市场，那时83米高的钟楼（Belfort）会亮起景观灯。周三的美食市场是品尝当地奶酪、肉食、面包等各式各样美食的一个极好去处。the-markt.com/wednesday-market.html；10:00~13:00；免费。

艺术&文化　音乐&电影　运动&休闲　美食&饮品　节日&活动

布达佩斯

在布达佩斯（Budapest）用各种免费的事情填满时间并不难；光是漫步街头欣赏建筑就可以用去几天时间，一旦厌倦了，就奔向一个市场或者纪念碑，再花上几杯酒水的钱，在一家气氛不错的废墟酒吧里度过整个晚上。

01 英雄广场

作为布达佩斯的一个象征，占据着有利地理位置的Hősöktere是个令人难忘的地方，从这里可以直接俯瞰安德拉什大街（Andrássy út）的美景，这条街被联合国教科文组织列入世界遗产名录的一条迷人林荫大道。英雄广场（Heroes' Square）上矗立着36米高的千年纪念碑（Millenary Monument），碑顶装饰着大天使加百利（Archangel Gabriel）的雕像；还有英雄纪念碑（Heroes' Monument），这座石碑用以纪念那些为匈牙利的自由献出生命的人们。24小时；免费。

02 克拉佩西公墓

这个占地56公顷的国家墓地建于1847年，有大约3000座令人印象深刻的墓碑和陵墓，其中包括多位匈牙利的杰出人士。克拉佩西公墓（Kerepesi Cemetery）维护得很好，绝对值得花点时间逛一逛。可以从入口处的保护办公室拿一张免费地图，不要错过工人运动公墓（Workers Movement Pantheon）。VIII Fiumei út 16；7:30~17:00，5月至7月7:30~20:00，4月和8月7:30~19:00；免费。

03 盖勒特山

爬爬盖勒特山（Gellért Hill）锻炼一下吧。你的回报就是可以俯瞰到绝佳的城市风光，日出日落时分最佳。你还会在山上看到一座城堡（Citadella），它是在独立战争（1703~1711年）后由哈布斯堡王朝（Habsburgs）修建，从没有受到过战争洗礼；山上还矗立着**自由纪念碑**（Liberty Monument；

1947年)，这座14米高的女神像举着棕榈叶，用以纪念1945年解放这座城市时牺牲的苏联士兵。24小时；免费。

04 玛格丽特岛

玛格丽特岛(Margaret Island)就位于多瑙河(Danube)中间，这个2.5公里长的休闲之地大部分是步行区，在盛夏吸引着当地人和游客纷至沓来。岛上有许多活动可供选择：有些需要花钱，比如游泳池、租自行车、酒吧和咖啡馆，不过在花园闲逛和参观中世纪遗址则毫无花销。24小时；免费入场。

05 布达佩斯市集

不论你是想寻找些小玩意儿，还是垂涎于美食，在众多市集中选一个逛逛都是一次便宜而美好的旅程。最著名的当属**Nagycsarnok**(5a; Great Market, IXVámház körút 1-3；周一至周五6:00~17:00，周六6:00~15:00)，在那里你可以买点红辣椒和传统纪念品。或者前往**Esceri Piac**(5b; XIX Nagykőrösi út；周一至周五8:00~16:00，周六5:00~15:00，周日8:00~13:00)，它是中欧最大的跳蚤市场之一。免费入场。

06 废墟酒吧

废墟酒吧(ruin pubs)之于布达佩斯，就像廉价酒吧(dive bars)之于纽约。这些酒吧位于废弃的房子(rom-kocsmák)和庭院里，以复古装饰为特色，在这里你可以一直喝到天亮。随着这些酒吧的日益流行，一些时尚的常设餐饮机构也开始在这股新潮流的开山鼻祖——那些不断冒出的破败小酒馆旁开业。场地经常变化，详情请查询ruinpubs.com。免费入场。

《多瑙河岸的鞋子》

《多瑙河岸的鞋子》(*Shoes on the Danube*)是一处发人深省的纪念雕塑，以纪念“二战”期间那些被法西斯主义箭十字党(Arrow Cross Party)射杀后抛进多瑙河的匈牙利犹太人，他们在被枪毙前曾被命令脱掉鞋子。纪念碑由60双各种颜色的铸铁鞋靴组成，它们就摆在Széchenyi Istvántér和议会大厦之间的河西岸边。这个感人的纪念展览由雕塑家Gyula Pauer和电影导演Can Togay于2005年完成的。V AntallJózsef rakpart；24小时；免费。

重要数据

人口：1,800,000

亮点：宏伟的建筑和各种市场

货币：匈牙利福林

消费指数：75美元/天

重要数据

人口: 1,300,000

亮点: 露天探险和文化冲击

货币: 丹麦克朗

消费指数: 205美元/天

哥本哈根

就像斯堪的纳维亚的多处目的地一样，哥本哈根（Copenhagen）也以昂贵著称。不过它最近被地球研究所（Earth Institute）宣布为地球上最幸福的地方，我们猜测数量众多的免费景点有助于当地人绽放笑容。

艺术&文化　音乐&电影　运动&休闲　美食&饮品　节日&活动

01 免费安徒生步行游览

汉斯·克里斯蒂安·安徒生（Hans Christian Andersen）出生于丹麦中部，但生活在哥本哈根。这位作家的雕像矗立在**国王花园**（Kongens Have；1a；见93页）和**市政厅**（City Hall；1b；Rådhuset；1599 København V）外，而他葬于**安徒生墓园**（Assistens Churchyard；1c；Kapelvej 4）。不过，大人小孩安徒生迷都想参观的哥本哈根最上镜的景点就是海港里孤零零栖身于花岗岩上的**小美人鱼雕像**（The Little Mermaid；1d；mermaidsculpture.dk）。24小时；免费。

02 搭积木

在乐高（Lego）的家乡，积木控可以去哥本哈根以西260公里的比伦德（Billund）朝圣，参观这款玩具诞生的地方，再花299丹麦克朗就可以进入乐高乐园（Legoland）。或者也可以逛逛哥本哈根的**乐高商店**（Lego store；lego.com；Vimmelskaftet 37；周一至周四和周六10:00~18:00，周五10:00~19:00，周日10:00~17:00），自由地享受名为"客厅"的创意舞台，观摩巨大的模型，还可以了解一些知识（共有915,103,765种方法把6块8颗粒乐高积木拼起来）。免费。

03 露天博物馆

在城边一处不规则延伸区域，坐落着世界上规模最大的露天博物馆之一，你可以在此探索前工业革命时期的斯堪的纳维亚。从风车磨房到救济院，这里共有50座原始建筑，打扮成农民和磨工的工作人员在屋内进行演示，介绍着丹麦从1650年到1950年的进化历程。natmus.dk/museerne/frilandsmuseet；Kongevejen 100，2800 Lyngby；5月至6月和8月中至10月周二至周日10:00~16:00，7月至8月中10:00~17:00；免费。

04 丹麦皇家海军博物馆

丹麦皇家海军博物馆（Royal Danish Naval Museum）位于一栋海军医院旧址内，展示了丹麦的航海历史，展出的模型船可追溯到17世纪。复制品包括帆船和虎鲸号（Spækhuggeren），后者可以让你体验到潜水艇内33名船员会忍受怎样的幽闭环境。natmus.dk/museerne/orlogsmuseet；Overgaden Oven Vandet 58；周二至周日正午至16:00；免费。

05 克里斯钦堡宫的高塔

克里斯钦堡宫（Christiansborg Palace）曾是丹麦王室的居所，如今是国家议会所在

02

当地人说

"夏天，户外的社交活动并不贵。我们很幸运，在海港周围有几处免费的浴场，比如Islands Brygge's Harbor Bath（6月至8月周一至周五7:00~19:00；免费），还有许多很棒的野餐地点。当地人把Dronning Louises Bro这条跨越湖泊的桥称作哥本哈根'最长的酒吧'，一路上都有长椅，阳光明媚的东岸是热门的聚会场所，可以在那里喝啤酒听音乐。Kødbyen——曾经的肉库区（Meatpacking District）——如今是一个非常酷的地方，有美味的街头小吃，你还能买到饮料。"——佩尔·蒙克（Per Munch），记者

地，106米高的高塔（Tårnet）赫然矗立在宫殿顶部，是哥本哈根的制高点。作为对市民的一项福利，政府将这里免费开放。站在城堡岛（Slotsholmen）之巅的高塔上，你可以将哥本哈根错落有致的屋顶风光尽收眼底。taarnet.dk；Christiansborg, 1218 København K；周二至周日11:00~21:00；免费。

06 海滩狂欢和游海泳

来到哥本哈根，可以在**Amager Strandpark**（6a；amager-strand.dk；免费）的蓝旗（Blue-Flag）海滩上堆城堡，这个岛为填海造岛，拥有4.6公里的沙滩和适合游泳及玩皮划艇的潟湖。讲究的游泳爱好者可以去Øresund的**Helgoland sea bath**（6b；6月23日至8月31日10:00~18:00；免费），那里的海水更深。另一个海水浴场**Kastrup Søbad**（6c；taarnby.dk/oplev-taarnby/idraetslivet-i-taarnby/kastrup-soebad；开放时间不定；免费）则在更南边。这两处都有分隔的泳池，但泳衣并不是必选项……

07 植物园

这个占地10公顷的花园位于罗森堡宫（Rosenborg Castle）后面，共有13,000种精彩又奇特的植物，园内还分布着27间历史悠久的温室，其中还包括一间为了重现极地植物适宜的低温环境而建的特别空调室。1874年建成的16米高的棕榈温室（Palm House），有一个铸铁螺旋楼梯可以通往上层的走廊。botanik.snm.ku.dk；Øster Farimagsgade 2B, 1353 København K；4月至9月8:30~18:00，10月至次年3月8:30~16:00；免费。

08 克里斯钦自由城

克里斯钦自由城（Freetown Christiania）这个半自治、自我管理、生态导向的社区，自由奔放，自20世纪70年代初，便吸引着不墨守成规的人和艺术家们前来。这片41公顷的废弃军营最初是由擅自占用土地的人建造的一个非传统社区。虽然总会有各种问题存在，但集体商业、自建房屋、公共餐饮、啤酒花园和音乐场地存活下来并得以发展。团队游（6月至8月每天；9月至次年6月周末；40丹麦克朗）从Prinsessegade上的主入口出发。christiania.org；免费。

小贴士

» 哥本哈根新的自行车共享计划(bycyklen.dk)每小时25丹麦克朗，可随意使用，这真是一座很适合骑行的城市。

» 不要花钱参加面向游客的昂贵乘船游，不妨乘坐普通的通勤轮渡(海上巴士)。

» 在星期五去Tivoli Gardens，会赶上定期免费的流行/摇滚音乐会。

» 许多博物馆在周三免费，不过如果你想参观城里的许多重要景点，还是值得买一张哥本哈根卡(Copenhagen Card; copenhagencard.com; 359~799丹麦克朗/24~120小时)。

» 哥本哈根以美食餐厅著名，不过城里最好的餐食之一是香肠车(pølsevogn)上的维也纳香肠。

09 国王花园

丹麦共有3座绿树成荫的皇家花园，其中处于最中心位置的那座花园就围绕着罗森堡宫(Rosenborg Castle)，宫中珍藏着皇家珠宝。城堡门票90丹麦克朗，不过绚丽的花园是免费的，还能提供帝王级别的消遣。你可以在花园里晒日光浴、野餐，或者欣赏各种雕塑，比如有400年历史的《马与狮子》(*The Horse and the Lion*)，展现的是一只长着人面的狮子正在咀嚼一匹马。kongernessamling.dk; Kongens Have; Øster Voldgade 4A; 7:00~23:00，冬季7:00~17:00; 免费。

10 鹿园

鹿园(The Deer Park)位于城市北边的Jægersborg Dyrehave林地，是一片蔓延1000公顷的广袤绿色原野。在400年树龄的树林中，约2000头马鹿和黇鹿自在游荡，而你也可以和它们一样四处逛逛。当地人很喜欢在这个森林公园徒步、骑行、慢跑或野餐，你还会在鹿园深处发现世界上最古老的游乐园**Bakken**。Dyrehaven, 2930 Klampenborg; 24小时; 免费。

11 惊险刺激

世界上最古老的游乐园**Bakken**(11a; bakken.dk; Dyrehavsbakken; 3月至8月免费入场，多项目手环249丹麦克朗，周三半价)建于1583年，位于鹿园之中，搭乘公共交通工具很方便，以摩天轮(Ferris wheels)和古老的过山车为特色。在城里，还可以探索另一座有年头的游乐园**趣伏里花园**(Tivoli Gardens; 11b; tivoli.dk; Vesterbrogade 3; 周日至周四11:00~23:00，周五至周六11:00至午夜; 99丹麦克朗)，正是这座游乐园激发了沃特·迪士尼(Walt Disney)创建迪士尼乐园的灵感。

12 哥本哈根爵士音乐节

在20世纪60至70年代，几位有影响力的美国爵士艺术家定居哥本哈根，使这座城市成为欧洲的爵士之都，围绕传奇性的**Jazzhus Montmartre**形成当地一个活跃的爵士圈。如今，每年夏天，全城都会变成一个巨大的爵士中心，持续10天在100个场馆举行1315场音乐会，其中许多都是露天且免费的。jazz.dk/cphjazz/forside; 7月，详情见网站。

EUROPE'S BEST WILD SWIMMING
欧洲最佳野泳地

忘掉花钱去游泳池吧——

纵身一跃，挑战这些欧洲野外水上冒险。

BAGGY POINT，英国英格兰

你可以在德文郡这个讨人喜欢的游泳地，游过几个秘密的海蚀洞，这里还有一处浪很大的洞道，绝对令新手望而却步。在这段海岸还有可能看见海豹、海豚和鼠海豚等野生动物。nationaltrust.org.uk/baggy-point；北德文郡（North Devon），英格兰；免费。

UPPER LETTEN RIVERPOOL，瑞士利马特河

这条400米长的运河位于利马特河（River Limmat）的急流中，可以游泳，简直就是闷热夏季中的一处城市绿洲，每年都吸引着数百名游泳者来此畅游。这里有一个2米跳板、一家酒吧和几处沙滩排球场。zuerich.com；苏黎世（Zürich），瑞士；5月至9月9:00~20:00；免费。

PURCARACCIA 峡谷，法国科西嘉

在这个峡谷漂流的热门地点，徒步走到水潭处虽然很费劲但绝对值得。在一连串由清澈的山泉水汇聚而成的水潭中游泳，或在泳池间滑行，或者泡在瀑布边起起伏伏的无边界泳池中享受一番。wildswim.com/cascades-de-purcaraccia-corsica；Quenza，科西嘉；免费。

博希尼湖，斯洛文尼亚

朱利安阿尔卑斯山脉（Julian Alps）拥有顶级的游泳地，比如可爱但价格昂贵的布莱德湖（Lake Bled）浴场。不过，你可以一路下到特里格拉夫国家公园（Triglav NP）的博希尼湖（Lake Bohinj），免费探索那里更原始的美景。Sava Bohinjka河为漂流游泳爱好者提供了一个寒冷而刺激的选择。tnp.si/national_park；特里格拉夫国家公园，斯洛文尼亚；免费。

瓦尔兴湖，德国

巴伐利亚拥有多处无与伦比的游泳地，而位于慕尼黑南部群山中的幽深高原湖瓦尔兴湖（Lake Walchen），当属其中最壮观的。碎石沙滩围绕着富含矿物质的绿松石色湖水，你还可以去离岸不远的几座岛上探游一番。科赫尔（Kochel）附近，德国；免费。

安纳西湖，法国

这座位于阿尔卑斯山的湖泊被地下温泉加热，不出意外地非常受欢迎。许多湖滩夏季时会收费，但Plage d'Albigny à Annecy-le-Vieux和Plages des Marquisats都是免费的。你还能找到一些更原始的地方，有些还能进行很棒的悬崖跳水。lac-annecy.com；上萨瓦省（Haute-Savoie），法国；免费。

FIASTRA湖，意大利

你可以在这座湖滩环绕的壮观湖泊北岸山脚下露营，或是扑向清澈的湖水怀抱中。记得带上呼吸管，这里可以探索游玩的地方很多，比如一个传说中的水下村庄。lagodifiastra.it；锡比利尼山国家公园（Monti Sibillini NP），意大利；免费。

罗蒙湖，英国苏格兰

在苏格兰游泳需要一颗勇敢的心，不过罗蒙湖（Loch Lomond）这座英国最大的美丽湖泊，会诱惑你跳进去的。这里既是一年一度的苏格兰游泳大会（Great Scottish Swim）的举办地，似乎也是一只水怪的家，尽管这只水怪没有它的尼斯湖（Loch Ness）亲戚那么有名。lochlomond-trossachs.org；罗蒙湖和特罗萨克斯山国家公园（Loch Lomond &The Trossachs NP），英国苏格兰；免费。

Illustration | Owen Gatley

重要数据

人口: 1,300,000

亮点: 接触当地人，了解历史，狂饮黑啤

货币: 欧元

消费指数: 135美元/天

都柏林

爱尔兰的首都都柏林（Dublin）是一座具有超凡魅力、偶尔又有点混乱的城市，阳春白雪与无忧无虑的生活乐趣并存，而历史真真实实地铭刻在各个角落。当地人慷慨大方，天性唠叨，在传奇的酒吧里，标志性的黑啤自由流淌，不过不太便宜。

艺术&文化 音乐&电影 运动&休闲 美食&饮品 节日&活动

01 爱尔兰银行/爱尔兰议会大厦

这是一个有故事的地方。这座1733年建的帕拉第奥式（Palladian）建筑是世界上最早的专门修建的议会大厦（Irish House of Parliament）。它的设计激发了华盛顿众议院（House of Representatives）的建筑灵感。但在《1801年联合法案》（*1801 Act of Union*）后，英国坚持要改变其内阁，以防止今后有人闹独立。好在上议院（House of Lords）被保留了下来。你可以申请参观华丽的议事厅。College Green；周一至周五10:00~16:00，免费团队游周二10:30；免费。

02 爱尔兰现代艺术博物馆

这座建于1684年的建筑曾是一所医院，如今收藏着爱尔兰顶级的现代艺术作品。建筑结构仿照巴黎的荣军院（Les Invalides），这也就不难理解为什么爱尔兰现代艺术博物馆（Irish Museum of Modern Art）会有庄重的外立面和高雅的庭院，这两者风格与当下馆内展出内容完全不搭：博物馆展示着3500件爱尔兰和国际艺术家的艺术作品，包括一幅由湿厕纸做成的水果画作。imma.ie；Royal Hospital，Kilmainham；周二至周五11:30~17:30，周六10:00~17:30，周日正午至17:30；免费。

03 爱尔兰国家美术馆

爱尔兰国家美术馆（National Gallery of Ireland）在乔治亚风格的都柏林宛如一片安宁的文化绿洲，馆内藏品丰富，展示着大量爱尔兰艺术、荷兰大师、意大利巴洛克艺术和欧洲主要画派的艺术作品，共有15,000件绘画和雕塑作品，让人目不暇接。门票免费，你可以租借语音导览器和绘画工具，还可以参加免费的演讲、团队游和工作坊。nationalgallery.ie；Merion Square；周一至周三、周五和周六9:15~17:30，周四9:15~20:30，周日11:00~17:30；免费。

04 爱尔兰国家博物馆

气势恢宏的爱尔兰国家博物馆（National Museum of Ireland）通过分布在4处展出场地的400万件藏品，探索了爱尔兰的历史传统。爱尔兰民俗分馆位于梅奥（Mayo），其余三处都在都柏林：在**考古**（4a；Kildare St）分馆，你可以了解史前的爱尔兰和维京时代的都柏林；在**装饰艺术和历史**（4b；Collins Barracks）分馆，有一个关于1916年起义的展览；在**自然历史**（4c；Merrion St）分馆则能看到爱尔兰麋的骨架。museum.ie；周二至周六10:00~17:00，周日14:00~17:00；免费。

© Damien Kelly | 500PX

寻访作家的徒步之旅

在这场穿越都柏林的自助导览游中，你会遇见这座城市最著名的作家，这些名人在曾经激发他们灵感的环境中，以雕像的形式得以永垂不朽。诗人帕特里克·卡瓦纳（Patrick Kavanagh）坐在长椅上对着大运河（Grand Canal）沉思，而奥斯卡·王尔德（Oscar Wilde）躺在梅瑞恩广场（Merrion Square）的岩石上，望着自己童年的故居。不远处，剧作家乔治·萧伯纳（George Bernard Shaw）在他热爱的国家美术馆外守候着。穿过利菲河（Liffey River），《尤利西斯》（*Ulyesses*）的作者詹姆斯·乔伊斯（James Joyce）矗立在O'Connell St和North Earl St的交叉路口。再往北，皇家运河（Royal Canal）的河岸上，布兰登·贝汉（Brendan Behan）坐在Mountjoy监狱附近的长椅上，他曾在这所监狱被关过一阵子。

05 都柏林圣三一学院

到圣三一学院（Trinity College）的美丽绿地和鹅卵石广场逛逛吧，这座爱尔兰最高学府的历史可追溯到1592年。学院里弥漫着学术气息，如果你像大学生一样慵懒地躺在草地上，时间长了，说不定会因为渗透作用而吸收不少书卷气呢。校友包括奥斯卡·王尔德、塞缪尔·贝克特（Samuel Beckett）、乔纳森·斯威夫特（Jonathan Swift）和科特妮·洛芙（Courtney Love）。tcd.ie; College Green, Dublin 2; 7:00至午夜; 免费。

06 周日音乐会

从9月到次年6月，一系列免费的现场音乐表演将在**The Hugh Lane**的雕塑美术馆（Sculpture Gallery）举行。Sundays @ Noon音乐会始于1975年，以爱尔兰和国际音乐家的经典作品为特色。美术馆（周二至周四10:00~18:00，周五和周六10:00~17:00，周日11:00~17:00；免费）内还有弗朗西斯·培根（Francis Bacon）的工作室和一些当代艺术作品。hughlane.ie; Dublin City Gallery The Hugh Lane, Parnell Sq; 免费。

07 骑车闲逛

都柏林是个很适合骑行的城市，如果你没有自行车，也别着急，租一辆就好了。Dublinbikes在全城有超过100个自行车租赁点，每处至少有15辆可供出租。三日通票5欧元，购票后每辆车的前30分钟免费（而后收费递增）。你可以试试不到半小时就换辆车的接力方式骑行都柏林，来一场小气鬼的挑战。dublinbikes.ie; 5欧元外加计时收费。

08 Forty Foot

Forty Foot是位于都柏林湾（Dublin Bay）的深水野泳地，当地人在爱尔兰海（Irish Sea）这片冰冷水域畅游的历史已超过了250年。在《尤利西斯》中，乔伊斯用"Snotgreen"（鼻涕青色）和"scrotumtightening"（使人阴囊一紧）来描述这片海——但其实海水非常干净。不过，他对温度的描写是对的。这片维护很好的区域有一个更衣的地方。可以搭乘火车（DART）来此，这趟车沿着都

当地人说

"周六，从Accents Coffee& Tea Lounge（accents-lounge.com; 23 Stephen St Lower, Dublin 2; 周一至周六10:00~23:00，周日12:30~22:00）的一杯Dublin Smog茶开始。然后我通常会沿着George's Street Arcade（georgesstreetarcade.ie）漫步，细细地逛逛那些复古服装店和珠宝店，再躲进都柏林小博物馆（Little Museumof Dublin; little-museum.ie; 15 St Stephen's Green; 周五至周三9:30~17:00，周四9:30~20:00; 5欧元）转转。晚些，我会去Temple Bar的美食市集吃点街头小吃。Meeting House Square市场（meetinghouses-quare.ie; 周六10:00~16:30; 免费入场）有很棒的有机产品，还有街头艺人奉上精彩的娱乐表演。"—— 戴德雷·奎因（Deirdre Quinn），志愿者

柏林风景优美的海岸线行进。outdoorswimming.ie; Sandycove; 免费。

09 格拉斯纳文墓地

格拉斯纳文墓地（Glasnevin Cemetery; 9a）是爱尔兰最重要的墓地，从政客和诗人，从作家到革命者，这个国家的知名人士都安葬于此。参观不受限制，你可以分文不花地四处探寻（也可以付费参加导览游）。之后，别忘了再到隔壁被称作"掘墓者"的**John Kavanagh's**（9b; Prospect Sq）喝一品脱黑啤，压压惊。glasnevintrust.ie; Finglas Rd, Dublin 11; 9:00~21:00; 免费。

10 凤凰公园

尽管设有围墙，这片就位于都柏林市中心西边的广阔绿地却让人感觉十足的原生态。数百只自由放养的鹿在这个709公顷的凤凰公园（Phoenix Park）里奔跑和发情。这里还包括**都柏林动物园**（Dublin Zoo）。动物园收门票，但像小鹿一样，游客也可以在公园的其他地方自在漫游（只限步行），或在**Furry Glen**的湖边野餐，欣赏15世纪的**阿什敦城堡**（Ashtown Castle）。phoenixpark.ie; 24小时; 免费。

11 跟着路线步行游览

都柏林这座小城充满转瞬即逝的有趣角落和特色风情，步行探索最能感受它的魅力，所以放弃观光巴士吧。沿着Dubline这条步行游览路线从**帕内尔广场**（Parnell Sq; 11a）出发，穿过市中心到达历史悠久的**凯勒梅堡监狱**（Kilmainham Gaol; 11b）。你可以下载免费的Dublin Discovery Trails App，这个应用软件包括一系列围绕都柏林主城区的自助步行游览路线，这样你就可以在徒步中得到最大收获。dubline.ie; 24小时; 免费。

12 City of a Thousand Welcomes

这个超棒的创意会让你感受到一份暖心的欢迎。在你出发去爱尔兰前，在City of a Thousand Welcomes网站注册，他们会发给你一份免费的城市导览，并且为你匹配一位志愿城市大使。当你到达时，这位大使会邀请你去他们最爱的酒吧或者咖啡馆，请你免费喝一杯啤酒、茶或咖啡，给你讲讲他们的城市。cityofathousandwelcomes.com; 免费。

艺术&文化 音乐&电影 运动&休闲 美食&饮品 节日&活动

爱丁堡

中心由城堡盘踞的老烟城(Auld Reekie,爱丁堡的绰号)是个围绕着一座死火山而建的中世纪风格城市。这里以节日闻名,比如艺穗节(Fringe)和除夕(Hogmanay),一年一度在街头席卷起炽热的娱乐狂潮。作为一个旅游胜地,它可能很昂贵,但欢乐气氛和许多景点都是免费的。

01 免费美术馆

爱丁堡精彩的免费美术馆包括**苏格兰国家美术馆**(Scottish National Gallery; 1a; The Mound; 周五至周三10:00~17:00, 周四10:00~19:00; 免费),馆内收藏着拉斐尔(Rapphael)、鲁宾斯(Rubens)、塞尚(Cézanne)等大师和本土艺术家的画作。**苏格兰国家现代艺术美术馆**(Scottish National Gallery of Modern Art; 1b; 75 Belford Rd; 10:00~17:00; 免费)展出的作品包括霍克尼(Hockney)的画作和杜安·汉森(Duane Hanson)的雕塑,而**苏格兰国家肖像美术馆**(Scottish National Portrait Gallery; 1c; 1 Queen St; 周五至周三10:00~17:00, 周四10:00~19:00; 免费)保存着多幅名人肖像。nationalgalleries.org。

02 博物馆大道

皇家英里大道(Royal Mile)有四座精彩的免费博物馆:纪念苏格兰文豪的**作家博物馆**(The Writers' Museum; 2a; Lady Stair's Close; 周一至周六10:00~17:00, 周日正午至17:00, 仅8月开放; 免费);**童年博物馆**(Museum of Childhood; 2b; 42 High St; 周一至周六10:00~17:00, 周日正午至17:00; 免费);**爱丁堡博物馆**(Museum of Edinburgh; 2c; 142Canongate; 周一至周六10:00~17:00, 周日正午至17:00, 仅8月开放; 免费),以及**人民故事博物馆**(People's Story; 2d; 163 Canongate; 周一至周六10:00~17:00, 周日正午至17:00, 仅限节日期间; 免费)。edinburghmuseums.org.uk。

03 欢迎来苏格兰议会

由于最近苏格兰民族党(Scottish National Party)的胜利,政治成了苏格兰的新摇

当地人说

“作为一座大学城，我们有许多很棒的二手书店和复古商店，比如爱丁堡名店Armstrong's（armstrongsvintage.co.uk；83 TheGrassmarket；周一至周四10:00~17:30，周五至周六10:00~18:00，周日正午至18:00）。在乔治广场（George Sq）周边的慈善商店和城南高档的Morningside，有很多珍品等你来淘。许多餐馆——尤其当你避开游客区，走进社区——都会供应不错的午餐，晚上还允许自带酒水（BYOB）。每周六上午在城堡周围会举行爱丁堡农夫市集（edinburghfarmersmarket.co.uk；Castle Tce；周六9:00~14:00；免费入场），在那里可以找到新鲜的食物。”——凯特·纳尔逊-萧（Cate Nelson-Shaw），爱丁堡人

重要数据

人口：500,000

亮点：节日、免费的博物馆和美术馆、二手宝贝

货币：英镑

消费指数：160美元/天

滚。参观苏格兰议会恰逢其时，议会位于一栋获过大奖却引起争议的建筑中，由加泰罗尼亚（加泰罗尼亚想脱离西班牙的心情和苏格兰想与英国说拜拜的心情应该差不多）建筑师恩里克·米拉列斯（Enric Miralles）设计。免费入馆参观，了解苏格兰的政治历史，旁观现场辩论，或者参加团队游。scottish.parliament.uk；Canongate；周一至周六10:00~17:00；免费。

04 花园派对和野泳

在晴朗的日子里，成千上万人会到**王子街花园**（Princes Street Gardens；4a；Princes St；开放时间不定；免费）感受田园风光，而**Dunbars Close**（4b；Canongate；24小时；免费）就是一处隐蔽的桃源之地。还有一些人会前往**Portobello海滩**（4c；24小时；免费）用沙子堆起迷你的爱丁堡城堡，或在北海的海浪中哆哆嗦嗦地游着泳。真正的勇者可以加入**Loony Dook**（4d；24小时；免费），这是在南昆斯费里（South Queensferry）的福斯湾（Firth of Forth）举行的新年游泳狂欢活动。

05 姐妹风景

想观赏欧洲最漂亮的首府之一，要爬1小时山登上**亚瑟王座山**（Arthur's Seat；5a；24小时；免费），这座火山峰主宰着爱丁堡东部天际线，山上矗立着一座具有2000年历史的山顶堡垒。如果想轻松一点，就登上143级台阶到**卡尔顿山**（Calton Hill；5b；24小时；免费）山顶，那里有一座未完工的雅典卫城风格的宏伟建筑，俯视着山下这座“北方的雅典”。

06 节日疯狂

每年8月，爱丁堡都进入一个活动爆发季，包括**图书节**（Book Festival；edbookfest.co.uk）、**爱丁堡军乐节**（Military Tattoo；edintattoo.co.uk）和世界著名的持续3周的**爱丁堡艺穗节**（Edinburgh Fringe；edfringe.com）等。所有这些活动都意味着廉价住宿很紧俏，但街头娱乐和免费活动随处可见。在8月之外，可以观看**The Stand**（6；thestand.co.uk；5 York Pl）周日下午的免费喜剧，这场即兴表演将以幽默来治好你的宿醉。

艺术&文化　音乐&电影　运动&休闲　美食&饮品　节日&活动

日内瓦

在大开脑洞和纵情欢乐这方面，我们保证日内瓦(Geneva)绝对会让你深感满意。这座位于日内瓦湖畔的瑞士城市是世界上最昂贵的城市之一。最好夏季来，免费的文化活动在勃朗峰(Mont Blanc)雪峰的注视下蓬勃涌现，这背景不错吧！

01 欧洲核子研究组织

到1989年万维网(World Wide Web)诞生的实验室看看，以一场免费的导览游让你脑洞大开吧。再去见识一下世界上最庞大的机器大型强子对撞机(Large Hadron Collider)，让脑洞开得更大些，这台机器以27公里长的圆管加速质子，进而从发生的碰撞中生成新物质。听上去不可思议，但却千真万确。cern.ch；梅林(Meyrin)；导览游 周一至周六11:00，以及周一、周二、周四和周五13:00；免费。

04

© Oguzhan Altun | 500px

02 Aubes Musicales @ Bains de Paquis

在夏季每个宜人的早晨，当城市的其他人还在梦乡中时，混合了音乐爱好者、饮酒狂欢者和文化好奇宝宝的人群，就聚集到这座城市古老的20世纪30年代泳池边，于拂晓时分在岸边开一场秘密的音乐会。爵士，拉丁，古典巴赫，法国香颂……任何音乐都会响起，气氛引人入胜。bainsdes-paquis.ch；Quai du Mont-Blanc；7月至8月6:00，入场及咖啡免费。

03 La Barje

这个位于水边涂着条格花纹明亮油漆的古老大篷车，充满活力、热闹非凡。这里售卖的饮料和小吃都不贵(收益用于帮助处境困难的年轻人)，但最让其大出风头的是一系列吸引人的免费演奏会、音乐会和街头剧场。在Rhône河绿草茵茵的河边抢一个前排座位，时髦地嗨起来吧。labarje.ch；Promenade des

免费一日游

先拍一张日内瓦的花钟（L'horloge Fleurie；Quai du Général Guisan；免费），接着探索圣皮埃尔大教堂（Cathédrale St-Pierre；saintpierregeneve.ch；Pl duBourg-de-Four24；10:00~19:30；免费）。在Terrasse Agrippad' Abigné（24小时；免费）野餐，然后去湖边的Cité du Temps（citedutemps.com；Pont de la Machine1；免费）欣赏艺术，再去L'amarr@GE（5月至9月 周日至周三10:00~20:00，周四至周六 至21:00；成人/儿童 2/1瑞士法郎）游个泳。最后到Buvette des Bains（buvettedesbains.ch；Quaidu Mont-Blanc）吃晚餐，以星光下的Ciné Transat（cinetransat.ch；Parc de la Perle duLac；免费）的一场电影结束一天。

Lavandières；4月至9月 周一至周五11:00至午夜，周六和周日15:00至午夜；免费。

04 大喷泉

这个日内瓦标志性的铅笔状喷泉（Jet d'Eau），以不可思议的200公里/时的速度将水喷向140米的高空，要知道随时都有重达7吨的水喷向空中，而所有喷上去的，都要落下来……去喷泉下面的码头撒欢淋个痛快吧。Quai Gustave-Ador；11月中至次年2月10:00~16:00，3月、4月和9月中至10月周一至周四10:00至黄昏，周五至周日10:00~22:30（有灯光照明），5月至9月中 每天9:00~23:15（有灯光照明）；免费。

05 巴斯蒂昂公园

去巴斯蒂昂公园（Parc des Bastions）和当地人切磋一盘国际象棋吧。在这片精心修剪的城市公园里，有个巨大的棋盘，经常有人围在旁边观战。当你厌倦了这种国王和王后的棋局，不妨去探寻当地的历史：公园里有一尊红十字会联合创始人纪尧姆·亨利·杜福尔（Guillaume-Henri Dufour）的雕像，另有约翰·加尔文（John Calvin）及其新教改革（Protestant Reformer）同伴们的雕塑，他们正穿着睡衣准备睡觉！Promenade des Bastions；24小时；免费。

06 日内瓦节的谢幕烟火表演

标志着夏季日内瓦节（Fêtes de Genève）落幕的烟火表演有50万观众观看，还不需要什么花销。持续两周的免费音乐会和文化活动，在这个日内瓦湖上空1小时的壮观烟火秀中达到高潮，伴随着音乐，烟花从水面的漂浮点以瑞士著名的精准度被燃放升空。fetes-de-geneve.ch；7月至8月；免费。

重要数据

人口：200,000

亮点：湖滨活动

货币：瑞士法郎

消费指数：150美元/天

艺术&文化　音乐&电影　运动&休闲　美食&饮品　节日&活动

赫尔辛基

以欧洲首都的标准来看，拥有200年历史的赫尔辛基（Helsinki）非常年轻，适合步行的市中心内满是精品设计店和公园，不花钱也能探索一番。在夏天，芬兰人会挤满海滩、小岛和咖啡馆。找一家啤酒花园喝一杯，像当地人一样在午夜太阳下放松一下。

01 设计区

芬兰的现代主义核心是市中心的设计区（Design District），拥有世界声誉的品牌**旗舰店**（Pohjoisesplanadi Street；工作日10:00~20:00，周六和周日10:00~17:00；免费入场），比如Iittala、Marimekko和Aarikka，就位于艾斯普那帝公园（Esplanadi Park）附近。游走于这里的200家设计工作室、艺术画廊和服饰珠宝精品店，就如同在时尚（而且免费）的博物馆串游一样。福利：设计区延伸到**辛伯里可夫公园**（Sinebrychoff Park；hel.fi；Blvd 40），那里偶尔有免费演出。

02 奇亚斯玛当代艺术博物馆

奇亚斯玛当代艺术博物馆（Kiasma Contemporary Art Museum）仅凭建筑本身就值得一游。弧线形的现代主义玻璃建筑于1998年开放，这样的设计能将季节性的光线引入建筑的内部空间。博物馆展厅会轮流展出现代艺术作品和多媒体艺术展，馆内还有一家让人梦寐以求的礼品店和一家咖啡馆。kiasma.fi；Mannerheiminaukio 2；周二和周日10:00~17:00，周三至周五10:00~20:30，周六10:00~18:00；成人12欧元，每月第一个周五免费。

03 岩石教堂

这座由基岩建造的路德派教堂于1969年完工，被称作岩石教堂（Rock Church，Temppeliaukion），铜圆顶上排列着一圈狭长

重要数据

人口：1,200,000

亮点：现代艺术设计

货币：欧元

消费指数：190美元/天

的天窗，使教堂内部沐浴着圣洁缥缈的光线。几乎永不停止的风琴音乐或者免费音乐会，展示出这里惊人的出色音响效果，可以据此来安排参观时间。Lutherinkatu 3；通常10:00～17:00教堂没有活动时；免费。

04 芬兰堡岛

跳上一艘轮渡，前往这处联合国教科文组织世界遗产地，芬兰堡（Suomenlinna）建于1748年，当时芬兰还是瑞典殖民地。你可以探索城堡，晒日光浴，或者利用各种免费的机会参加活动、参观展览和博物馆。岛上有十几家餐馆和酒吧，以及一家青年旅舍。suomenlinna.fi；Port of Helsinki；从赫尔辛基的市集广场（kauppatori）到芬兰堡的主码头轮渡票 单程/往返 2.50/5欧元，15分钟，每小时3班，冬季减少班次，6:20至次日2:20。

05 蒸个桑拿

在赫尔辛基你可以做的最芬兰的一件事，不仅免费，而且无处不在，还不需要任何东西，真的，连衣服都不需要，就是蒸桑拿。这个国家的几乎每栋建筑内都至少有一个桑拿房，酒吧、旅馆和青年旅舍里都有。大多数公共场所有两个，这样你和你赤裸的异性朋友可以各蒸各的，桑拿的温度平均为70～90℃。价格不定。

06 哈卡涅米市场大楼

需要驯鹿皮、盐甘草糖或者凝乳奶酪？来这个两层的哈卡涅米市场大楼（Hakaniemi Market Hall）采购吧，在这里还能买到其他典型的芬兰食材以及非食用类的传统纪念品和手工艺品。避开昂贵的芬兰餐馆，吃一顿便宜的当地佳肴，比如驯鹿肉丸、三文鱼汤，当然还有凝乳奶酪（leipäjuusto）配上云莓果酱。hakaniemenkauppahalli.fi；Hämeentie 1a；周一至周五8:00～18:00，周六8:00～16:00；免费入场。

当地人说

“通常来说，芬兰人周五晚上会去辛伯里可夫公园（Blvd 40；免费）休闲。最好的酒吧是Trillby & Chadwick（Katariinankatu；周二至周四16:00至次日00:30，周五和周六16:00至次日1:30）和Ateljee Bar（Sokos HotelTorni，Yrjönkatu 26；周日至周二14:00至次日1:00，周三和周四14:00至次日2:00，周五和周六12:00至次日2:00）。你可以在四个‘餐馆日’（Restaurant Days）上找到便宜的餐食，届时当地人会在街边和公园里摆起小吃摊。我最喜欢的是免费的音乐活动——比如打着高科技舞曲标签的Dept. Music举办的私人露天派对，或者8月的Kallio BlockParty。”——珍尼·萨洛宁（Jenni Salonen），电影制作人，Veli Creative

EUROPE'S BEST FREE MUSEUMS AND GALLERIES
欧洲最佳免费博物馆和美术馆

逛博物馆可能会让你花上一笔钱，
但以下这些备受推崇的展览都不需要你动一下钱包。

01

02

01 普拉多，西班牙

普拉多(The Prado)曾经保存着皇家收藏品，如今每晚都可免费参观这个艺术盛宴。作为世界上最杰出的美术馆之一，馆内藏有戈雅、拉斐尔、鲁本斯等大家的作品。museodelprado.es; Paseo del Prado，马德里，西班牙；周一至周六18:00~20:00，周日17:00~20:00免费。

02 公民卫队画廊，荷兰

作为世界上为数不多的“博物馆街”之一，随性的公民卫队画廊(Schuttersgalerij)混合了历史肖像画、少量荷兰大师的作品、一些有趣的现代艺术作品以及一尊拥有350年历史的歌利亚(Goliath)雕像等各种风格的展品。amsterdammuseum.nl; Kalverstraat 92，阿姆斯特丹，荷兰；10:00~17:00；免费。

柏林墙纪念馆，德国

这个令人沉痛的博物馆保存着柏林墙最后的残垣，讲述着Nordbahnhof S-Bahn废弃火车站的故事，以及在贝尔瑙尔大街(Bernauer Strasse)上发生的那些关于恐怖、勇敢和希望的故事。berlinermauer-gedenkstaette.de; Bernauer Strasse 119，柏林，德国；8:00~22:00；免费。

高尔基故居博物馆，俄罗斯

这栋新艺术派风格的房屋(Ryabushinsky Mansion)由费奥多·舍赫特尔(Fyodor Shekhtel)于1906年设计，并于1931年赠予马克西姆·高尔基(Maxim Gorky)。高尔基是俄罗斯最著名的作家之一，在这所博物馆里你可以默默地了解他的一生。museum.ru/M402; Malaya Nikitskaya ul 6/2；莫斯科，俄罗斯；周三至周日11:00~17:30；免费。

03 布里斯托尔街头艺术，英国英格兰

自由散漫的高冷之人可以在布里斯托尔欣赏到一些世界顶级的现代街头艺术。作为涂鸦大师班克斯(Banksy)的家乡，这里的公共空间被街头游击艺术家喷涂上墙画、摆上装置艺术，露天艺术的气氛很浓。bristol-street-art.co.uk; 布里斯托尔，英国英格兰；24小时；免费。

03

04

卡纳瓦莱博物馆，法国

历史与艺术相遇在这个特别巴黎风的博物馆里。在100间宇宙飞船一样的展厅中，通过光明之城（City of Light；巴黎昵称）那些具有启发性的绘画和工艺品，带你穿越时空。carnavalet.paris.fr；16 Rue des Francs-Bourgeois，巴黎，法国；周二至周日 10:00~18:00；免费。

04 丹麦皇家武器博物馆，丹麦

整个展览内容丰富，从日本武士的剑，一枚"二战"时期德国V-1飞弹，到不同种类的枪和各式利器，无所不包。丹麦皇家武器博物馆（Royal Danish Arsenal Museum）由军阀克里斯蒂安四世（King Christian IV）创建于1604年。natmus.dk/museerne/toejhusmuseet；Tøjhusgade 3，1220 哥本哈根，丹麦；周二至周日正午至16:00；免费。

05 大英博物馆，英国英格兰

伦敦有许多著名的免费体验，不过这家博物馆鼻祖是最棒的，馆内充满了英国全盛时期从世界各地搜刮来的纪念品。你根本无法在一天内把它转完——那就再多来几回。britishmuseum.org；Great Russell St，伦敦，英国英格兰；周六至周四10:00~17:30，周五10:00~20:30；免费。

05

Illustration | Holly Exley

重要数据

人口: 14,200,000

亮点: 巴扎和跨越大洲的轮船游

货币: 土耳其里拉

消费指数: 85美元/天

伊斯坦布尔

伊斯坦布尔 (İstanbul) 跨越博斯普鲁斯海峡 (Bosphorus)，一只脚在亚洲一只脚在欧洲，堪称东西方相融合的文化旋涡。几个世纪以来，丝绸之路上的商人、各地行商和淘便宜货的旅行者在巴扎里来来往往，讨价还价。即使你的预算紧张，仍然有许多乐子可寻。

艺术&文化　音乐&电影　运动&休闲　美食&饮品　节日&活动

01 蓝色清真寺

无与伦比的苏丹艾哈迈德清真寺（Sultanahmet Camii）有400年历史，由苏丹艾哈迈德一世（Sultan Ahmet I）修建，欲与圣索菲亚大教堂（Hagia Sophia）试比高。清真寺的名字源自高低错落的穹顶上铺设的20,000块蓝色瓷砖。避开每天5次的礼拜时间，包括日出和傍晚[能听到六座宣礼塔传来的ezan（唤礼声）]，注意遵守官网上的礼仪规范。bluemosque.co；9:30～17:30，除礼拜时间外；免费。

02 舞动的托钵僧

每周四晚上，不妨观赏一场由当代梅夫拉纳爱好者协会（Contemporary Lovers of Mevlana Association）带来的苏非（Sema）仪式表演，体验这项被联合国教科文组织列为非物质文化遗产的传统。在观看完舞者（通常被称作旋转的托钵僧）表演之后，你可以参加一个问答环节，与神秘主义者一起深入探寻古老的苏非仪式。emav.org/emav/silivrikapi-mevlana-culturalcenter；Silivrikapı Mevlana Cultural Center, Mevlânakapı Mah；周四19:30～23:00；免费。

02 多川博物馆

这座现代艺术博物馆坐落在熙熙攘攘的贝伊奥卢（Beyoğlu）一栋超级狭窄的150年历史的5层建筑中，馆内展示了土耳其两位极其重要的画家——布尔汗·多川（Burhan Doğançay）及其父亲阿季尔·多川（Adil Doğançay）的杰出作品。多川博物馆（Doğançay Museum）全面回顾了多川半个多世纪的艺术生涯，包括画家年少时受涂鸦启发而作的作品。如果你在15:00～17:00前来，甚至能获得免费的下午茶。dogancaymuseum.org；Balo Sokak No: 42, Beyoğlu 34335；周二至周日10:00～18:00；免费。

04 大巴扎

拜访这个世界上最大最繁忙的市场是免费的，每天有多达400,000人探索着这个由61条有趣的室内走廊和窄巷组成伊斯坦布尔大巴扎，细细逛着3000家商铺，大嚼着便宜的食物。600年来，无数旅行者在灯具间穿梭，淘换便宜的小玩意儿，还常常会从热情的地毯商那儿获得一杯免费的茶。grandbazaaristanbul.org；周一至周六9:00～19:00；免费入场。

02

© Deric Olschner | 500px

在东岸

不要犯下忽略伊斯坦布尔亚洲部分的错误。一次穿越博斯普鲁斯海峡的乘船游是必不可少的体验，而神秘的东岸有许多免费的东西可看。从时尚的Moda区开始，这里有咖啡馆、剧院、书店和唱片店，然后沿着从Fenerbahçe到Bostancı的sahil yolu海滨步道闲逛。再探索一下Üsküdar的贝勒贝伊宫（Beylerbeyi Palace；苏丹曾经的夏宫）和16世纪的İskele Camii[又称码头清真寺（Mosque of thePier）和米赫里马赫苏丹清真寺（MihrimahSultan Mosque）]，后者由苏莱曼大帝（Süleyman the Magnificent）的女儿米赫里马赫苏丹资助兴建。24小时；免费。

05 埃尔吉兹博物馆

埃尔吉兹博物馆(The Elgiz Museum)在Maslak商业区的高楼大厦中间显得有些不协调。土耳其最早的当代艺术博物馆为私人所有,展出大量令人印象深刻的作品,比如翠西·爱美(Tracey Emin)和简·法布尔(Jan Fabre)等国际大师的画作,以及Ömer Uluç和Princess Fahrelnissa Zeid等本土天才的创作。这里还有一个用于雕塑展览的露天平台。Beybi Giz Plaza 34398 Maslak; 周三至周五10:00~17:00,周六10:00~16:00;免费。

06 贝尔格莱德森林

这片占地面积达5500公顷的森林(6a)位于伊斯坦布尔北部,栖息着鹿、野猪、蛇和少数的狼。这里曾经是皇家狩猎场,1521年数千名塞尔维亚人从贝尔格莱德被驱逐后来此,这片森林因此而得名。在周中前来能以折扣价进入精彩的**Atatürk植物园**(Atatürk Arboretum; 6b; Sarıyer Köyü; 周一至周五8:00至日落,4土耳其里拉,周末10土耳其里拉),园内有数千株植物。

07 博斯普鲁斯海峡渡轮

在繁忙的博斯普鲁斯海峡上一边乘船巡游一边喝茶,是一次不容错过的体验,这条32公里长的“脐带”连接着黑海和马尔马拉海。尽管**İDO**(ido.com.tr)的快速渡轮(Fast Ferry)和海上巴士(Sea Bus)不如原来那么实惠,但仍是旅游游轮的一个便宜的替代选择。睁大你的眼睛:有三种海豚生活在海峡中,它们经常追随着船头两侧的浪花畅游。

08 居尔哈内公园

这个很棒的绿色花园位于博斯普鲁斯美丽的海岸边,这片休闲绿地为伊斯坦布尔人提供了一点自在呼吸的空间,偶尔还会上演现场音乐会。居尔哈内公园(Gülhane Park)的前世是附近托普卡帕宫(Topkapı Palace)的一部分,在长达400多年的时间里,曾作为奥斯曼帝国苏丹的居所,统治时间很长的苏莱曼大帝(1520~1566年)与后宫就居住于此,由宦官负责保卫。Cankurtaran Mh; 黎明至黄昏;免费。

神奇的市场

除了庞大混乱的大巴扎（见109页）之外，这个古老的丝绸之路终点还有许多市场可以探索一番。伊斯坦布尔很上镜的埃及香料市场（Egyptian Spice Market; misircarsisi.org; MisirÇarsisi, Eminönü; 周一至周六9:00~19:00，周日10:00~18:00）自1663年以来便一直做着色彩斑斓的生意。还可以去亚洲区的Kadiköy（周二和周五）感受一下非游客化的新鲜食物和便宜的服装市场，或者在15世纪的书市Sahaflar Çarşısı（Beyazıt Mh; 每天）与抽着烟的知识分子一起坐在栗子树下乘凉。Bomonti跳蚤市场是珍宝与垃圾的大杂烩，而Yeşilköy（green village）出售质量较好的服饰、优质的茶和绿植。

09 王子群岛

你只需为自己的每条腿支付3土耳其里拉（共6土耳其里拉），就能探索马尔马拉海上没有车辆的Adalar（群岛）。轮渡从Kabataş出发，抵达群岛之前，半路前往Kadıköy时可以欣赏到托普卡帕宫、圣索菲亚大教堂和蓝色清真寺（右舷），以及Üsküdar和Haydarpaşa（左舷）。在**Heybeliada**（9a）下船能逛逛松林、海滩和Hagia Triada修道院，而在漂亮的**Büyükada**（9b）下船可以看看Splendid Palace Hotel。在ido.com.tr查询时刻表。

10 耶尔德兹公园

美丽的耶尔德兹公园（Yıldız Park）曾经被围墙封闭起来，为苏丹阿卜杜勒·哈米德二世（Sultan Abdülhamid II）和耶尔德兹宫其他皇室成员专属，如今它是一个城中心的公共绿洲。作为最受当地人喜爱的野餐场所，这里有古老的奥斯曼房屋、鲜花点缀的步道、怡人的湖泊、风景如画的楼阁，甚至有一个室外健身房用来消耗掉那些美味的土耳其烤肉。Yıldiz Mh; 24小时; 免费。

11 伊斯坦布尔国际爵士节

伊斯坦布尔国际爵士节（International İstanbul Jazz Festival）开创于1984年，当时只是一个丰富的文化庆典（伊斯坦布尔庆典，İstanbul Festival）的衍生物，现已逐渐演变成一个包含多种音乐类型（摇滚、流行、蓝调、雷鬼）的重要爵士盛会，吸引了迈尔斯·戴维斯（Miles Davis）、迪兹·吉莱斯皮（Dizzy Gillespie）、大举进攻（Massive Attack）乐队、比约克（Björk）和娄·里德（Lou Reed）等明星大腕前来奉上顶级表演。除了售票演出，也有“公园里的爵士”（Jazz in the Parks）等免费活动。caz.iksv.org/tr; 7月。

12 伊斯坦布尔电影节

每年11月，**伊斯坦布尔国际短片电影节**（İstanbul International Short Film Festival; istanbulfilmfestival.com）在城里多个场馆为热情的观众展映专业评选出的20分钟或更短的影片。每日3场（有英语字幕），免费入场，你还可以参加工作坊以及有电影人参加的问答环节。春季，**山地电影节**（Mountain Films Festival; dagfilmfest.org）会展示新的探险电影，届时还会有访谈和展览。详情见网站。

伊斯坦布尔/İSTANBUL

重要数据

人口: 2,600,000

亮点: 音乐、市场和海滩

货币: 欧元

消费指数: 120美元/天

里斯本

在欧洲狂野的西部边缘，里斯本（Lisbon）是欧洲大陆唯一一个既能享受海水拍打着沙滩的美景，又能在城市进行冲浪的首都，这也保证了你能获得一定程度的免费乐趣。便宜的东西并不会随着潮水消退，在这座伊比利亚大都会中还有更多值得探索的事情。

艺术&文化　音乐&电影　运动&休闲　美食&饮品　节日&活动

01 贝拉尔多收藏博物馆

出色的贝拉尔多收藏博物馆(Berardo Collection Museum)有1000余件馆藏作品,包括培根、达利、毕加索、波洛克和沃霍尔等大师的作品,藏品总价值超过3.16亿欧元,涉及的范围极广,涵盖了欧美概念艺术、超现实主义、现实主义、极简主义和流行艺术等流派。不要错过一流的广告艺术展上的老海报。museuberardo.pt; Centro Cultural de Belém, Praça do Império; 10:00~19:00; 免费。

02 快乐公墓

当里斯本的重要人物走完一生,他们会被安葬在快乐公墓(Cemetery of Pleasures, Cemitério dos Prazeres这个有趣的名字源自附近的街区Prazeres——意为“快乐”)的柏树之下。在这座死亡之城,逝者的雕像矗立在房子般的墓室之间。对于生者来说,从公墓能看到跨越Alcântara山谷和塔霍(Tagus)河的惊艳景色。Praça São João Bosco; 9:00~17:00, 5月至9月9:00~18:00; 免费。

03 圣胡斯塔电梯

毫不意外,这座七山之城(Cidade das Sete Colinas)有一些陡峭的山坡。不想徒步攀爬卡尔莫山(Carmo Hill),你可以搭乘这部街头电梯,它由居斯塔夫·埃菲尔(Gustave Eiffel)的一位徒弟设计,以华丽的新哥特式铁拱和精妙的木制车厢为特色。专用票(往返5欧元)简直像抢钱,不过圣胡斯塔电梯(Elevador de Santa Justa)是里斯本公共交通网络的一部分,因此你也可以使用单日地铁/公交票。Baixa district; 7:00~23:00。

04 热罗尼莫斯修道院

联合国教科文组织世界遗产热罗尼莫斯修道院(Mosteiro dos Jerónimos)始建于1501年,却花了一个世纪才完工。修道院由曼努埃尔一世(Manuel I)资助,在瓦斯科·达·伽马(Vasco da Cama,他就葬于这家修道院)发现通往印度的海上航线后,曼努埃尔一世因香料贸易而财富满溢。每月有一次门票免费的机会,或者干脆围着这个哥特式杰作看看它的滴水嘴也不错。mosteirojeronimos.pt; Praça do Império 1400-206; 周二至周日10:00~17:30; 10欧元,每月第一个周日免费。

05 美妙的法多

里斯本以法多(Fado)——伊比利亚蓝调而著名,它是这座城市的音乐名片,由吉他、曼陀林和一位唱腔忧郁的“Fadista”(法多演唱者)演绎。你可以在许多地方欣赏到法多,但想享受一场听觉盛宴,不妨去**Mesa de Frades**(Rua dos Remédios 139A; 周一至周六19:00至次日2:00)订一张桌子吧,这里曾经是一座小礼拜堂,如今是一家彩砖装饰的餐馆。虽然你需要为食物买单,但法多是免费的,而且会持续到很晚。

06 海滩与海浪

可以说里斯本占据着欧洲最棒的城市海滩。里斯本西边位于特茹河河口北岸的弧形沙滩是最容易到达的海滩。而**Praia de Carcavelos**（6a）风平浪静、沙质细软，方便乘火车前往，你不妨在这处高人气海滩打量来往人群、堆砌沙堡。埃什托里尔（Estoril）的**Praia de Tamariz**（6b）是另一个热门地点。冲浪爱好者应该去北面的**Praia do Guincho**（6c）和南面的**Costa da Caparica**（6d）。

07 王储花园

安静的19世纪罗曼蒂克风格的王储花园（Jardim do Príncipe Real）每周有主打有机食物、手工艺品（手袋和珠宝）和古董的**市场**（周六9:00~14:00）。这座公园的亮点在于有百年树龄的墨西哥柏树——为所有在此玩纸牌的当地人提供了一个巨大的遮阳伞，有些老人看上去几乎与古树同龄。这里还有一个巨大的八角形湖泊、一条引水渠和位于地下的**王储水利博物馆**（Museu da Água Príncipe Real；周三至周六10:00~17:30；2欧元）。Jardim França Borges；24小时；免费。

08 观景台

七山之城拥有七个观景台（miradouros）。最高的是**圣母观景台**（Miradouro da Senhora do Monte, Our Lady of the Hill；8a），这里有一块瓷砖板，说明了你所看到的是圣乔治城堡（São Jorge Castle）、莫拉里亚（Mouraria）、卡尔莫修道院（Carmo Convent）和特茹河口的Sea of Straws。而从**圣佩德罗·阿尔坎塔拉观景台**（Miradouro de São Pedro de Alcântara；8b）也能看到无与伦比的风光，可通过**格洛丽亚升降机**（Elevador da Glória）到达。

经济出行

与其选择昂贵的观光巴士，不如考虑搭乘淡黄色的Eléctrico 28e（2.50欧元），从马丁莫尼斯广场到Campo de Ourique，会途经里斯本最美的景点。车里比较拥挤，所以尽量早点乘坐。里斯本的通勤轮渡也能欣赏到河边风景，比旅游游轮要便宜得多。轮渡（2.65欧元）从Cais do Sodré、Terreiro do Paço和Belém穿越特茹河，沿途能看见两岸优美风光，还能看见Belém灯塔。通票（transporteslisboa.pt；6欧元/24小时）覆盖公共汽车、地铁、圣胡斯塔电梯和城市缆车。里斯本卡（Lisboa Card；visitlisboa.com；18.50欧元）不仅适用于公共交通，还包括一些博物馆和景点。

09 纳索艾许公园

这座葡萄牙国家公园（Parque das Nações）在以瓦斯科·达·伽马抵达印度500周年为主题的1998年世界博览会期间繁荣起来。免费的室外场馆沿特茹河分布，蔓延5公里，园内亮点包括水花四溅的“火山”喷泉、相当令人震撼的露天城市艺术、一个世界领先水平的**海洋馆**（Oceanário；oceanario.pt；Esplanada Dom Carlos I；10:00~20:00；16欧元）、缆车（往返5.90欧元）以及像船帆一样高高矗立的**瓦斯科·达·伽马塔**（Vasco da Gama Tower）。portaldasnacoes.pt；公园免费入场。

10 马丁莫尼斯广场

充满活力的马丁莫尼斯广场（Praça Martim Moniz）以一位在1147年里斯本围攻战中被杀的骑士命名，是远离里斯本中心的一个充满魔力的多元文化区。在圣乔治堡（Castelo de São Jorge）的注视下，背景各不相同的当地人喝着啤酒，练着瑜伽，玩着球类运动，大嚼便宜且非常美味的国际美食，随着DJ（周四和周五15:00至午夜）的节拍跳着舞。从平底锅（empadão）到催情药，周末**杂货市场**（Fusion Market）的摊位上简直应有尽有。

11 辛特拉卡斯卡伊斯自然公园

站在欧洲大陆的最西端，你可以在里斯本郊外的辛特拉卡斯卡伊斯自然公园（Sintra-Cascais Natural Park）凝视**罗卡角**（Cabo da Roca）的悬崖峭壁，那里还矗立着能唤起共鸣的灯塔。再稍稍向北是巨大的**大普拉亚**（Praia Grande），这是个免费景点，恐龙的足迹留在南边白垩纪的悬崖上。60枚由斑龙（Megalosaurus）和禽龙（iguanodon）留下的恐龙足迹化石，距今已有1亿年历史。24小时；免费。

12 品葡萄酒

葡萄牙可能比葡萄酒更著名，但这个国家能产出优质葡萄酒吗？在**Viniportugal**的品酒室里你自己判断吧，这里是葡萄牙葡萄酒工业协会（Association of the Portuguese Wine Industry）的地盘，你可以品尝12种产自全国不同产区的葡萄酒。viniportugal.pt；Sala Ogival，Terreiro do Paço；周二至周六11:00~19:00；免费入场，品酒每4杯2欧元。

艺术&文化　音乐&电影　运动&休闲　美食&饮品　节日&活动

伦敦

曾经的雾都也许已经解决了环境问题，但游客常被餐饮和服务的高物价吓得喘不过气来。不过，伦敦（London）依然是世界上最棒的城市之一，如果你能避开套路，还是有许多免费的东西可看。

01 格兰特动物博物馆

维多利亚时代那些过分谨慎的馆长把雄性哺乳动物的阴茎骨从馆藏中去掉，你不好奇它们长什么样子吗？不如来这个伦敦最新的大学动物博物馆里寻找答案吧。格兰特动物博物馆（Grant Museum of Zoology）内有来自动物王国的68,000个标本，包括塔斯马尼亚虎（thylacine）和渡渡鸟（dodo）。开放时间过后，博物馆的夜间活动会活跃起来，比如电影之夜和免费音乐表演等。ucl.ac.uk/museums/zoology；Rockefeller Building，21 University St，WC1E；周一至周六13:00~17:00；免费。

02 海格特公墓

这个伦敦最著名的墓地（实际上是个自然保护区）海格特公墓（Highgate Cemetery）已被列为遗产地，埋葬了无数逝去的名人——从卡尔·马克思（Karl Marx）和马尔科姆·麦克拉伦（Malcolm McLaren），到乔治·艾略特（George Eliot）和道格拉斯·亚当斯（Douglas Adams）——以及其他170,000人。西区只能跟随导览游（收费）进入，但游客可以探索东边的公墓，那里也收费，但价格没那么夸张。Highgatecemetery.org；Swain's Lane N6，周一至周五10:00~17:00，周六和周日11:00~17:00；18岁以上4英镑。

02

14

重要数据

人口: 10,200,000

亮点: 多元文化、美食、后街小酒馆和巨大的博物馆

货币: 英镑

消费指数: 220美元/天

03 伦敦城墙

在花一大笔钱进入伦敦塔之前，不如先穿过马路看看比塔早1000年的建筑遗迹吧。这里是曾经围绕城市的罗马城墙保存最完好的部分。考古学家认为这个防御工事建于200年前后，大约在博阿迪西亚（Boadicea）洗劫城市之后的150年。www.english-heritage.org.uk; Tower Hill, EC3N; 24小时; 免费。

04 国家美术馆

国家美术馆（National Gallery）始建于1824年，最初只有36幅画，如今你可以凝视着来自世界顶尖画家和雕刻艺术家的2300幅作品，时间跨度从中世纪到20世纪早期。馆藏亮点包括莫奈（Monet）的睡莲、凡·高（Van Gogh）的向日葵、伦勃朗（Rembrandt）的肖像画、康斯特布尔（Constable）的前工业化英格兰画作，以及达·芬奇（da Vinci）、米开朗琪罗（Michelangelo）、拉斐尔（Raphael）、鲁宾斯（Rubens）、透纳（Turner）、塞尚（Cézanne）等人的无数杰作，这个名单可以一直延续下去。nationalgallery.org.uk; Trafalgar Square, WC2N; 周六至周四10:00~18:00, 周五10:00~21:00; 免费。

05 自然历史博物馆

矗立在自然历史博物馆（Natural History Museum）入口大厅处的标志性（不过是复制品）梁龙（diplodocus）"Dippy"已于2017年7月14日被替换为一具鲸鱼骨架，消息一经宣布时曾引发轩然大波，这也反映出该博物馆是多么受欢迎。每个英国小孩都至少来过这里一次，所以你不妨也来看看——单是维多利亚兴盛期风格的建筑就值得一游，更不用说馆内80,000,000件藏品。nhm.ac.uk; Cromwell Rd, SW7; 10:00~17:50; 免费。

05

18

骑行或步行

我们伦敦观光的独家贴士就是用自己的腿脚来丈量这里。可以从Santander Cycle（tfl.gov.uk/modes/cycling/santandercycles；30分钟内免费，之后每30分钟2英镑）租一辆自行车，通过网站下载相关线路。如果步行就更好，既不用花钱，还能自由探索充满惊喜的伦敦街道。有许多自助导览游的步行路线（tfl.gov.uk/modes/walking/），不过最好的仍然是最基本的路线，即使只是完成15英里Jubilee Walkway（tfl.gov.uk/modes/walking/jubilee-walkway）的中间一段，你也能够经过南岸，看到泰特现代艺术馆、国会大厦（Houses of Parliament）、伦敦眼、圣保罗大教堂（St Paul's Cathedral）、贝尔法斯特号（HMS Belfast）、特拉法加广场（Trafalgar Square）和塔桥（Tower Bridge）等。

06 科学博物馆

这座科学殿堂体现了对科学思想和人类技术成就的尊敬，每年吸引着约330万人前来。从手工艺品到微芯片，科学博物馆（The Science Museum）内藏品多达300,000件。亮点包括斯蒂芬森（Stephenson）的“火箭”（Rocket，一种早期蒸汽机）、1969年登月的“Eagle”（鹰号）全尺寸复制品，以及用以记录长达万年时间的“漫长的当下之钟”（Clock of the Long Now）。sciencemuseum.org.uk；Exhibition Rd，SW7；周六至周四10:00~18:00，周五10:00~22:00；免费。

07 泰特美术馆

这个由4座展览场地组成的美术馆收藏着一些具有争议和实验性的作品，比如将视觉、嗅觉、听觉和触觉元素组合起来的《4D感官》（*4D Sensorium*）。英国4个分馆中的两个都在伦敦：**泰特不列颠美术馆**（Tate Britain；7a；Millbank，SW1P；10:00~18:00），陈列了从1500年至今的英国艺术品；**泰特现代艺术馆**（Tate Modern；7b；Banksidc，SE1；周日至周四10:00~18:00，周五和周六10:00~20:00）的展品年代则从1900年至今。tate.org.uk；免费。

08 华莱士收藏馆

华莱士收藏馆（The Wallace Collection）藏有非常精湛的艺术品——比如弗兰斯·哈尔斯（Frans Hals）的《微笑的骑士》（*The Laughing Cavalier*）以及伦勃朗的作品——不过也许你会觉得武器和盔甲的精美展览更有趣。在这个令人震撼的兵工厂里有10世纪的剑和16世纪的火器。馆内还陈列着一系列绝妙的法国家具，比如凡尔赛宫玛丽·安托瓦内特（Marie Antoinette）房间内的家具，以及路易十五（LouisXV）曾经坐过的一个橡木马桶。wallacecollection.org；Manchester Sq，W1U；10:00~17:00；免费。

09 维康收藏馆

想知道医生是如何通过把烟吹进屁股里来治疗泰晤士河溺水者的？那就来这个“无可救药的好奇宝宝的免费目的地”看看吧。维康收藏馆（Wellcome Collection）由19世纪的药剂师亨利·维康爵士（Sir Henry Wellcome）创建，探索的领域混合了医药、生活和艺术等。在与医药相关的古董中，你会发现使用过的断头台闸刀和拿破仑的牙刷。wellcomecollection.org；183 Euston Rd，NW1；周一至周三和周五10:00~18:00，周四10:00~20:00，周六10:00~16:00；免费。

07

10 维多利亚和阿尔伯特博物馆

维多利亚和阿尔伯特博物馆（Victoria and Albert Museum，简称V&A）内（10a）的450万件展品填满了145座展室，时间跨度达5000年，是世界上最伟大的艺术和设计博物馆。从绘画、雕塑、摄影，到纺织品和东方陶器，这些包罗万象的馆藏令人动容。博物馆旗下的**童年博物馆**（Museum of Childhood；10b；vam.ac.uk/moc；Cambridge Heath Rd，E2；10:00~17:45；免费）陈列着全英最大的玩具和游戏展。vam.ac.uk；Cromwell Rd，SW7；周六至周四10:00~17:45，周五10:00~20:00；免费。

11 媒体中心

在英国电影协会（British Film Institute）位于南岸的据点里，收藏着各种影视经典之作。这里有展览空间、电影放映室和酒吧，不要错过媒体中心（Mediatheque），在那里你可以随性地窝在一台宽屏电脑前，观看数千部纪录片、电影和电视节目。可以提前在网上预订或者直接过来，但座位有限。bfi.org.uk/mediatheque；BFI Southbank，SE1；周一至周四11:00~23:00，周五和周六11:00~23:30；免费。

12 The Vault

伦敦最初的Hard Rock Cafe藏身在一间保险库（曾经的Coutts Bank地下室）内，如今这里保存着大量音乐纪念品，包括科特·柯本（Kurt Cobain）的太阳镜、一把吉米·亨德里克斯（Jimi Hendrix）弹过的吉他和约翰·列侬（John Lennon）穿过的美国军队T恤等。如果你买一份汉堡和薯条，就可以免费入内。hardrock.com/cafes/london；Hard Rock Cafe，150 Old Park Lane；周一至周四11:30至次日00:30，周五和周六11:00至次日1:00，周日11:30~22:30；免费入场。

13 汉普斯特德公园的池塘

这片位于伦敦北部的绿洲几十年来一直是一个野泳地。这里总共有三个池塘：分别面向男性（有跳水板）、女性和男女混合（夏季非常拥挤）。这是英国唯一全年开放并有救生员巡逻的露天游泳池，设有更衣间和日光浴区域。从这里可以看到很美的城市景观，附近的戈尔德斯山公园（Golders Hill Park）还有一个鹿场。cityoflondon.gov.uk/things-to-do/greenspaces/hampstead-heath/swimming；7:00至黄昏；每天2英镑。

14 公园生活

城市内的公园就是伦敦的绿肺。数百万人会到**海德公园**（Hyde Park；14a；royalparks.org.uk/parks/hyde-park；5:00至午夜；免费）围绕着蛇形湖泊（Serpentine）晒太阳、划船、游泳和野餐，或者去演讲角（Speaker's Corner）听听街头演说，而免费的冬季游乐园（Winter Wonderland；11月至次年1月）以精彩的欢乐恶作剧为特色。几英里之外的**摄政公园**（Regent's Park；14b；www.royalparks.org.uk/parks/the-regents-park；5:00~20:00；免费）有一个美不胜收的花卉园，在内圈附近隐藏着通往悠闲的圣约翰花园（St John's Lodge Garden）的入口。

当地人说

"别看不上伦敦那些普普通通的街道，在它们不起眼外表下藏着很多超值之选。饿了吗？在Camden Stables Market（camdenmarket.com；Camden High St，NW1；10:00~18:00；免费入场）或者Hackney's Broadway Market（broadwaymarket.co.uk；E8；周六9:00~17:00；免费入场）快关门时过去，街头小吃摊会以折扣价清空剩余的食物。周日的Columbia Road Flower Market（columbiaroad.info；Columbia Rd，E2；周日8:00~15:00；免费入场）还附送现场音乐。伦敦还有许多免费听音乐的去处：向北可以去Kilburn欣赏无主题的爱尔兰小酒馆音乐，或者在一家大型艺术中心竖起耳朵仔细聆听那些更古典的音乐。"——柯林·加拉格尔（Colin Gallagher），公务员

15 Project Awesome

参加一个免费的团队跑步/锻炼活动，去看看日出时的伦敦，感受大汗淋漓的畅快。Project Awesome每周活动三次，6:30集合：周三在塔桥旁边的The Scoop（15a），周五在缙庭山（PrimroseHill; 15b），周一则在一处神秘的地方。活动适合各种身体素质的人，每个人在锻炼后都会被邀请喝咖啡。可以通过Facebook、Twitter或者Instagram的小组查看最新动态。projectawesomelondon.com；免费。

16 跟着Walk the Line徒步

走到广场外面，沿着Walk the Line徒步吧。这条伦敦第一家以现当代艺术为主题的自助步行游览路线，大致沿着格林尼治子午线（Greenwich Meridian），从O2体育馆和复兴的格林尼治半岛（Greenwich Peninsula）开始，到伊丽莎白女王奥林匹克公园（Queen Elizabeth Olympic Park），沿途有达米恩·赫斯特（Damien Hirst）、马丁·克里德（Martin Creed）、加里·休姆（Gary Hume）和爱德华多·包洛奇（Eduardo Paolozzi）等艺术家创作的雕像。网站上有交互式地图。the-line.org；免费。

17 出租车司机之家

在伦敦很少能找到免费食物，不过找对方法你就能吃到便宜的东西，那就是跟着出租车走！出租车司机之家（Cabmen's Shelters）于19世纪问世，为旧时的出租马车司机提供平价食物。其中13间绿色的摊位保留下来，并继续为出租车司机供应超级便宜的食物，其他人也可以打包。不如来个全英式早餐三明治（2.80英镑），再配上一杯50便士的超实在的茶吧。24小时。

18 More London免费节日

在夏季的4个月里，这个一年一度的免费系列活动占领着泰晤士河南岸，从现场音乐和实验戏剧表演，到儿童娱乐和电影放映，内容包罗万象，活动场地Scoop位于塔桥旁边，是一座有1000个座位的混凝土圆形剧场。现场的大屏幕上会播放大型体育赛事，如温布尔顿网球赛（Wimbledon）和环法自行车赛（Tour de France）等。南岸全年都会有各种活动，那里也是圣诞市集的人气场地。morelondon.com；The Scoop；6月至9月；免费。

© Ismail Uddin | 500px

游览南岸

位于泰晤士河岸边的南岸中心（Southbank Centre）是文化活动的旋涡，夏季时蓬勃发展成对露天活动爱好者极有吸引力的地方。伊丽莎白女王屋顶花园（Queen Elizabeth Hall Roof Garden）是一个室外的绿洲，有野花盛开的草地、迷你菜地和一个森林花园——景色都很美。The Square的每周市集上有街头小吃，Riverside Terrace会定期上演现场表演。你可以在杰普·海因（Jeppe Hein）设计的“出现空间”（Appearing Rooms）喷泉喷射的水柱间嬉戏，河边还有一片城市沙滩可供休闲。southbankcentre.co.uk；Belvedere Rd，SE1；6月至9月10:00~22:00；免费入场。

欧洲最佳免费步行游览 EUROPE'S BEST FREE WALKING TOURS

是的，没错，
这是一场有向导的城市漫步，
还免费（不算结束时自愿支付的小费）。

ALTERNATIVE BERLIN，德国

可以看到德国首都所有伟大而真实的细节：街头艺术、滑板场地、艺术家的自建房、多元文化街区、涂鸦墙、白日狂欢、跳蚤市场等。alternative-berlin.com；11:00、13:00和15:00。

RUNNER BEAN TOURS，西班牙

建筑大师高迪（Gaudí）在巴塞罗那留下了辉煌的印迹，从他首个杰作古埃尔公园（Palau Güell），到他未完成的恢宏巨作圣家堂（Sagrada Família），这个免费步行游览专注于高迪建筑游。runner-beantours.com；11:00（以及夏季16:30）。

NENO & FRIENDS，波斯尼亚和黑塞哥维那

让内诺（Neno）和梅里马（Merima）向你展示萨拉热窝（Sarajevo）的必看景点，还有关于该国历史、政治和繁荣文化圈充满热情的私人讲解。sarajevowalkingtours.com；4月至10月10:30。

BRUSSELS GREETERS，比利时

它比常规的免费城市游览更进一步——提前与志愿者接洽，可以根据你的兴趣（历史、足球或者薯条）安排一个定制的免费之旅。不需小费。brussels.greeters.be。

NEW ROME FREE TOUR，意大利

他们的出游时间真的很合适。17:30从西班牙阶梯（Spanish Steps）出发，围绕哈德良神庙（Temple of Hadrian）、万神殿（Pantheon）、许愿池（Trevi Fountain）等主要景点走走，适合想在晚上找个伴一起逛的独行者。newromefreetour.com；17:30。

BELGRADE WALKING TOURS，塞尔维亚

从“市中心之旅”（Downtown Tour）开始，先简单了解一下塞尔维亚首都，然后再参加“泽蒙之旅”（Zemun Tour；周六15:00），后者主要游走在这片老街区的窄街上。belgradewalkingtours.com；11:00和16:00。

FREE WALKING TOUR.COM，波兰

你可以选择经典的“老城之旅”（Old Town Tour），或“犹太人的克拉科夫”（Jewish Kraków）之旅，还有“克拉科夫美食”（Foods of Kraków）游和“可怕的克拉科夫”（Macabre Kraków）夜游。free-walkingtour.com/krakow；3月至10月10:00和15:30（老城之旅，其他项目时间不定）。

LJUBLJANA FREE TOUR，斯洛文尼亚

参加斯洛文尼亚首都之旅，可以在粉红教堂（Pink Church）与穿黄衣服的向导碰面，让他带你参观主要景点，以及只有当地人才知道的秘密之处。ljubljanafree-tour.com；11:00。

FREE WALK ZÜRICH，瑞士

如果你认为湖边的苏黎世只有冷冰冰的公司金融业，那就加入“苏黎世西部”（Zürich West）之旅吧，从工厂改建的剧院到红灯区，它揭开了这座城市不太体面的一面。freewalkzurich.ch；15:00。

BATH GUIDES，英国英格兰

Mayor of Bath's Honorary Guides在这座乔治亚风格的城市经营免费游览已经80年了。团队游从Pump Rooms出发。bathguides.org.uk；周日至周五10:30和14:00，5月至9月周二至周四19:00，周六10:30。

© Amos Chapple; PytyCzech; Bernard van Dierendonck; Joe Daniel Price | Getty Images, © Matt Munro | Lonely Planet Images

艺术&文化　音乐&电影　运动&休闲　美食&饮品　节日&活动

马德里

马德里(Madrid)的生活以西班牙特有的激情日夜不停在街头巷尾流淌着。这里也是欧洲的高雅文化之都，有多家无与伦比的美术馆。寻欢作乐与艺术感性的结合，是马德里给世界的礼物，而其中许多可以免费享受。

01 卡伊莎中心

建筑本身使用了大量的生锈铸铁，仿佛空中花园般盘踞在马德里最繁华的街道上；展览关注先锋摄影和流行艺术；还拥有马德里所有美术馆中最好的礼品商店。欢迎来到卡伊莎中心(Caixa Forum)，你可以进行一场有活力的文化体验，也能欣赏一下这栋西班牙首都标新立异的当代建筑中最突出的代表。Paseo del Prado 36；10:00~20:00；免费入场，展览4欧元起。

02 索菲亚皇后艺术中心

索菲亚皇后艺术中心(Centro de Arte Reina Sofía)继续着普拉多博物馆(Prado)未竟的艺术之旅，集中展现了20世纪的西班牙艺术。这里馆藏经典包括数十位现代大师的作品，其中巴勃罗·毕加索，胡安·米罗和萨尔瓦多·达利这3位巨匠占据主要地位。毕加索的《格尔尼卡》(*Guernica*)或许是藏品的最大亮点。选个免费时段来吧。museoreinasofia.es；Calle de Santa Isabel 52；周一和周三至周六10:00~21:00，周日10:00~19:00 成人/优惠8欧元/免费；周日13:30~19:00，周一和周三至周六19:00~21:00免费。

01

10

重要数据
人口: 6,450,000
亮点: 杰出艺术与舒适的
街头生活难分伯仲
货币: 欧元
消费指数: 125美元/天
0 2 km
0 1 mile
Universidad Complutense
COMPLEJO AZCA
PARQUE DE SANTANDER
ARAPILES
RÍOS ROSAS
CHAMBERÍ
CASTELLANA
LAS VENTAS
拉斯班塔斯
07
ARGÜELLES
TRAFALGAR
SALAMANCA
ALMAGRO
JARDINES DE MARÍA EVA DUARTE DE PERÓN
15
CONDE DUQUE MALASAÑA
03
RECOLETOS
GOYA
PARQUE DE LA MONTAÑA
PLAZA DE ESPAÑA
CHUECA
JARDINES DE DESCUBRIMIENTO
RECOLETOS
RECOLETOS
PARQUE FUENTE DEL BERRO
PRÍNCIPE PÍO
JUSTICIA
11
CAMPO
CENTRO
12
PARQUE DEL BUEN RETIRO
丽池公园
CAMPO DEL MORO
摩尔人领地
Plaza de la Armería
Estanque
16
14
SOL
06
13
08
BARRIOS DE LAS LETRAS
04
RETIRO
LOS AUSTRIAS
10
PARQUE DE ROMA
LA MORERÍA
09
JERÓNIMOS
PLAZA DE LA PAJA
稻草广场
CALLE CAVA BAJA
HUERTAS
01
JARDÍN DE LOS PLANTELES
JARDINES DE LAS VISTILLAS
17
LA LATINA
ATOCHA
REAL JARDÍN BOTÁNICO
02
LAVAPIÉS
EL RASTRO
JARDÍN DEL RASTRO
ATOCHA TRAIN STATION (ESTACIÓN DE ATOCHA)
Estadio Vicente Calderón
Río Manzanares

03 历史博物馆

修缮一新的历史博物馆（Museo de Historia），精彩地讲述着马德里的历史故事。这里有马德里最精致的门廊，是由佩德罗·德里贝拉（Pedro de Ribera）设计的18世纪巴洛克精美建筑，馆内藏品包括戈雅（Goya）的《马德里城市寓言》（*Allegory of the City of Madrid*）、一些滑稽的拿破仑讽刺漫画，在地下室还有一个精美的1830年马德里等比模型。madrid.es/museodehistoria; Calle de Fuencarral 78; 周二至周五11:00~14:00和16:00~19:00，周六和周日10:00~14:00和16:00~19:00；免费。

04 普拉多博物馆

众所周知，普拉多博物馆（Museo del Prado）是真正的世界级博物馆。值得为戈雅、委拉斯开兹（Velázquez），或者鲁本斯和伦勃朗等佛兰德大师专门而来。绝不要错过博斯（Bosch）幻觉般的《尘世欢乐花园》（*Garden of Earthly Delights*）。要想不花一分钱地欣赏这些名作，在闭馆前2小时来吧。museodelprado.es; Paseo del Prado; 周一至周六10:00~20:00，周日10:00~19:00；成人/儿童14欧元/免费，周一至周六18:00~20:00和周日17:00~19:00免费。

05 佛罗里达圣安东尼奥教堂

美术馆固然不错，但这个精致而小巧的佛罗里达圣安东尼奥教堂[Ermita de San Antonio de la Florida；也被称为戈雅墓园（Panteón de Goya）]也有着城里最非凡的景点，就位于马德里的曼萨莱斯河（Río Manzanares）边。戈雅1798年所作的大量壁画装饰着教堂的天花板，而艺术大师就葬在祭坛之下（头颅却神秘失踪）。sanantoniodelaflorida.es; Glorieta de San Antonio de la Florida 5; 周二至周日10:00~20:00，7月和8月时间不定；免费。

07

11

精明就餐

在马德里下馆子会很贵，但有些技巧可以控制成本。早上，充分利用酒店的早餐，如果你的房价不含早餐，就去当地酒吧，一份牛角面包配咖啡不会很贵。马德里所有餐馆和大多数酒吧都提供午餐套餐，一份三道菜的套餐比按菜单单点便宜很多。两餐之间如何解决，在有些酒吧，当你点一份酒水时，可以得到一小份（免费）西班牙小吃。

06 提森-博内米萨博物馆

私立的提森-博内米萨博物馆（Museo Thyssen-Bornemisza）的展览是许多游客在马德里的最爱，它的精妙之处在于，将几个世纪以来欧洲大师们的杰作都聚集在了同一个屋檐下。给你出个题，试着找找有哪位欧洲大陆的名家作品未在馆内展出。最棒的一点是，这里周一免费。museothyssen.org；Paseo del Prado 8；周二至周日10:00~19:00，周一正午至16:00；成人/儿童10欧元/免费，周一免费。

07 拉斯班塔斯斗牛场

拉斯班塔斯斗牛场（Plaza de Toros Monumental de Las Ventas）堪称马德里斗牛界的中心，穆迪哈尔式外观气势非凡，为仿摩尔建筑风格，内部是一个与之呼应的如同圆形大剧场般的竞技场，4层楼高的看台共有25,000个座位，围绕着场内宽阔的圆形沙土斗牛场地。如果你无法忍受斗牛现场却又对此好奇，可以去**斗牛博物馆**（Museo Taurino；3月至10月周一至周五9:30~14:30，周日10:00~13:00，11月至次年2月周一至周五9:30~14:30；免费）看看，馆内陈列着各种收藏品。las-ventas.com；Calle de Alcalá 237；10:00~17:30，票价见网站。

08 Casa Pueblo

这家超棒的波希米亚风格酒吧位于Barrio de Las Letras中心，免费的现场爵士表演是这里的重头戏。百年累积的名气靠的不仅仅是音乐，从蛋糕到鸡尾酒，这家酒吧应有尽有，还有三十多岁的人聚在这儿讨论着当下政治阴谋的热烈氛围。可惜酒水不免费。Calle de León 3；周一至周四17:00至次日2:00，周五17:00至次日3:00，周六15:00至次日3:00，周日15:00至次日2:00；免费入场。

09 Jazz Bar

马德里被誉为欧洲出类拔萃的爵士之都最早可以追溯到20世纪20年代，如今对于爵士控来说这里仍是一个极好的目的地。Jazz Bar是一家气氛私密的酒吧，音响里流淌着爵士乐。你可以花钱买杯酒，从这里的CD收藏中找出自己喜欢的，请店家播放，然后找个座位坐定，欣赏你的音乐，在这里听爵士乐，就这么简单。Calle de Moratín 35；周五至周日15:00至次日3:00，周一至周四17:00至次日3:00；免费入场。

10 Populart

Populart是一个精彩（而且免费）的爵士乐场所，位于时尚的Huertas区中心。包括古典爵士、拉丁、蓝调和摇摆舞曲在内的音乐都是一流的。Compay Segundo和Canal Street Jazz Band等乐队的表演会让你觉得不虚此行。populart.es；Calle de las Huertas 22；周日至周四18:00至次日2:30，周五和周六18:00至次日3:30，音乐会22:00；免费入场。

11 摩尔人领地花园

作为一个欧洲皇家游乐场，位于宫殿脚下漂亮的摩尔人领地花园（Jardines del Campo del Moro）的魅力和规模毫不逊色。这片摩尔人的领地（Moor' s Field）还具有重要意义：12世纪此地的军事胜利使马德里被基督教统治，此后再未落入摩尔人之手。精美的**贝壳喷泉**（Fuente de las Conchas）是午后休闲的完美之地。patrimonionacional.es；Paseo de la Virgen del Puerto；4月至9月10:00~20:00，10月至次年3月10:00~18:00；免费。

12 丽池公园

丽池公园（Parque del Buen Retiro）位于马德里生机勃勃的市中心，是一片草木繁盛的城市绿洲，也是西班牙首都最受欢迎的游乐场之一。丰富的绿色植物、铁与玻璃建成的辉煌水晶宫（Palacio de Cristal）、一尊魔鬼的雕塑、马德里最古老的树以及足以容纳周末人潮自由嬉戏的空间，如此种种使其成为一个非常马德里的体验，尤其是在周日午后。esmadrid.com/informacionturistica/parque-del-retiro；Plaza de la Independencia；5月至9月6:00至午夜，10月至次年4月6:00~23:00；免费。

13 圣安娜广场

如果你想从单一某地了解马德里街头生活的秘密，圣安娜广场（Plaza de Santa Ana）是个不错的选择。广场四周环绕着迷人的建筑，那些标志性酒吧带来了勃勃生机，而且这里也充满了艺术家、电影制作者和斗牛士的故事，圣安娜是一个个漫长有趣的马德里之夜的起点，值得一游。24小时；免费。

14 马约尔广场

许多游客都因为美丽的马约尔广场（Plaza Mayor）爱上了马德里。广场完美展现了马德里的巴洛克建筑风格，历史上曾举办过斗牛、皇室婚礼、圣人宣福礼和西班牙宗教裁判所（Spanish Inquisition）的审判。要想真正读懂它的魅力，就和当地人一起漫步在鹅卵石路面上，看马德里娱乐不休的街头生活从身旁掠过。24小时；免费。

15 El Rincón de Jerez

在马德里，这个地方是独一无二的。周二至周六晚餐后的23:00，这里会关上灯，燃起蜡烛，唱起La Salve Rociera，这首歌与西班牙南部的弗拉明戈和天主教传统有着深厚渊源。它会使你激动不已。这里的食物也不错！elnuevorincondejerez.es；Calle de Rufino Blanco 5；9月至次年7月周二至周六13:00~16:30和19:00至午夜，周日13:00~16:30；raciónes（西班牙小吃）7~13欧元。

马德里卡

如果你买了一张马德里卡（Madrid Card；madridcard.com；24/48/72/120小时 47/60/67/77欧元），并计划了一个相当紧凑的马德里游行程，那就可以更轻松地控制观光和其他成本。这张卡包括公共交通、步行游览和马德里及周边超过50座博物馆[包括主要的美术馆、皇家马德里（Real Madrid）的伯纳乌体育场（Estadio Santiago Bernabéu）和皇宫（Palacio Real）]的门票，还能在许多餐馆、商店、酒吧和租车公司享受折扣。

16

圣米格尔市场

这个农产品市场是由黄金时代（belle-époque）铁与玻璃结构建筑改造而成的，展示了马德里在外用餐美好的一面。圣米格尔市场（Mercado de San Miguel）的大多数摊位都供应葡萄酒和西班牙小吃，融合了传统与创新，这恰恰是西班牙美食革命的特色。当然，美中不足的是，品尝这些美食大部分都要付费。不过，在这里用餐时周围那种让人难以抗拒的热闹气氛或许才是市场真正的魅力所在。mercadodesanmiguel.es; Plaza de San Miguel; 周日至周三10:00至午夜，周四至周六10:00至次日2:00营业；免费入场。

17

埃尔拉斯特洛跳蚤市场

埃尔拉斯特洛（El Rastro）是欧洲最大的跳蚤市场之一，在周日上午去那儿逛逛是游览马德里的传统。从La Latina转到Lavapiés附近几条街道上，数不尽的摊位上摆着良莠不齐的商品，从便宜的衣服和皮箱，到古董和弗拉明戈老唱片，值得淘淘。晚些时候，可以跟着当地人去**Calle Cava Baja**吃西班牙小吃。Calle de la Ribera de los Curtidores; 周日9:00~15:00; 免费入场。

18

圣伊西德罗节

每年5月15日，西班牙首都以不间断的游行、派对、斗牛和大量免费音乐会来纪念它的守护神圣伊西德罗，这也是马德里的悠久传统，在圣伊西德罗节（Fiesta de San Isidro）前后多天都有庆祝活动。不同年龄的当地人会穿上具有地域特色的服饰进行庆祝，实际上，节日前夜才是马德里最大的狂欢之一，庆祝活动会持续到天明以后。esmadrid.com; 地点和时间见网站；免费。

17

© Krzysztof Dydynski | Getty Images

免费一日游

从马德里最古老的街区之一La Latina的稻草广场（Plaza de la Paja）开始。中世纪的街景会延续到附近的Calle Cava Baja，这也是马德里最棒的小吃街之一，接着前往马约尔广场。在圣米格尔市场停下来吃点便宜的点心和街头小吃，然后乘地铁穿城去丽池公园（见128页）。下午晚些时候，在普拉多博物馆和提森-博内米萨博物馆（见127页）之间选一个参观，然后爬上Huertas山，在Populart听场免费的现场爵士表演（见127页）。

重要数据

人口: 5,200,000

亮点: 炫目的时尚和卓越的设计

货币: 欧元

消费指数: 150美元/天

米 兰

欢迎来到意大利最迷人的城市、气派考究的米兰(Milan)。它被誉为世界级时尚、设计和金融中心,在这里,无可挑剔的品位和富裕奢侈完美碰撞。高物价并不出人意料。但是,仔细探索后,你就会发现米兰的另一面——许多秘密花园和本地人常去的地方,几乎都是免费的。

01 米兰大教堂

你绝对不会错过米兰市中心这座宏伟的大理石大教堂（Duomo），用了6个世纪才将它建造完成。教堂规模盛大，金丝装饰的尖顶和雕像繁复精美（每一座都不相同），还有教堂的至高荣耀——位于顶部金色的圣母玛利亚（Madonnina）雕像，这一切都如此醒目耀眼，尤其在日落时分，它的外立面都被夕阳染成粉红色时，尤为美丽。duomomilano.it；Piazza del Duomo；游览8:00~20:00，售票至19:00；2欧元。

02 埃马努埃莱二世长廊

埃马努埃莱二世长廊（Galleria Vittorio Emanuele Ⅱ）是全世界最古老、最优雅的商业中心之一，新古典主义风格的拱廊顶部覆盖着高耸的玻璃和铸铁屋顶。著名的商铺包括新艺术派风格的Camparino和最早的一家Prada专卖店。你还可以用脚后跟踩在用马赛克拼出的公牛图案的睾丸位置转一圈，传说这样会带来好运哦。反正大家都这么说……Piazza del Duomo；24小时；免费。

03 斯卡拉歌剧院

世界闻名的斯卡拉歌剧院（Teatro alla Scala）里充满了旧世界（枝形吊灯和主色调为金色、红色的内部装修）的流光溢彩，一定会让你度过一个难忘的夜晚。门票不便宜，但是演出当日出售的140张楼座票每张只要7欧元（根据演出会略有调整，具体参见teatroallascala.org）。观赏效果也许不是最佳，但如果你只想浅尝辄止体验一把，还是很值得一去的。Via Filodrammatici 2；演出时间不定。

04 马可艺术中心

这座艺术文化中心是各路人士共同倡议建造的，其中包括艺术和娱乐产业的工作者、学生、左翼分子和其他支持在城市中建造一处免费的文化交流场地的人。马可艺术中心（Marco）位于一处充满了新艺术派风格的屠宰场旧址内，经过翻修后，面貌已焕然一新，会组织从电影到舞蹈之夜和音乐会的各类活动。macaomilano.org；Via Caposile 68；免费或赞助。

05 米兰私藏玛祖卡舞曲

想象一下这个场景，在市证券交易所这一类美丽壮观的公共场地上，人们聚集在烛光下，伴着悠扬的小提琴翩翩起舞。这是一个米兰优雅的非官方地下活动，通过重新利用一些著名的权力机构，为人们提供跳传统舞蹈的场地。具体信息见组织者的facebook主页。

06 斯福尔扎古堡

斯福尔扎古堡（Castello Sforzesco）是欧洲最大的古堡之一。这座壮观的红色建筑在米兰历史上留下了浓墨重彩的一笔：它最开始是Visconti要塞，然后是斯福尔扎王朝的住所，如今变成一处文化机构。可先参观位于古堡中的博物馆（每周二14:00之后以及每天闭馆前1小时免费）了解米兰的历史，之后可以去花园（6:30至傍晚）走走。milanocastello.it；Piazza Castello；7:00~18:00，7:00~19:30夏令时；免费。

07 米兰纪念公墓

米兰纪念公墓（Cimitero Monumentale）根据意大利设计师Carlo Maciachini在1866年的获奖设计修建，整体上给人的感觉是庄严宏伟多过悲哀气氛。这里埋葬着米兰众多名人，巨大的雕刻坟墓诉说着工业革命时代的光荣历史。Famedio（名人堂）是一座壮观的新中世纪风格大理石建筑，长眠于此的是一些米兰最尊贵的人。Piazzale Cimitero Monumentale，周二至周日8:00~18:00，每周一关闭节假日除外；免费。

08 时尚四边形广场

来米兰，一定要去这处时装商店的麦加——被奉为全世界时尚标杆的区域，才算不虚此行。在总共由四条街——**蒙特拿破仑大街**（via Montenapoleone）、**曼佐尼街**（via Manzoni）、**斯皮加街**（via della Spiga）和**威尼斯街**（corso Venezia）——构成的四边形（也因此而得名）广场，拥有很多超乎你想象的东西：一条条美丽的鹅卵石街道、让人忍不住“剁手”的精致商店和领先国际的时尚潮人，这一切都会令你大开眼界，绝对值得花上几小时来走一走。24小时；免费。

欢乐时光

这个由来已久的习惯虽不是从米兰发源的，但是没有哪里比在米兰更发扬光大了。时间在下班后或者晚饭前，一般在18:00至21:00，标配是一份自助小食或者一盘意式点心，花费通常是一杯酒水的价格。大多数酒吧都有自己的特色（8欧元至15欧元）。Navigli一带酒吧的景色最好，但旅游气氛也很浓。推荐Mag Cafè（Ripa di Porta Ticinese 43；aperitivo每天17:30~21:30），这里有地下酒吧的氛围，绝佳的鸡尾酒（8欧元），以及传统奶酪（formaggi）和冷盘肉（salumi）。

米兰
单车游

想要探索米兰，骑自行车是很好的方式：城市不大，地势平坦，市中心车辆也不多。你还可以通过共享单车服务（bikemi.com）免费借车（前30分钟免费），注册后可以按周或按日租赁。建议午夜时分去市中心骑一圈，只有这时才能看到城市真正的模样：空荡荡的街道和引人注目的宏伟建筑。你也可以沿着Naviglio Grande运河骑行，这里既古典又现代，casa di ringhiera（20世纪初建造的可爱的工人住宅）中遍布着现代的酒吧。

09 圣洛伦佐石柱

找处公共区域坐下歇歇脚，这是典型的意大利人做法，而对于当地年轻人来说，在深更半夜的罗马古迹圣洛伦佐石柱（Colonne di San Lorenzo）间开怀痛饮是再自然不过的事。从国际留学生到年轻的专职人员和当地的左派，你经常会看到各种年轻人聚集在这里。附近有不计其数的酒吧和花花绿绿的大排档（其中有一家叫Becks Man，店家戴一顶墨西哥阔边帽，很好辨认），都可以买到酒水。Corso di Porta Ticinese；24小时；酒水 3~6欧元。

10 Panzerotti Luini

店外一长串的队伍就有足够的说服力了吧。这是一家很出名的店，出售一种叫panzerotti的小吃（炸面包中间夹甜咸馅料）。独到之处就是他们这里松软的油炸面包中的馅料，这个秘方从1949年流传至今。推荐经典（classic）口味mozzarella y pomodoro（意大利干酪和番茄），你一定不会失望。luini.it；Via Santa Radegonda 16；周一10:00~15:00，周二至周六10:00~20:00；经典口味2.5欧元。

11 打开大门

想要看看建于4世纪的与众不同的修道院吗？每年只有一次机会哦，当富有的米兰大户人家打开他们壮观仿若宫殿的大门时，你才能看到隐藏在深处的庭院。每年活动的时间和地点都不同，可以从网上查看详细信息：adsi.it；每年一次；免费。

12 米兰“会外展”

米兰国际家具展（Salone de Mobile；salonemilano.it）是一个为期6天的家具和设计展览会，也是同类展会中规模最大的一个，需购票进场。“会外展”（Fuorisalone）则是对家具展以外米兰各处引人注目的扩展活动的统称，于同期举行，且免费参观的。从大牌的高科技装置艺术到独立设计，内容包罗万象。同时还会举办一些免费的时髦派对。fuorisalone.it；4月初；免费。

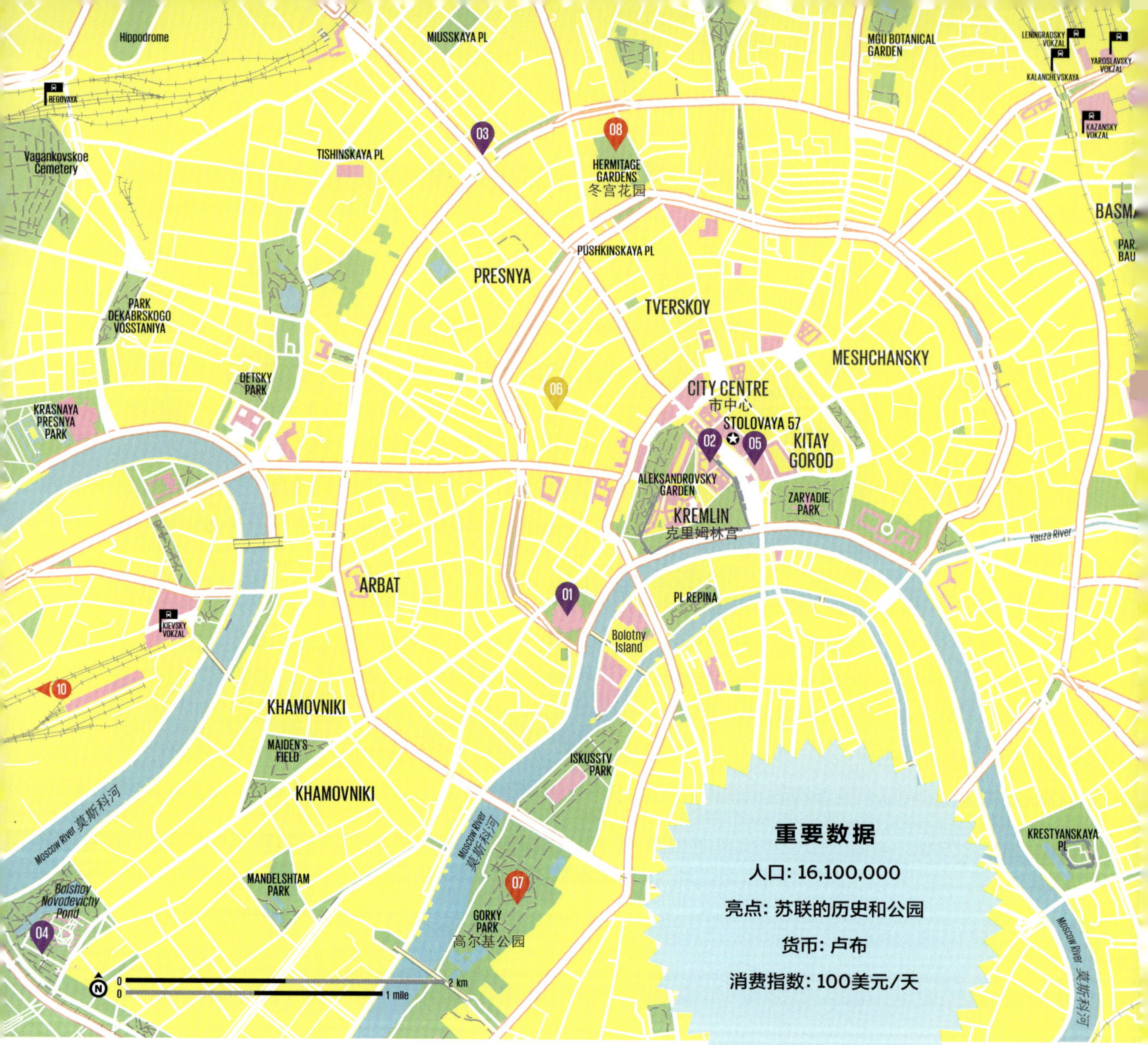

重要数据

人口: 16,100,000

亮点: 苏联的历史和公园

货币: 卢布

消费指数: 100美元/天

莫斯科

长期以来，莫斯科（Moscow）都位列世界上最昂贵的城市榜单上，但是对于预算有限的旅行者来说也不只有坏消息——许多公共绿地、宏伟的户外纪念碑、市场、免费的博物馆、便宜的传统食物，都不会让你感觉囊中羞涩。

艺术&文化　音乐&电影　运动&休闲　美食&饮品　节日&活动

01 基督救世主大教堂

基督救世主大教堂(Cathedral of Christ the Saviour)位于莫斯科河河畔，金碧辉煌的穹顶不仅从外部看起来十分壮观，内部更是让人叹为观止。游客可免费进入游览参观，抬头便可欣赏到屋顶上美丽的壁画。其他的艺术作品也不容错过，比如一层小礼拜堂中藏有索罗金(Sorokin)的《非手绘的基督》(*Christ Not Painted by Hand*)。xxc.ru; ul Volkhonka 15; 周一13:00~17:00，周二至周日10:00~17:00; 免费。

02 列宁墓

去列宁墓(Lenin's Mausoleum)唯一要花费的就是时间，因为外面总是排着长长的队伍，而且如果你胆小，可能会被吓得失眠。自1924年，经过处理的列宁遗体就安放在克里姆林宫墙附近。建议尽早到达，在工作人员的引导下进入黑暗的墓穴，随队伍行进过程中和出口处都可瞻仰列宁遗容。lenin.ru; Red Square; 周二至周四、周六和周日10:00~13:00; 免费。

03 莫斯科地铁艺术

莫斯科的地铁绝不仅仅是将你从A地送达B地，它还是个丰富多彩的地下世界，展示着这里的历史、苏联的纪念物和一些精美的艺术作品。只要付一张地铁票的钱你便可以游览各个地铁站台，从马雅科夫斯基站(Mayakovskaya)的艺术装饰风格的中央大厅到共青团站(Komsomolskaya)上战争英雄的马赛克图案，一应俱全。地铁运营时间5:30至次日1:00。

04 新圣女公墓

新圣女公墓(Novodevichy Cemetery)是免费的，在这里你可以瞻仰一些俄罗斯名人的墓地。苏联时代，这里用来安葬那些被视为配不上克里姆林宫标准的人，但是如今这座公墓被认为是莫斯科最精华的长眠之地。墓碑的主人们曾是在历史上闪耀的人物，比如契诃夫、布尔加科夫、斯坦尼斯拉夫斯基，还有一些颇受争议的人物，包括斯大林的妻子和俄罗斯前总统鲍里斯·叶利钦。Luzhnetsky pr 2; 9:00~17:00; 免费。

01

05 红场

红场(Red Square)作为一个历史名胜，第一次走近它时，很多人都会抱有相当高的期望，而红场也绝不会令人失望。当你的眼睛试图贪婪地不想放过四周宏伟建筑的每一寸细节，不管是克里姆林宫高耸的红色砖墙还是圣瓦西里主教座堂的色彩鲜艳的洋葱形状圆顶，这个巨大的长方形广场一定会让你驻足观望良久。Krasnaya pl; 免费。

06 柴可夫斯基音乐学院

柴可夫斯基音乐学院(Moscow Tchaikovsky Conservatory)既是一处举办音乐会的场地，也是全俄罗斯最好的音乐学院之一，如果你是一名古典音乐爱好者，这里是必去的地方。虽然票价不菲，但是学院里有时会组

免费游莫斯科

有许多团队游都可以帮助你充分了解莫斯科这座城市，其中一些几乎是完全免费的。推荐的免费团队游包括当地志愿者组织的Moscow Greeter Tours（moscowgreeter.ru），以及独具一格的Moscow Free Tour（moscowfreetour.com）——2小时的导览游中，由美女导游带你步行游览红场区域，还会做许多的讲解。

织一些免费的演出，幸运的话，你可以赶上一场——这可是令人难忘的体验。从官网上查询了解免费表演的演出时间。mosconsv.ru；ul Bolshaya Nikitskaya 13；免费。

07 高尔基公园

如果想亲身体验一把莫斯科人的休闲方式，可以去漂亮又好玩的高尔基公园（Gorky Park），公园的面积很大，过去曾破败不堪，如今各类活动都会在这里举行。夏季是最佳季节——轮滑者从身边翩然而过，乒乓球选手正奋力一争高下，时髦的人在流动快餐厅里吃着汉堡，情侣们在湖中踩着脚踏船，还有人玩着传统的舞蹈游戏或者学跳萨尔萨舞。park-gorkogo.com；Krimsky Val 9；24小时；免费。

08 冬宫花园

曲径通幽处的冬宫花园（Hermitage Gardens），面积不大，是莫斯科最美的一处地方。这里有修剪整齐的草坪和长椅，环境清幽，游客们紧锣密鼓地参观完诸多景点之后，很适合来到这里放松放松。可以去酒吧或者凉亭，但是对于预算紧张的旅行者来说，在草地上野餐也是充满诱惑，所以别忘了在来公园的路上采买好吃食。mosgorsad.ru；ul Karetnyy Ryad 3；24小时；免费。

09 科罗缅斯克保护区

科罗缅斯克保护区（Kolomenskoe Museum Reserve）建于14世纪，面积为4平方公里，从莫斯科市中心乘坐地铁两站即可到达。这座古老的皇家庄园已被列入联合国教科文组织世界遗产名录，建筑群中包含了多座教堂和一些几个世纪前的古老门楼。保护区内最值得一去的是耶稣升天堂（Ascension Church），它就矗立在正门口，俯瞰着门前的河水。mgomz.com；metro Kolomenskaya；庭院 8:00~21:00；景点周二至周日10:00~18:00；除Great Wooden Palace（400卢布）均免费。

10 胜利公园

前往胜利公园（Park Pobedy）的地铁站本身就是一个景点，在你上到地面前，可以鉴赏一下深藏在地下车站的马赛克图案。出站之后，你会发现自己面前是一处很大的建筑群——为庆祝卫国战争胜利而建，最醒目的是141.8米高的方尖塔。四周大小不一的喷泉、纪念碑都是免费的，但进入博物馆需付费。Kutuzovksy pr；黎明至黄昏；免费。

花得少 吃得好

如果你熟悉在旧式餐厅如何点餐，那么在莫斯科严格控制预算并不算太麻烦。你可以在这里吃到传统的俄罗斯菜肴，胡吃海喝也花不了几个子儿。这些餐馆都是采用自助餐的形式，所以大可以敞开胃口，尽情享用鲱鱼沙拉（herring in a fur coat，鲱鱼、牛肉、胡萝卜和土豆）、罗宋汤（borscht）和饺子（pelmeni），开怀畅饮伏特加。强烈推荐红场上GUM百货公司里的Stolovaya 57（3rd fl, GUM, Krasnaya pl 3；10:00~22:00；主菜200~300卢布）和在全市常见的连锁餐饮Grabli（grably. ru），莫斯科当代史博物馆（Contemporary History Museum）对面就有一家。

11 国民经济成就展

如果你想度过既便宜又超现实的一天，可以去这座苏联式的主题公园（VDNKh）。出地铁后，高达100米的钛制火箭形方尖塔便赫然出现在眼前，它建于1964年，为纪念苏联发射的人类第一颗人造卫星Sputnik 1。建议优先游览航天博物馆（Cosmonautics Museum；200卢布）的酷炫航天装备，然后再去参观面积广阔的园区，看看装饰华丽夸张的喷泉、苏联时期的纪念碑和富丽堂皇的展馆。119 Prospect Mira；9:00~23:00；免费。

12 伊兹莫伊洛夫斯基市场

来到伊兹莫伊洛夫斯基（Izmaylovsky），首先映入眼帘的就是仿造的沙皇宫殿，看到这你也许已经想掉头走了吧。当你走进市场可就大不一样了，虽然还是有些俗气的小商品，但是也能淘到不少纪念品。进去逛逛是免费的，也可以买点便宜的小礼物，比如一顶皮帽子、俄罗斯套娃、宇航员装备或者各种各样与普京相关的稀罕物件。izmailovsky-park.ru；Izmayalovskoye shosse 73；10:00~20:00；入场免费。

免费参观的史前巨石 STINGE HENGE

如果史前巨石阵的礼品店、围栏和门票都让你的心情瞬间石化，不妨看看这些名气同样很大却免费的巨石。

POULNABRONE石墓，爱尔兰

这处支石墓（portal tomb，也称环状列石墓）静静地矗立在爱尔兰西面荒凉绝美的巴伦（Burren）国家公园内，拥有5000～6000年的历史。尽管周围用绳子漫不经心地圈了起来（以阻止漫不经心的攀岩者），但你可以随意地在周围转转的。County Clare，爱尔兰；24小时；免费。

TRETHEVY石圈，英国英格兰

这圈围成环状的石头（支石墓）建于公元前3700年至公元前3300年，高踞于一处岬角之上，两条支流在它的脚下汇合。据推测这里应埋葬着骸骨——无奈土壤的酸性早已经让其无迹可循。www.english-heritage.org.uk；Bodmin Moor，英国英格兰；24小时；免费。

DOLMEN DE MANÉ KERIONED，法国

卡尔纳克（Carnac）分布着几百座竖石阵和支石墓。游览主要遗址需要购买6欧元的门票（冬天免费），旁边的Dolmen de Mané Kerioned（三座史前支石墓和竖石纪念碑，都建造于公元前3500年前后）则是全年免费的。carnactourism.co.uk；Carnac，法国；24小时；免费。

安特克拉的纪念碑，西班牙

这是一座巨大的古墓，长25米，墓室的建造时间约为公元前3000年，共由32座巨石组成——19世纪人们将墓室打开时，在当中发现了几百具骸骨。www.museosdeandalucia.es/culturaydeporte/museos/CADA；邻近Antequera, Málaga，西班牙；24小时；免费。

GRIMSPOUND & DRIZZLECOMBE，英国英格兰

美丽荒凉的达特穆尔(Dartmoor)分布着许多新石器时代和青铜时代的石冢和巨石圈，徒步爱好者们可以免费前来探索。最著名的遗址有Widecombe-in-the-Moor附近的Grimspound和Drizzlecombe高高矗立的竖石阵。english-heritage.org.uk；Dartmoor，英国英格兰；24小时；免费。

克内伯尔的考古遗址，丹麦

这里是丹麦现存最大的圆丘坟冢/史前巨石，由23块巨石组成，包括一块重达11.5吨的顶石，自大约公元前3300年起，它就跟今天一样立于旁边的巨柱之上。建议在春分的黎明时分来这里，透过Poskær的墓室看日出。visitdjursland.com；Porskærvej 10，丹麦；24小时；免费。

布罗德盖石圈，英国苏格兰

布罗德盖石圈(Ring Of Brodgar)大概是全英国保存得最完整的石圈遗址了，有4000年的历史，最初由60块巨石组成，现仍有27块依然耸立。这座直径104米的石圈仍是个未解之谜——人们推测它可能是用于天文观测，或者是宗教祭祀。historic-scotland.gov.uk；Mainland, Orkney，英国苏格兰；24小时；6月至8月间每天都有免费的导览游，其余月份的周四有。

BRYN CELLI DDU，英国威尔士

Bryn Celli Ddu（意为“黑森林中的坟冢”）是一座有5000年历史的新石器时代的坟墓和史前巨石，它设计精确，处在与夏至时初升的太阳同一条直线上。夏至那天，太阳光的光束会透过通道照射进墓室内部。cadw.gov.wales；Anglesea，英国威尔士；10:00～16:00；免费。

Photography | Daniel Di Paolo, Styling | Hayley Warnham, © Robert Prucha; Pete Stubbs | 500px, © Justin Foulkes | Lonely Planet Images, © DEA / G. BERENGO GARDIN; Education Images; Moorefam; ricochet64; FatManPhotoUK | Getty Images

艺术&文化　音乐&电影　运动&休闲　美食&饮品　节日&活动

奥斯陆

在美丽的奥斯陆（Oslo）中享用午饭和啤酒的价格也很美丽，拿到账单后，你很可能就会摆出爱德华·蒙克的名画《呐喊》一般的表情了——但是只要稍作了解，即便你一个挪威克朗都不想出，在这座酷劲十足的挪威首都还是有许多事可做的。

01 阿克斯胡斯城堡

曾经作为王宫和政府所在地，俯视奥斯陆湾的中世纪阿克斯胡斯城堡（Akershus Fortress）有着传奇的历史。旧城于17世纪被大火烧毁后，人们在阿克什胡斯脚下重新建造了一座新的首府。从城堡的城垛上眺望现代奥斯陆，风光无与伦比，绝对值得来城堡探游一番。7:00~21:00；免费。

02 走街串巷看建筑

可以通过自助游的方式参观奥斯陆的一些杰出的建筑，比如**歌剧院**（Opera House，2a；operaen.no；Bjørvika；周一至周五 10:00~20:00，周六11:00~18:00，周日正午至18:00），参加歌剧院导览游需支付100挪威克朗，但是去楼顶是完全免费的，从那里可以俯瞰奥斯陆峡湾景色。也可以去**Rådhuset**（2b；oslo.kommune.no；Fridtjof Nansens plass；9:00~18:00；免费）欣赏艺术品，每月第一个周三13:00会有一场钟琴演奏。

03 游览博物馆

正巧赶上周日的话，此时全挪威的国家文化馆藏都免费开放，包括**国家美术馆**（National Gallery；3a；Universitetsgata 13；11:00~17:00），这里收藏着爱德华·蒙克的《呐喊》（*The Scream*）和《圣母》（*Madonna*），以及塞尚和马奈的画作；还有挪威**当代艺术博物馆**（Museum of Contemporary Art；3b；Bankplassen 4；正午至17:00）、挪威**装饰艺术和设计博物馆**（Museum of Decorative Arts and Design；

重要数据

人口：942,000

亮点：户外艺术和户外探险

货币：挪威克朗

消费指数：220美元/天

3c；St Olavsgate 1；正午至16:00）和**国家建筑博物馆**（National Museum – Architecture；3d；Bankplassen 3；正午至17:00）。所有展馆的情况都可在nasjonalmuseet.no上查询。

04 雕塑文化

艾克伯格雕塑公园（Ekeberg sculpture park；4a；ekebergparken.com；Kongsveien 23；24小时；免费）共有31座石雕，是近130年来欧洲艺术的代表。还可以去攀岩公园爬墙，饱览无与伦比的城市美景，相信你也会摆出《呐喊》中一样的表情。城市西北面的**维格朗雕塑公园**（Vigelandsparken；4b；vigeland.museum.no；Majorstua/Frogner；24小时；免费）是世界上最大的展出单个艺术家雕塑作品的公园，园内212座雕像都出自雕塑家古斯塔夫·维格朗（Gustav Vigeland）之手。

05 户外探险

努尔马卡森林（Nordmarka；5a）距离市区仅20分钟的路程，森林里有多条适合夏日步行、跑步或者骑车的小道，冬天，这里则会变成越野滑雪的滑道（租赁或者自带滑雪板）。近郊和近海岛屿（见右边框）有都市沙滩浴场，冬季在市中心有免费的溜冰场，比如**Spikersuppa Skating Rink**（5b；Karl Johan；11:00～21:00；免费，冰鞋租赁100挪威克朗/天）。

06 在宫殿中野餐

免费的**宫殿公园**（Palace Park）和**Slottsparken公园**（6a；kongehuset.no；24小时；免费）无论在当地人还是游客中都很受欢迎，人们喜欢到这里野餐和看人来人往，大家经常一边吃着三明治，一边观看卫兵换岗（每天13:30）仪式。另外一个适合野餐的地点是蒙奇博物馆（Munch Museum）附近Tøyenparken的**植物园**（6b；nhm.uio.no；Sars gate 1；周一至周五7:00～21:00，3月中至9月周六和周日10:00～21:00，其余时间10:00～17:00），园中种植了7500种植物。

当地人说

“夏天推荐你去小岛上游泳。使用公共交通票可以乘坐普通渡轮，Langøyene岛上有免费的露营地。Tjuvholmen也有一片海滩，歌剧院旁的Sørenga海水浴场更有漂浮桑拿！冬季时，可以乘坐地铁到Frognerseteren站下车，在Korketrekkeren（akeforeningen.no；Holmenkollveien；冬季 周一至周五10:00～21:00，周六9:00～21:00，周日10:00～18:00；100挪威克朗/天）可以租到雪橇。想找实惠的餐点，可以到Åpent Bakeri（有多家连锁店）买小餐包，他们会提供免费的果酱和黄油，Havsmak（havsmak.no；Henrik Ibsens gate 4；周一至周五11:00至午夜，周六正午至午夜）的外卖例汤价格只要79挪威克朗。”—— 拉尔斯·莫阿斯图恩（Lars Moastuen），奥斯陆当地人

艺术&文化　音乐&电影　运动&休闲　美食&饮品　节日&活动

巴黎

要说世界上哪座城市的免费项目最多，巴黎（Paris）绝对是数一数二的宝地。你只需点杯酒水，就可以在露天咖啡馆里泡上几个钟头，静静欣赏在这个永恒舞台上展现的一幕幕戏剧般的生活。如果你在咖啡馆看够了，在巴黎这个无价的魅力之城也有不计其数的免费景点。

01 巴黎圣母院

不敢相信吧，参观这座世界闻名的教堂、法国哥特式建筑的代表作居然免费。首先，你可以绕着它细细观赏外部著名的飞扶壁；然后去内部观赏让人惊叹的玫瑰窗。如果你想和巴黎圣母院（Cathédrale Notre Dame de Paris）的滴水怪兽来个亲密接触，需要付费才能登上塔楼。www.cathedraledeparis.com; 6 place du Parvis Notre Dame, 4e; 周一至周五8:00~18:45，周六和周日8:00~19:15；免费。

02 拉雪兹神父公墓

建在山上的拉雪兹神父公墓（Cimetière du Père Lachaise）因埋葬着众多名人而广为人知，参观人数最多的是吉姆·莫里森（Jim Morrison）、奥斯卡·王尔德和艾迪特·皮雅芙（Édith Piaf’）的墓地。其他名人还有许多——作家莫里哀、普鲁斯特和柯莱特，以及不计其数的革命者和政治人物。这既是一座雕像花园、历史纪念物，也是巴黎最主要的景点之一。www.perelachaise.com; 16 rue

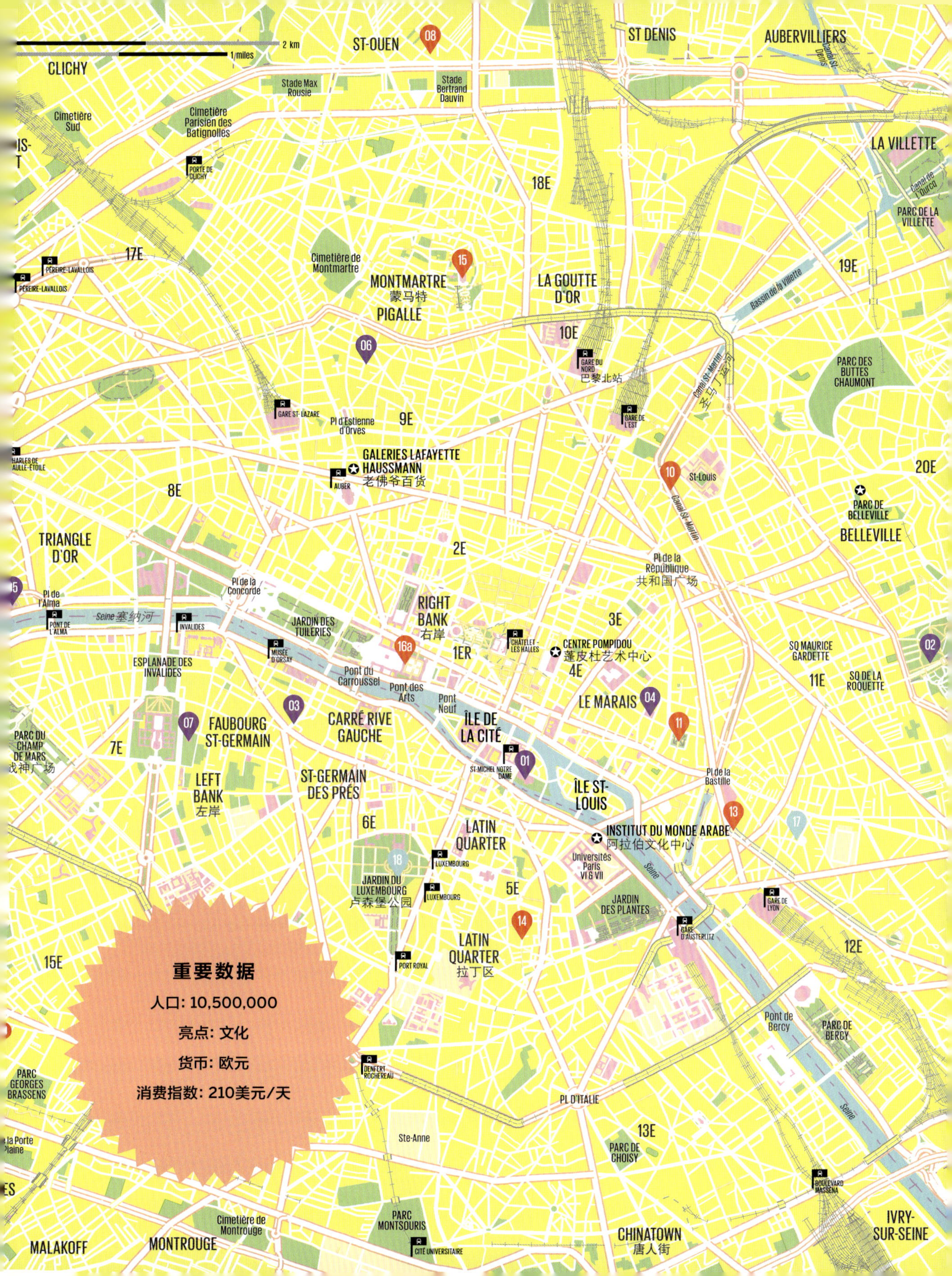

重要数据

人口: 10,500,000

亮点: 文化

货币: 欧元

消费指数: 210美元/天

du Repos & blvd de Ménilmontant, 20e; 周一至周五8:00~18:00, 周六8:30~18:00, 周日9:00~18:00; 免费。

03 Deyrolle

这家动物标本商店于1831年开业，堪称一座自然历史博物馆。你能观赏到各种异域的以及常见的动物，它们虽体形各异，却不可思议地栩栩如生，形态优美（所有动物都来自动物园、马戏团或者农场，都是自然死亡的）。所有标本都可出售。如果你没法把一只卧着的老虎装进行李箱（或者预算有限），那么可以买一张印有标本的复古海报或者一套异域的昆虫标本做个纪念。www.deyrolle.com; 46 rue du Bac, 6e; 周一 10:00~13:00和14:00~19:00, 周二至周六10:00~19:00; 入场免费。

04 卡纳瓦雷博物馆

卡纳瓦雷博物馆（Musée Carnavalet）侧重介绍巴黎的历史，最值得一看的是博物馆所在的精美建筑，这两座16世纪由玛莱区贵族们建造的奢华别墅（hôtel particulier），内部的装饰富丽堂皇。馆内收藏着精美绝伦的手工制品和艺术品，其中的亮点包括精心修复的19世纪末起居室以及巴洛克风格内饰，从中可以一窥过去巴黎富贵人家的生活方式。carnavalet.paris.fr; 23 rue de Sévigné, 3e; 周二至周日10:00~18:00; 免费。

05 巴黎现代艺术博物馆

在巴黎，知名度小一些的博物馆的迷人之处在于：既可以看到令人惊叹的艺术作品，还不用排队。巴黎现代艺术博物馆（Musée d'Art Moderne de la Ville de Paris）便是最好的小众博物馆之一，馆内收藏了20世纪杰出的艺术品，以及装饰艺术风格的家具和物件。最值得看的是劳尔·杜飞（Raoul Dufy）的壁画《电的魔力》（*La Fée Electricité*; 壁画有一间房子大小，描绘的是电的发明）、马蒂斯（Matisse）的《舞蹈》（*La Danse*）和罗伯特·德劳内（Robert Delaunay）的一系列代表作品。mam.paris.fr; 11 av du Président Wilson, 16e; 周二至周三和周五至周日 10:00~18:00, 周四10:00~22:00; 免费。

12

16

超值美景

如果想登高俯瞰巴黎这座光明之城的无价夜景，蒙马特尔是个高点，但通常游人如织，你也可以去贝尔维尔公园的山顶享受一个更加宁静的夜晚。仅仅需要买一杯咖啡，就可以在阿拉伯文化中心(Institut du Monde Arabe; www.imarabe.org; 1 place Mohammed V, 5e; 周二至周四10:00~18:00，周五10:00~21:30，周六和周日10:00~19:00)的平台上眺望塞纳河边的巴黎圣母院，这里有绝佳的视角。从老佛爷百货(Galeries Lafayette; haussmann.galerieslafayette.com; 40 blvd Haussmann, 9e; 周一至周六 9:30~20:00，周四9:30~21:00)的顶楼天台可以观赏到巴黎歌剧院(Opéra Garnier)和林荫大道(Grands Blvds)的全貌。免费。

06 浪漫生活博物馆

走在这座建于1830年的奢华别墅的铺面庭院中，仿佛置身于19世纪巴黎的艺术生活中。肖邦、德拉克拉瓦、安格尔、李斯特等名人经常在这里参加阿里·谢弗（Ary Scheffer）在每周五晚举办的沙龙。浪漫生活博物馆（Musée de la Vie Romantique）侧重展示阿里·谢弗的作品，以及他的邻居乔治·桑的纪念品。艺术家的工作室、花园和茶室都精美绝伦，参观完博物馆后，可以再逛逛新雅典区（Nouvelle Athènes）。vie-romantique.paris.fr; 16 rue Chaptal, 9e; 周二至周日10:00~18:00; 免费。

07 罗丹美术馆花园

仅仅花7欧元的门票钱就能在罗丹美术馆（Musée Rodin）欣赏到全法国最杰出的现代雕塑作品，绝对物超所值。如果手头预算有限，你也可以只参观花园，这里同样可以看到罗丹的一些著名雕塑作品——比如《沉思者》（*The Thinker*）、《加莱义民》（*The Burghers of Calais*）等。这些雕塑散布于一栋18世纪的大楼（罗丹曾在这里工作和生活）外的花园中。musee-rodin.fr; 79 rue de Varenne, 7e; 周二和周四至周日10:00~17:45; 2欧元。

08 去保罗贝尔市场走马观花

圣旺跳蚤市场（Marché aux puces de Saint-Ouen）是一片绵延相连的市场的总称，即便不花一分钱，你也能在这里得到许多乐趣。保罗贝尔市场（Marché Paul Bert）是最值得去的一个，虽说是商铺，但更像个博物馆（因为价格不菲）。如果你是20世纪中叶室内设计的粉丝，这里无疑是你的天堂。当然也有不少古董——说不定你会看到壁挂式的斑马头以及许多镀金的物件。marcheauxpuces-saintouen.com; 96 rue Paul Bert, Saint-Ouen; 周六9:00~18:00，周日10:00~18:00，周一11:00~17:00; 入场免费。

09 凡尔赛宫的花园

说实话，凡尔赛宫（Château de Versailles）确实无与伦比，但里面人山人海的观众也确实让人扫兴。风景优美的景观花园那一丝不苟、修剪整齐的草坪上，点缀着优雅的雕像和生机勃勃的喷泉，还有纵横交错的小径（可以租自行车骑行），这里一年中有一半时间都是免费开放的。带上你的野餐篮，找个远离聒噪的安静地方享用吧。chateauversailles.fr; Versailles; 7:00~20:30; 11月至次年3月免费，4月至10月周二、周六及周日收费。

每月的第一个周日

每月的第一个周日，巴黎许多顶级博物馆都会向公众免费开放：其中有蓬皮杜艺术中心（Centre Pompidou; centrepompidou.fr; place Georges Pompidou, 4e; 11:00~21:00）、奥赛博物馆（Musée d'Orsay; musee-orsay.fr; 62 rue de Lille, 7e; 9:30~18:00）、罗丹美术馆（Musée Rodin; 见145页）、橘园美术馆（Musée de l'Orangerie; musee-orangerie.fr; Jardin des Tuileries, 1er; 9:00~18:00），这仅是其中的一小部分。其他著名的景点还有卢浮宫（louvre.fr; rue de Rivoli, 1er; 9:00~18:00）、凯旋门（monuments-nationaux.fr; place Charles de Gaulle, 8e; 4月至9月 10:00~23:00，10月至次年3月10:00~22:30）以及凡尔赛宫（chateauversailles. fr; 4月至10月 9:00~18:00，11月至次年3月 9:00~17:30），在一些月份里周一也是免费的。完整的名录可以参见parisinfo.com。

10 在圣马丁运河乘凉

如果你看过电影《天使爱美丽》（*Amélie*），大概能认出剧中出现过的铁质人行桥和绿树成荫的码头。从共和国广场（République）到巴黎北站（Gare du Nord）一线的圣马丁运河（Canal St-Martin）边是bobo风（波希米亚-布尔乔亚）的中心，这里虽经修缮美化但仍显杂乱无章，不过你可以找到许多刚开业的热门新式小酒馆和适合炫自己的鸡尾酒吧。许多当地人会在河岸边享用开胃酒（apéro），或者带齐了毯子、法棍和美味的法式干酪等装备去野餐，不如加入他们吧。10e; 24小时; 免费。

11 周日的玛莱区

周末时，街道上一辆车也没有，最适合步行的玛莱区（Le Marais）就体现出自己的价值。你可以悠游在中世纪的巷弄间，穿梭在文艺复兴时期的楼宇、光怪陆离的精品店、时髦的咖啡馆、隐秘的广场和迷人的饭馆之中。不要错过只有弹丸大小的**孚日广场**（Place des Vosges）或者蔷薇街（rue des Rosiers）上的旧犹太区，走到这里的时候，你可以在**L' As du Fallafel**（周日至周四正午至午夜，周五正午至17:00；外卖5.50~8.50欧元）吃一顿便宜的午餐。4e; 24小时; 免费。

12 远望埃菲尔铁塔

埃菲尔铁塔（Eiffel Tower）坐落在塞纳河边，是巴黎最有代表性的建筑，也是河边漫步的精华所在，而且无须门票。你可以在**战神广场**（Champ de Mars；铁塔脚下的一座大公园）里野餐或者玩地掷球。如果今天正好是7月14号，那么你将幸运地看到也许是你的人生中最精彩的一场焰火表演（免费）。Champ de Mars, 7e; 24小时; 免费。

13 绿荫步道

受纽约高线公园（High Line）的启发，这座空中花园由一段19世纪的铁路高架桥改造而成，是巴黎东部出人意料的半空中绿色空间。绿荫步道（Promenade Plantée）位于时髦又严肃的巴黎十二区，以巴士底歌剧院

（Opéra Bastille）东部为起点，给人们提供了一个犹如幻境的城市探险之地。全程共4.5公里，可以前往巴黎市中心的每一个角落。12e；冬季周一至周五8:00~17:30，周六和周日9:00~17:30，夏季9:00~21:30；免费。

14 穆府达街

穆府达街（Rue Mouffetard）是巴黎拉丁区内一条具有传奇色彩的街道，也是巴黎历史最悠久的街道之一，有着真实迷人的魅力。它简直就是**巴黎索邦大学**（Sorbonne University）的后花园，是知识分子和革命者们的中心舞台，"一战"之后，海明威、乔伊斯以及许多文学巨匠曾纷纷聚集于此。建议清晨过来，这时候它会摇身变成一座热闹的街区市场，之后去**康特斯卡普广场**（Place de la Contrescarpe，全巴黎最美丽的广场之一）的露天座位上休息一下。Rue Mouffetard, 5e；24小时；免费。

15 蒙马特尔的街道

为了一览新拜占庭风格的**圣心圣殿**（Sacré-Coeur basilica），俯瞰巴黎动人心魄的美景，或者在**小丘广场**（Place du Tertre）上让那些立志成为毕加索的画家为自己画幅画像，游客们蜂拥而至。但是如果你避开一群群举着自拍杆的游客，再走几条街，就会来到蒙马特尔高地，邂逅这里绿树成荫的广场、新艺术风格的喷泉以及传说中充满艺术感的遗迹，甚至也许会遇到一位真正的巴黎人。18e；24小时；免费。

16 从卢浮宫到凯旋门漫步

这一路上的历史景点非常密集。以**卢浮宫**（Louvre；16a；rue de Rivoli, 1er）为起点，笔直的大路连接着景色宜人的**杜乐丽花园**（Jardin des Tuileries），经过面积广大的**协和广场**（Place de la Concorde，恐怖时期的断头台就位于这里），沿着**香榭丽舍大街**（Champs-Élysées）一直走到拿破仑一世下令修建的**巴黎凯旋门**（Arc de Triomphe；16b）。一系列最壮观的经典景观都聚焦在这一小片区域，这正是巴黎的精华所在。1er–8e；24小时；免费。

17 阿里格市场

只想逛逛热闹的市场的话，阿里格市场（Marché d'Aligre）就是免费的，如果你是午餐时间来，肯定免不了要挥霍一番。从海鲜拼盘到法式奶酪，你大可花上数小时大快朵颐，拍出生动有趣的照片。离市场不远的**Le Baron Rouge**（1 rue Théophile Roussel, 12；周二至周五10:00~14:00和17:00~22:00，周六10:00~22:00，周日10:00~16:00）是性价比极高的餐厅。marchedaligre.free.fr；rue d'Aligre, 12e；周二至周六8:00~13:00和16:00~19:30，周日8:00~13:30；入场免费。

18 在卢森堡公园野餐

卢森堡公园（Jardin du Luxembourg）是巴黎最好的公共公园（其中有文艺复兴时期的花园、令人惊艳的雕像），也是法国参议院的所在地。这座公园不仅美丽，还很好客。人人都爱来这里——你可以看到来慢跑锻炼的人、在池塘里划船的孩子们、玩地掷球的人、轻松自在坐在长凳上读书的人。这里绝对是你观察人们生活的绝佳之地。准备好一篮子美食，来这里野餐一定会让你有最难忘的回忆。Rue de Vaugirard, 6e；时间根据季节不同会有调整；免费。

跳蚤市场和清空阁楼市集

每到周末，一些临时的邻里小市集就在巴黎遍地开花。vide-greniers（意为"清空阁楼"）市集举办时，整条街道会禁止车辆通行，当地居民会把自己家不用的物件摆出来，卖给其他需要的人。这样的前院大清货带着浓浓的巴黎色彩，气氛和过节一样欢快，会放着现场音乐（有时候），还可以品尝到各类食品（经常）。跳蚤市场（Brocantes）是一个更为正规的市场，卖家都是政府批准的古董商家，他们会在有遮棚的市场摊位售卖美丽又稀奇的旧货——非常值得一看。你可以在brocabrac.fr上查到两个市场的日程安排。不需门票。

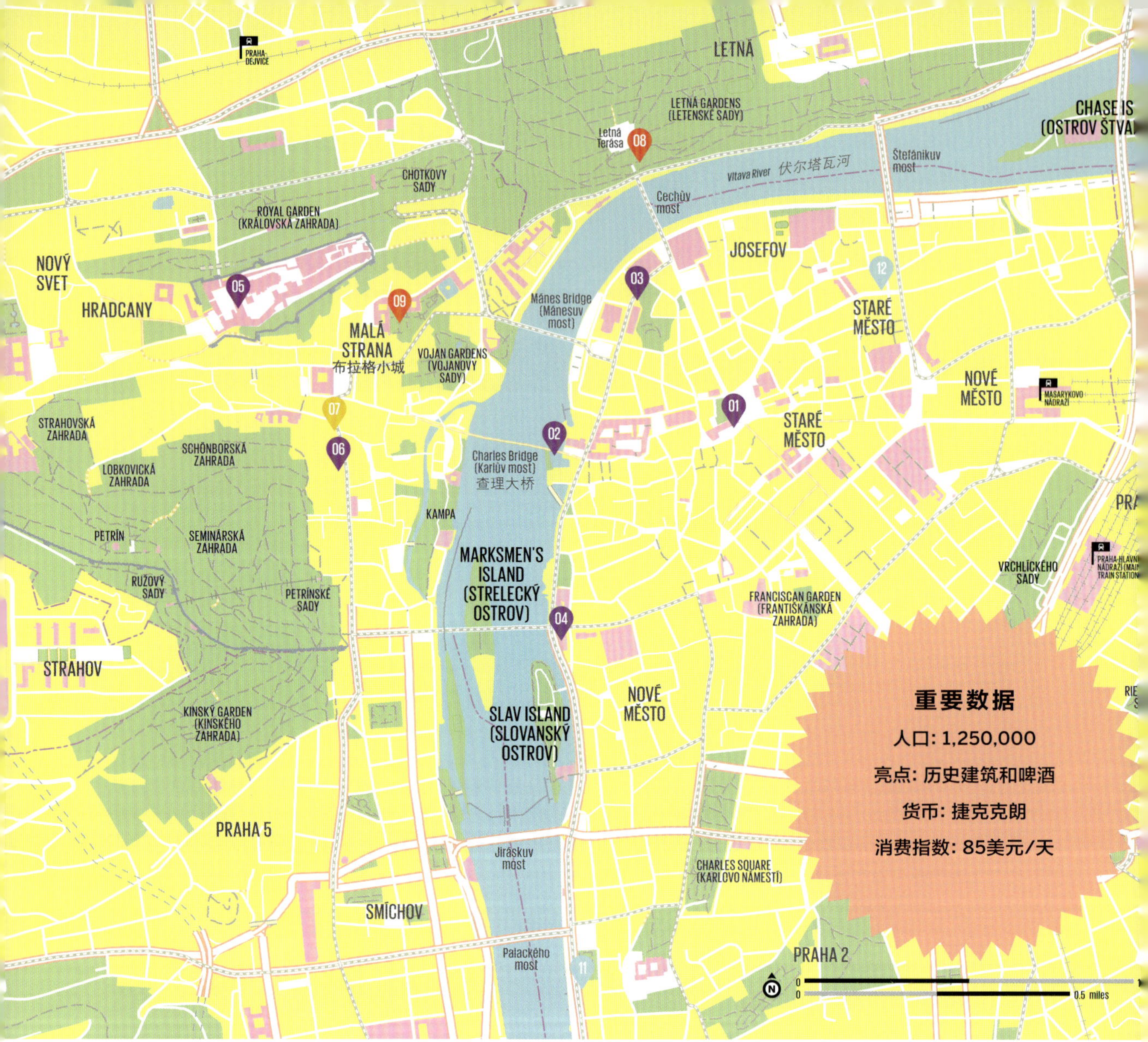

重要数据

人口: 1,250,000

亮点: 历史建筑和啤酒

货币: 捷克克朗

消费指数: 85美元/天

布拉格

从共产主义在捷克斯洛伐克解体到现在已经过去四分之一个世纪，布拉格 (Prague) 已然成为欧洲中部的明星。游客被14世纪城市风貌吸引而来，却发现这里的文化、随心所欲的城市氛围和便宜的啤酒同样精彩。这里的消费也比其他西欧城市要便宜很多。

艺术&文化　音乐&电影　运动&休闲　美食&饮品　节日&活动

01 布拉格天文钟

实际上，布拉格最著名的艺术表演不是由人出演的：一队由机械控制的牵线木偶每到整点，会在一个有着600年历史的天文钟（Astronomical Clock）的表盘内现身，引起人群欢呼。这些恐怖的雕像形象（比如，其中一个骷髅会敲响整点的钟）直接来自中世纪。建议早一点去那里，可以占据拍照的有利位置。orloj.eu；Staroměstské náměstí；9:00~21:00；免费。

02 查理大桥

哥特式的查理大桥（Charles Bridge）有着650年历史，桥上安有30尊巴洛克风格的雕像，当属城里最好的景点，可以轻松参观，过桥也不收费。尽量一大早到这里，人不多，晚上回去时，灯光、尖塔和城堡互相映衬，形成了神奇的效果。东侧的塔楼非常值得一拍，会为你在朋友圈赢得100个赞哟。muzeumprahy.cz；Karlův most；大桥24小时；塔楼4月至9月10:00~22:00，10月至次年3月10:00~18:00；塔楼90捷克克朗。

03 旧犹太墓园一瞥

布拉格的犹太博物馆由4个历史悠久的犹太教堂和一处可追溯至15世纪的墓地组成，这处墓地参差不齐地竖满了成百上千座墓碑，令人动容。这是布拉格不容错过的景点之一，但300捷克克朗的门票不免会让预算有限的游客囊中羞涩。当然，也有免费看看这片肃穆的墓碑的方法：从公墓西墙上的一扇小窗户里一窥墓园内部。jewishmuseum.cz；紧邻ul 17.Listopadu 2；24小时；免费。

04 布拉格国家剧院

布拉格国家剧院（Národní divadlo）是布拉格戏剧、歌剧和舞蹈最重要的演出场地。剧院内的最佳位置价格不菲，前排正中的座位最高票价可达1000捷克克朗左右，但楼上的座位以及站席还是很划算的。可在门口的售票处买票。narodni-divadlo.cz；Národní třída 4；演出从19:00开始；站票110捷克克朗。

05 布拉格城堡

傲视全城的布拉格城堡（Pražský hrad）气势恢宏，令人难忘。游览包括圣维特主教座堂（St Vitus Cathedral）在内的堡内全部建筑，至少需要半天时间，费用超过250捷克克朗。还好，花园对公众免费开放。风景如画的黄金巷（Zlatá ulička）由一排小巧精致的房屋组成，18:00之后免费参观。hrad.cz；Hradčanské náměstí；1；花园 4月至10月5:00至午夜，11月至次年3月 6:00~23:00；花园免费。

06 布拉格耶稣圣婴像

这个不同凡响的精致蜡制人像安放在布拉格小城（Malá Strana）的胜利之后圣母堂（Church of Our Lady Victorious）中，四个世纪以来，它一直是天主教信徒朝圣的圣物。至

今仍吸引着大批信徒前来朝圣，这不足为怪：人们相信，“圣婴”保护布拉格免受瘟疫侵袭和三十年战争（Thirty Years' War）的破坏。pragjesu.cz；Karmelitská 9；周一至周六8:30~19:00，周日8:30~20:00；免费。

07 Little Glen's的开麦夜

城中有不计其数的爵士酒吧，各家的表演水平也很高。其中最好的要数Little Glen's（U Malého Glena），酒吧以它小个子的外籍老板命名。一周7天每天晚上都有现场爵士乐表演（翻唱），周日则有特别节目。当地的音乐人带着乐器来客串，曲目不限——这就成了一场免费的爵士乐即兴演唱会。建议早点来找位子。malyglen.cz；Karmelitská 23；19:30开始，演出21:00开始；翻唱150捷克克朗，周日免费。

08 来特纳公园

捷克首都布拉格也被誉为“百塔之城”，而数遍这百塔的最佳地点就在来特纳公园（Letná）的山顶，公园位于旧城北面伏尔塔瓦河（Vltava River）对岸的一道古老的绿色山脊上。从斯瓦特普鲁克·切赫桥（Čechův Bridge）过河，登上一个小山峰，然后选择向东或者向西走，都能看到令人赞叹的美景。夏天，公园东边的啤酒花园也颇受欢迎。letenskyzamecek.cz；Letenské sady；24小时；免费。

09 华伦斯坦宫

布拉格小城（Malá Strana）是个优雅气派的街区，以巴洛克风格的宫殿和隐蔽的花园而著称。其中最壮观的要数华伦斯坦宫（Valdštejnská zahrada），位于捷克参议院所在宫殿的后方。孔雀在修剪整齐的草坪上漫步，偶尔还能看到它们在雕像和池塘间飞奔。公园东面还有个令人毛骨悚然的洞室（grotto）。www.senat.cz；Letenská；周一至周五7:30~18:00，3月至10月周六和周日10:00~18:00，6月至9月10:00~19:00；免费。

当地交通

走路、走路、还是走路。布拉格的城中心很小，非常适宜步行。事实上，许多街道都禁止车辆通行，你要去一些地方也只能靠步行。如果想去更远的地方，公共交通便宜且高效。花110捷克克朗买一张一日通票，24小时以内可以无限次乘坐所有线路的电车、地铁和公共汽车。避免在街边招停出租车。出租车虽然价格相对便宜，但是宰客现象严重。你最好请人帮你从可靠的电话呼叫出租车公司订车。

Jan Fidler; Genevieve Hathaway | 500px

04

10 啤酒

如果要写一本介绍物美价廉好物的书，那一定少不了捷克的啤酒，它位居世界上最好的啤酒之列，也是布拉格性价比最高的物品之一。一般来说，半公升啤酒只要不到50捷克克朗，这个价格甚至比水还要便宜，捷克的谚语里说过，啤酒对身心健康更有益。全国啤酒酿造厂商皮尔森·欧克（Pilsner-Urquell）一直保持着黄金标准，其他各类啤酒的品质也很高，而布拉格的精酿啤酒风潮正方兴未艾。酒吧遍及全城。

11 那布拉夫卡农贸市场

作为布拉格人气最旺的农贸市场，那布拉夫卡农贸市场（Náplavka Farmers' Market）的环境相当优美：位于伏尔塔瓦河东岸，布拉格国家剧院的下方。每周六，农夫们会在这里售卖新鲜的水果和蔬菜、肉类和各种乳酪。夏夜里，半个城市的人们都会来河边纳凉，喝啤酒。farmarsketrziste.cz; Rašínovo nábřeží（Palackého náměstí旁边）；农贸市场周六8:00~14:00；免费。

12 在Sisters用午餐

单面三明治（chlebíčky）是捷克人喜爱的食物，花钱不多又能吃得饱。这种三明治就是摆着辣味鸡蛋片或火腿的白面包片，在面包房和肉铺里都可以买到。Sisters这家店将它上升到了艺术高度，将传统口味与新型食材（比如鲱鱼、芥末蛋黄酱或者红甜菜和鲭鱼）进行了融合。chlebicky-praha.cz; Dlouhá 39；周一至周五9:00~19:00，周六9:00~16:00；三明治约35捷克克朗。

05

重要数据

人口：185,000

亮点：让人惊艳的艺术作品和太空时代的建筑

货币：冰岛克朗

消费指数：170美元/天

雷克雅未克

雷克雅未克(ReykjavÍk)是世界上最靠北的首都，主持着这片冰与火之地。这里绝对是独一无二的目的地——竟看不到一家靠过路客做生意的商店，更别说要讨价还价——但是，无畏的旅行者还是能挖掘出丰富的宝藏。

艺术&文化　音乐&电影　运动&休闲　美食&饮品　节日&活动

01 阿斯蒙达尔·斯维因森雕塑公园

冰岛雕塑家阿斯蒙达尔·斯维因森（Ásmundur Sveinsson）的故居（1a）外摆放着他创作的多件抽象作品，这些作品随时向公众开放，无须购买博物馆的门票（1200冰岛克朗）。斯维因森的灵感来自于冰岛的风景和民间传说，比如他的具象派作品《女巨人》（*Trollwoman*）等。其他作品散见于奥斯克朱里德（Öskjuhlíð；见155页）的户外和雷克雅未克的冰岛大学（1b；Sæmundur and the Seal就是他的作品）。artmuseum.is/asmundarsafn；Sigtún；24小时；免费。

02 纳尔·荣松的雕塑

要进入**纳尔·荣松博物馆**需要购买门票（1000冰岛克朗），但是馆外花园是免费参观的，摆放着这位冰岛首位著名雕塑家的作品，主题以民间传说和神话为主。雷克雅未克多地都可以见到荣松的雕塑作品，包括位于Suðurgata公墓、俯瞰着港口的《亡命徒》（*Outlaws*）雕像，这是冰岛的维京发现者Ingólfur Arnarson，还有Austurvöllur广场上的冰岛独立英雄Jón Sigurðsson的雕像。lej.is；Eiríksgata 3；24小时；免费。

03 哈帕音乐厅和文化中心

棱角分明的哈帕（Harpa）音乐厅和文化中心是一栋耀眼的建筑，它依水而建，玻璃和钢的设计熠熠生辉。当冰岛经济走下坡路的时候，这里只施工过半，未来很不明朗。好在这个项目并没有搁浅，哈帕于2011年与公众见面。导览游的价格是1500冰岛克朗，但是自行进入内部参观并不需要付费，运气好的话还能看一场免费的表演。harpa.is；Austurbakka 2；周一至周五10:00~18:00，周六11:00~16:00；免费。

04 和平光塔

这是小野洋子送给约翰·列侬的礼物，每年有61天的时间——10月9日（列侬的生日）到12月8日（列侬被枪击的日子），和平光塔（The Imagine Peace Tower，冰岛语为Friðarsúlan）会在雷克雅未克上空的云层上用24种语言书写“梦想和平”。由地热提供动力的光塔使用了15个探照灯和棱镜，发出充满希望的信息，光塔底部是一个许愿池，里面有来自世界各地的梦想者百万粉手写许愿签，都是通过小野洋子发起的许愿树项目（Wish Trees project）征集而来。Viðey Island；10月至12月；免费。

05 Elliðaárdalur山谷

Elliðaárdalur可以说是都市中的一片绿洲，是座隐藏在城市中心的绿色山谷，交通非常便利，与Árbær、Breiðholt和Fossvogur的郊区相连。这片世外桃源让人充满惊喜，你可以在森林中随性地探索，沿河寻觅瀑布，采摘野果，去钓鲑鱼或者看野兔在花丛中自由地奔跑。每当天气晴好，这里也是理想的野餐场所。24小时；免费。

06 攀登埃夏山

从市中心向北走大约10公里，914米高的埃夏山（Esja）赫然出现。这座气势恢宏的山体实际上并不是一座孤峰，而是由一系列的火山峰组成；攀登埃夏山是当地的保留项目，也是寻觅美丽风景的游人们必去的地方。攀登海拔780米的Þverfellshorn峰时（较陡），沿途指示牌清晰，如果你不想全程徒步，可以乘坐公共交通方便到达登山的路口。visitreykjavik.is/mount-esja；24小时；免费。

07 格罗塔灯塔

游人可以自由地穿过一条窄窄的陆上通道走向格罗塔灯塔（Grótta Lighthouse），这是全城最令人惊喜的一段路。此地的景色常常能唤起人们的回忆，在当地人中颇受欢迎，如果你足够幸运，这也是观赏北极光（Aurora Borealis）的绝佳位置。一定要找好时机，因为涨潮时步道会被水淹没。还可以选择乘坐11路公交车，在Lindargotu Rd下车即到。免费。

08 哈夫纳夫约杜尔

雷克雅未克市内大多数的景点都是收费的，但是哈夫纳夫约杜尔（Hafnarfjörður）的路边却不乏免费的去处，比如一家收藏古董儿童玩具的博物馆（8a）。哈夫纳夫约杜尔最出名之处在于这里的精灵和矮人（真没开玩笑）。去**Hellisgerði熔岩公园**（Hellisgerði Lava Park；8b；elfgarden.is；Elf Garden；夏季周二至周日13:00~17:00；免费）寻找这些隐居的族群吧，你可以参加由精灵专家带领的**导览游**（alfar.is；夏季周二和周五 14:30；4500冰岛克朗）。

09 劳瑟斯维克地热沙滩

虽然冰岛并不以沙滩而闻名，但出人意料，这里非常流行户外游泳。在城中许多由地热加热的温泉池中，最特别的是劳瑟斯维克（Nauthólsvík），它还是免费的。经常被白雪覆盖的沙滩旁有一个地热加热的潟湖（15℃至19℃）以及多个热水池（30℃至39℃），还配有淋浴和更衣室。跟着当地人来这里游游泳，打打排球吧。nautholsvik.is；5月中至8月中10:00~19:00，8月中至次年5月中周一至周五11:00~13:00和周六11:00~15:00。

当地人说

“从著名的哈尔格林姆教堂（Hallgrímskirkja）的塔楼上可以眺望雷克雅未克城中五彩缤纷的房子，景色非常漂亮。需付门票800冰岛克朗。建议你从流动餐车上买一些本地的土特产——比如冰岛的肉汤、热狗、龙虾或者鱼——然后在纳尔·荣松博物馆（见153页）美丽的雕塑公园中享用你的美食，公园是免费的。我很喜欢沿着海岸线骑行，沿途看看黑沙海滩、灯塔、温泉和海港。千万不要错过当地的冰激凌，冰岛人一年四季都爱吃冰激凌，还有城中常见的让人放松的温泉泳池，泳池票约为650冰岛克朗。”——布林娅·茵哥夫多蒂尔（Brynja Ingólfsdóttir），城市规划师

10 珍珠楼

珍珠楼（Perlan）坐落在葱郁的奥斯克朱里德山的架高位置上，为雷克雅未克的城市天际线增添了一份太空元素。其下方四个巨大水箱中储存着城市的供水，壮观的玻璃圆顶转动起来和R2D2（《星球大战》中的角色）的头部神似。珍珠楼内部是**传奇博物馆**（Saga Museum; sagamuseum.is; 10:00~18:00; 2000冰岛克朗）以及收费昂贵的**珍珠楼餐厅**（Perlan restaurant; perlan.is; 10:00至深夜），但去阳台是免费的，从那里可以看到美不胜收的城市景色。

11 城市漫步

如今，有不少“免费”的步行导览游（任你选择），但这几个因其与众不同和有趣的方式脱颖而出。历史学家、雷克雅未克人Marteinn会带你漫步城市（City Walk; 付多少小费由你定）、逛酒吧（Pubcrawl; 22:00至次日1:00; 1000冰岛克朗），打折的酒品就够你值回票价了。另外一个选择是Walk the Crash（2500冰岛克朗），经济历史学家Magnús会为你讲解2008年爆发的冰岛的经济危机以及冰岛如何因“锅碗瓢盆革命”走出危机。citywalk.is。

12 文化之夜

每年的8月，雷克雅未克人会彻底放松下来，欢庆冰岛最盛大的狂欢节日——文化之夜（Menningarnótt）。此时，绝大多数的博物馆和画廊都会敞开大门，快闪店、酒吧挤满大街小巷，一时间城中到处是舞蹈派对、音乐会、表演和比赛（包括雷克雅未克马拉松）。晚上还有烟火表演，许多当地居民也会打开家门，邀请你去家中做客，品尝华夫饼和饮料。menningarnott.is; 8月; 免费。

雷克雅未克/REYKJAVÍK

EUROPE'S BEST TOURS BY PUBLIC TRANSPORT

欧洲最佳 公共交通观光

忘了那些昂贵的团队游吧，你可以坐一坐电车、公共汽车、轮船，感受城市更真实（也更便宜）的一面。

28路电车，葡萄牙里斯本

坐在经典的黄色车厢中，跟随电车叮铃哐啷的声音驶入里斯本地势陡峭又拥挤的阿尔法玛（Alfama）老城。28路电车采用的是Remodelado有轨电车（20世纪30年代设计），若要游览老城中的街巷，乘坐这趟电车是再好不过的方式，但车上总是挤满了人，早点去吧。单程2.85欧元，日票6欧元。

2路电车，匈牙利布达佩斯

沿多瑙河行驶，沿途能看到城堡山的尖塔和塔楼、犹太人纪念雕塑（河岸上排列着的雕塑鞋子）以及宏伟的匈牙利国会大厦。单程350匈牙利福林，日票1650匈牙利福林。

博斯普鲁斯渡轮，土耳其伊斯坦布尔

真有这样的好事吗？只要不到1英镑就可以在欧洲和亚洲之间走一趟？穿越博斯普鲁斯海峡的渡船就可以，它们正是在两块大陆之间往来穿梭。建议日落的时候乘坐，此时可以看到尖塔的剪影刺穿天际线。单程4土耳其里拉。

公交汽船，摩纳哥蒙特卡洛

在热闹气派的港口中，蒙特卡洛的电动渡船也许并不起眼。它们虽不是价值数十亿的游艇，但却能带着你欣赏相同的美景，省下的钱兴许还能在赌场里挥霍一把。单程2欧元。

海岸电车，比利时

“海岸电车”(Kusttram)沿比利时的北海海岸线行驶，从De 到Knokke-Heist，总长达68公里。全程约停靠68个站点，这是探游比利时海滩非常实惠的出行方式。单程3欧元，日票5欧元，周票20欧元。

公交卡，瑞士日内瓦

风景优美但昂贵的日内瓦往往会让一些预算有限的游客肉疼不已。其实也有省钱的办法：在这里住一晚，酒店会提供一张免费的日内瓦交通卡(Geneva Transport Card)，你就可以免费乘坐公共汽车、电车和水上巴士了。免费。

默西渡轮，英国利物浦

往来于Seacombe和Pier Head之间的通勤渡轮船程10分钟，是欧洲最早开通的渡轮。搭乘渡轮时，随着皇家利物浦大厦(Royal Liver Building)的双塔大楼出现在眼前，你千万忍住别唱起歌来哦……周一至周五7:20~9:40，17:00~18:40，单程2.50英镑，往返3英镑。

11路公共汽车，英国伦敦

坐上公共汽车，深入当地人中，以本地土著的视角看看这个大都市。11路公共汽车从富勒姆(Fulham)发车，终点站是利物浦街车站(Liverpool Street Station)，沿途会经过切尔西(Chelsea)、英国国会大厦、特拉法加广场、圣保罗座堂(St Paul's Cathedral)和英格兰银行。单程1.50英镑，日票5英镑。

威尼斯水上巴士，意大利威尼斯

如果你不打算享受由浅吟低唱的船夫撑船的贡多拉私人服务，那么可以选择公共交通威尼斯水上巴士(vaporetto)，不但能节约不少预算，而且照样能从水上欣赏威尼斯。单程7.50欧元，日票20欧元。

Illustration | Owen Gatley

艺术&文化　音乐&电影　运动&休闲　美食&饮品　节日&活动

罗马

与欧洲其他首都相比，罗马（Rome）的消费没有那么高。城里每隔几个街区（几乎都在步行范围内）就有免费的名胜古迹，这样即使你每晚都吃上3欧元的大块美味比萨也不会有罪恶感了。博物馆虽然要门票，但每个博物馆都值得你花上一整天的工夫去游览。

01 拉特朗圣若望大教堂

虽然圣彼得大教堂（St Peter's Basilica）名声在外，但是拉特朗圣若望大教堂（Archbasilica of St John Lateran）因其光辉的历史而更加令人震撼。这座教堂建于公元4世纪，历经西哥特人（Visigoth）和汪达尔人（Vandal）的洗劫、中世纪的地震和数次火灾，依然保存了下来。教堂巨大的青铜门则由公元2世纪的罗马元老院所建。Piazza di San Giovanni in Laterano 4; 7:00~19:00，冬季7:00~18:00；免费。

02 周日免费

每月的第一个周日，**罗马斗兽场**（Colosseum; 2a; romancolosseum.org; Piazza del Colosseo; 8:30至日落前1小时）、**帕拉蒂尼山**（Palatine Hill; 2b; Via di San Gregorio 30 & Via Sacra; 8:30至黄昏前1小时）以及**古罗马广场**（Roman Forum; 2c; Largo della Salara Vecchia & Via Sacra; 8:30至黄昏前1小时）均可免费进入。注意：你可不是唯一一个知道这个消息的人。建议你8:00前到，以避开漫长等待的队伍。

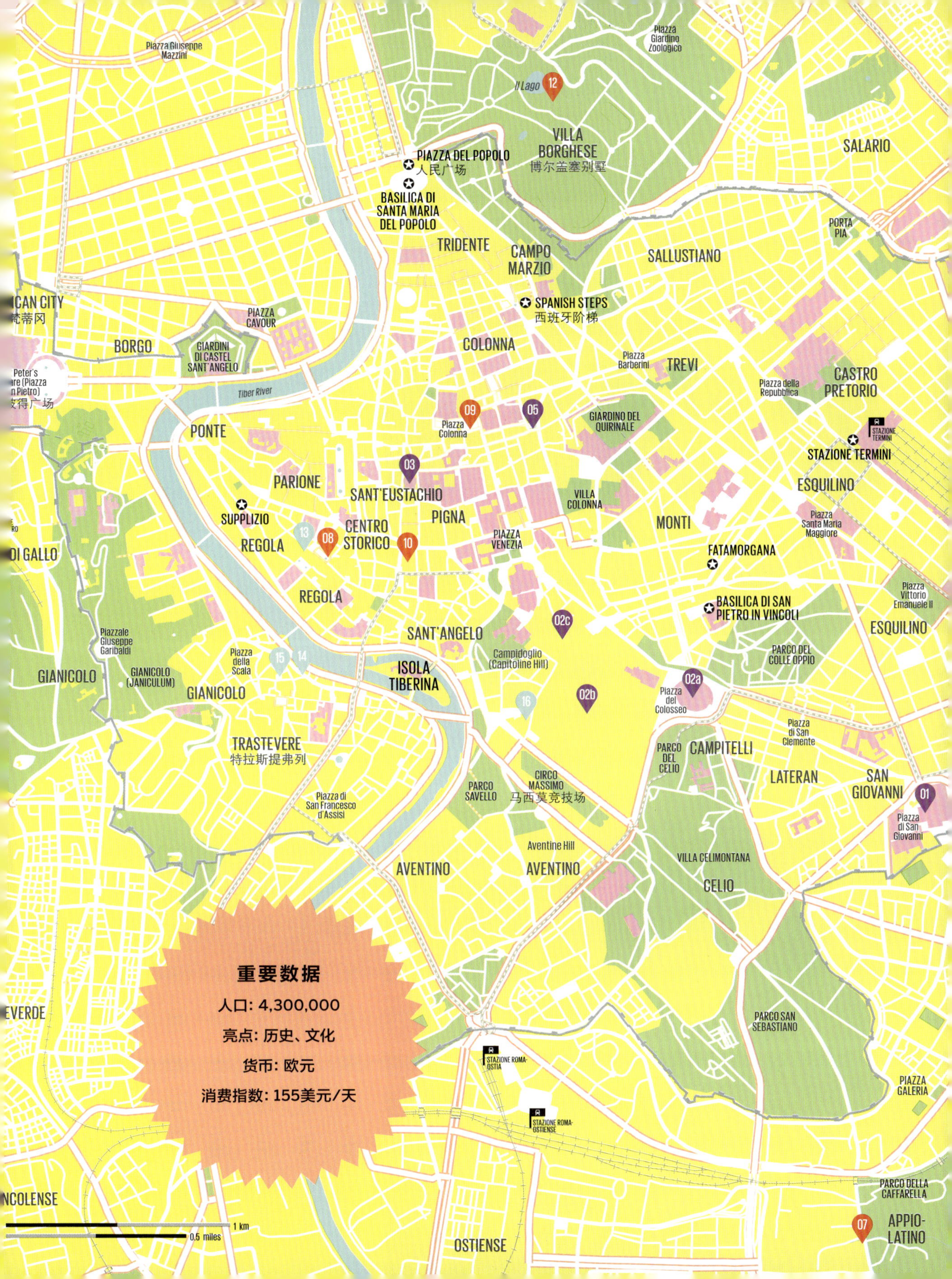

重要数据

人口: 4,300,000

亮点: 历史、文化

货币: 欧元

消费指数: 155美元/天

03 万神庙

万神庙（Pantheon）最早建于公元前29年玛尔库斯·维普撒尼乌斯·阿格里帕（Marcus Agrippa）统治时期，后经多位统治者重建，直至公元202年完工。这座圆形的宏伟建筑曾被用作中世纪的基督教教堂。它无加固的混凝土穹顶至今仍是世界之最，当光线从穹顶的圆洞倾泻而下，反射到四周的大理石上，会给人一种近乎神秘的感觉。turismoroma.it/cosa-fare/pantheon; Piazza della Rotonda; 周一至周六9:00～19:30，周日9:00～18:00；免费。

04 圣彼得大教堂

伯拉孟特（Bramante）、贝尼尼（Bernini）、米开朗琪罗……数不胜数的著名艺术家、建筑家、雕刻家都曾为大教堂贡献了杰出的作品。门口的队伍比平时去看歌剧的还要长，但当你一旦进入内部，置身于巨大的空间中，望着光线穿过镀金的穹顶照在圣彼得墓之上时，一定会忘记刚才漫长的等待。St Peter's Sq, Vatican City; 夏季7:00～19:00，冬季7:00～18:00；免费。

05 特雷维喷泉

没错，你肯定会在特雷维喷泉（Trevi Fountain）碰到人山人海的游客，但无论如何都一定要去看看。这座名气相当大的巴洛克风格喷泉建成于1762年，曾是一条古罗马水道的终点。传说游客背对水池右手将硬币从左肩上方向后扔进喷泉，以后就能重返罗马。Piazza di Trevi; 24小时；扔一枚硬币。

06 梵蒂冈博物馆和西斯廷礼拜堂

没错，这些都是来罗马必到的旅行目的地，但如果比起省下的门票钱，你更珍稀时间和精力的话，还是别在免费的周日跨国去梵蒂冈博物馆和西斯廷礼拜堂（Vatican Museums and Sistine Chapel）了。如果你非要去，那么一定要早到（7:30左右），否则就要做好排两三个小时长队的准备。vatican.va; St Peter's Sq; 周一至周六 9:00～18:00，最后入场16:00；每月的最后一个周日9:00～14:00 免费。

当地人说

"你可以试试罗马的街头小吃，比如Supplizio(supplizio.net; Via dei Banchi Vecchi 143; 周一至周六 正午至16:00，周一至周四17:30~22:00，周五和周六 17:30~23:00; suppli €3~5)的supplì(炸饭团)，或是Fatamorgana(gelateriafatamorgana.it; 夏季 正午至午夜，冬季 正午至22:30; 蛋筒/杯装€2起)的gelato(意式冰激凌)。走进任何一个教堂都能欣赏到免费的艺术，推荐人民圣母圣殿(Basilica di Santa Maria del Popolo; Piazza del Popolo; 周一至周六7:00至正午和16:00~19:00，周日 7:30~13:30和16:30~19:30;免费)和圣彼得锁链堂(Basilica di San Pietro in Vincoli; Piazza di San Pietro in Vincoli 4a; 夏季8:00~12:20和15:00~19:00，冬季15:00~18:00; 免费)。"——琳达·马丁内兹(Linda Martinez)，The Beehive Ho(s)tel的老板

07 亚壁古道

你开车上过高速公路吗？罗马的亚壁古道(Appian Way)可是高速公路的鼻祖。这是世界上第一条大型道路，建于公元前312年，用于运兵和战时补给。如今路上有许多当地人和游客在茂密的树荫下散步。建议为此地多留出点时间：你会经过数十处古迹，包括几座让人汗毛竖起的地下墓穴(要买门票，但价格不高)。Via Appia Antica; 24小时; 免费。

08 鲜花广场

晚上，吃着冰激凌(gelati)来逛鲜花广场(Campo de' Fiori)吧，坐在焦尔达诺·布鲁诺(Giordano Bruno)雕像下沉思，用存在主义思索罗马以及世界的变化。400年前，哲学家布鲁诺因异端学说在这座广场上被公开处以火刑，如今这里满是游客，还有个街头市场。这座鲜花盛开的中世纪广场上视野依然很好。24小时; 免费。

09 马可奥里略圆柱

如果你打算晚上出门闲逛，不妨去马可奥里略圆柱(Column of Marcus Aurelius)，这是一座拥有1800年历史的卡拉拉(Carrara)大理石凯旋柱，为纪念马可奥里略这位前罗马皇帝兼斯多葛派哲学家(这可能也是唯一一位你希望能继续在位的罗马皇帝)而建。在这儿，你可以向着主广场的基吉宫(Palazzo Chigi)脱帽致意，那里是现任意大利总理的官邸。Piazza Colonna; 24小时; 免费。

10 银塔广场

这里是公元前44年尤利乌斯·恺撒被暗杀的地点。下沉式广场虽被隔开，游人们无法进入，但是猫咪们可以自由穿梭在这片遗址之中。如果你不介意跳蚤，可以走下去看看，银塔广场(Largo di Torre Argentina)遗址还有一个流浪猫庇护所，以救助这一带上百只流浪猫。Via di Torre Argentina; 遗址24小时，流浪猫中心 正午至18:00; 免费。

11 像当地人一样在晚上散步

在罗马，晚上散步是你快速融入意大利的方式。背上古驰包，穿上普拉达的鞋，然后从容地挽着同伴的胳膊(或者，最近流行刷着手机)沿时髦的科尔索大道(Via del Corso)一直走到人民广场(Piazza del Popolo)。觉得还不够时髦的话，再来一个双球的榛子(nocciola)和大米(riso)口味的冰激凌吧。全城各处; 傍晚; 免费。

12 博尔盖塞别墅花园

登上西班牙阶梯(Spanish Steps)欣赏美景后，跟罗马人一样远离游人的喧嚣，去博尔盖塞别墅(Villa Borghese)美术博物馆大门那边吧。你可以轻松地穿过别墅里修剪整齐的英式花园，在湖中划船欣赏新古典主义风格庙宇，或者享用野餐。入口位于Piazzale San Paolo del Brasile，Piazzale Flaminio，Via Pinciana，Via Raimondo & Largo Pablo Picasso；黎明至黄昏；免费。

13 Forno Campo de' Fiori面包房

在鲜花广场欣赏鲜花、试图忽略曾经有人被绑在这里的火刑柱上时，不妨到Forno Campo de' Fiori买片比萨或热腾腾的帕尼诺吧。这家广受欢迎的老字号始建于1819年，既是面包店，又有比萨炉(pizza-forno)。如果想吃顿便宜又方便的午餐，这里不失为理想的选择。fornocampodefiori.com；Vicolo del Gallo, 14；周一至周六7:30~14:30和16:45~20:00；比萨片3欧元起。

14 Freni e Frizioni酒吧

气氛雅致又闲适的Freni e Frizioni是一家非常时髦的酒吧，位于更加时髦的特拉斯提弗列(Trastevere)中心区。店面以前是一家修理工的车间(所以酒吧名叫“刹车与离合器”)，很多年轻人喜欢来这里泡吧，在舒适的晚上，与朋友们在屋外广场上坐上几个钟头，边喝实惠的鸡尾酒(7欧元)，边享用“欢乐时光”**餐前小食**(aperitivos；6~10欧元；19:00~22:00)。freniefrizioni.com；Via del Politeama 4-6；每天18:30至次日2:00。

15 La Renella饭店

想舒展一下腿脚，见识一下古宅林立、鹅卵石街道交错的罗马魅力街区，去特拉斯提弗列区准没错，况且这里还有城里最棒的夜生活。和其他意式餐厅的堂食(正餐平均25欧元)比起来，La Renella简直太便宜了。更棒的是，这个餐馆几乎是24小时营业。Via del Moro 15-16；周二至周六 7:00至次日2:00，周日和周一7:00~22:00；比萨2.50欧元起。

经济出行

忘了那些收费不菲的巴士游吧，揣着一张罗马一日通票[除前往菲乌米奇诺机场线(Fiumicino airport)的各线路以外，可以乘坐所有公共汽车、电车和地铁线路，24小时内有效；7欧元]探游城里吧。40路公共汽车从Stazione Termini车站(Piazza dei Cinquecento)发车，去往梵蒂冈，沿途经过银塔广场和Piazza Venezia。如果你不想沿西班牙阶梯上行至博尔盖塞别墅，那就搭乘117路电车。出发前可在报摊(Tabacchi)、主要公共汽车站点的售票机以及地铁站购买车票，注意要打卡确认开始使用。

小贴士

在罗马的餐馆里吃顿晚餐可不便宜，不仅要等到20:00之后，而且用餐时间会很长很长。弄清楚这点后，最好（也是最便宜）的办法就是把午饭作为你的正餐。中午正好最热不适合外出，许多景点也会关闭，不如好好享用一顿高碳水化合物的美食吧。到了晚上，你可以找个热闹的广场，来片比萨就着意式冰激凌当作晚饭。或是找家有“欢乐时光”酒水打折的酒吧，或许还有优惠的餐前小食或小吃。

16 马西莫竞技场市场

如果觉得鲜花广场旅游气息太浓，可以来室内的马西莫竞技场市场（Mercato di Campagna Amica del Circo Massimo），和农民聊聊天，品尝当地产的橄榄油或者蜂蜜。可以将采购的美食带到室外的野餐桌上享用，也可以带去临近的马西莫竞技场（这个宏伟的古竞技场现在是一座美丽的公园）。mercatocircomassimo.it; Via di San Teodoro 74; 周六9:00~18:00，周日9:00~16:00，8月关闭；入场免费。

17 罗马夏季音乐节

每年的7月和8月间，许多罗马人会出城度假。但此时的罗马洋溢着艺术和文化气息，留下的人和来旅游的人可以享受到罗马夏季音乐节上精彩纷呈的音乐和艺术活动。你可以观赏到露天电影、音乐演出、街头艺术、音乐会等各种形式的艺术活动。estateromana.comune.roma.it; 时间和地点可查看网页和媒体消息；6月至9月；许多活动免费。

艺术&文化　音乐&电影　运动&休闲　美食&饮品　节日&活动

斯德哥尔摩

斯德哥尔摩(Stockholm)是一座十分有腔调的城市。这里的一切看起来都很昂贵——因此你应该不会惊讶居然找不到特别便宜的地方。其实还是有的!没错，城市中一些最关键的元素——美丽的景色和重要的历史——都是免费的。

01 瑞典中世纪博物馆

瑞典中世纪博物馆(Medeltidsmuseet)就像一座秘密的堡垒，隐身于城中最古老的石桥下方。这里原本打算建一座停车场，但是建设过程中，挖掘人员发现了一段16世纪的城墙和一段通往皇宫的地下道——现在则成为精心打造的多媒体展览的核心区域。medeltidsmuseet.stockholm.se; Strömparterren 3; 周二和周四至周日正午至17:00, 周三正午至20:00; 免费。

02 议会大厦

建议你参加瑞典议会大厦(Riksdagshuset)的导览游，共识型政治体制一定会让你大开眼界。瑞典的议会由349名代表人民的议员组成，导游会向你讲解这套体系是如何发展和运行的。这一团队游不仅拓展知识面，莫名地给人以启迪，而且比听上去有趣得多。riksdagen.se; Riksgatan 3; 1小时英语团队游(上限28人)6月末至8月周一至周五正午、13:00、14:00和15:00, 9月中至6月末周六和周日13:30; 免费。

03 动物园岛

斯德哥尔摩的市区分布在14座岛上，动物园岛(Djurgården)便是其中一座，最早是皇家猎场，现在则分布着多座安静的公园和绿树成荫的小径。从市中心出发，只要走过一条步行桥，就可到达这个地势起伏、草木繁盛的桃花源，这里也非常适合野餐和健身散步。夏季时，还可以在沙滩边游泳并享受日光浴。visitdjurgarden.se/sv/nationalstadsparken; Djurgårdsbron; 24小时; 免费。

05

© Duci86 | 500px

STOCKHOLM/斯德哥尔摩

休息一下，吃顿午餐

想在斯德哥尔摩的高级餐厅吃顿晚餐，高昂的价格令人望而却步。但是绝大多数餐厅每天都会提供特价午餐，这个价格就合理多了——对于预算有限的旅行者来说，如果愿意在中午吃正餐的话，就有机会品尝全城一些最好的美食了。建议点菜单中的“dagens lunch”，通常周一至周五提供，而且菜品每日更换。套餐中包含沙拉、面包、主菜配咖啡，不光经济可行，还能品尝到一些当地的特色菜肴。

04 南山悬崖和卡塔琳娜桥

当你拖着脚步从Slussen区南边摇摇晃晃的木梯费力爬上南山（Söder Hills）时，眼前的美景一定会让你惊叹不已。接下来，你可以先沿着步道前往历史古迹卡塔琳娜电梯（4a），然后爬过位于Slussen区东边的一段狭窄阶梯——Maria Trappgränd，这段阶梯通往500米长的Monteliusvägen步道（4b），那里有一排排的小屋，也是很不错的野餐地点！Slussen T-bana station；24小时；免费。

05 卫兵换岗仪式

正午时分，如果你恰好在老城（Gamla Stan），就能听到鼓点和军乐队的乐曲响起，这标志着宫廷卫队开始换岗了。这一盛大场面很值得看看，身着礼服的卫兵喊着口号，列队行进，动作整齐划一。夏季时，换岗仪式前经常还有阅兵式。stockholmgamlastan.se/lang_en/se_gora/hogvakten.php；outer courtyard，Royal Palace；夏季 周一至周六12:15，周日13:15，9月至次年4月仅周三、周六和周日；免费。

06 品味斯德哥尔摩

瑞典的首都以各式餐馆而著称，敢于创新的主厨们用奇思妙想打造当地食材，但是去餐馆用餐常常打破预算。与其为了一顿饭花大价钱，不如去市中心Kungsträdgården公园参加一年一度的美食美酒节，在当地最好的厨房（以及葡萄园、酒商和啤酒厂）摊位上试吃样品。smakapastockholm.se；Kungsträdgården；6月第1周；11:00至深夜；免费。

重要数据

人口：1,500,000

亮点：老饕和潮人

货币：瑞典克朗

消费指数：260美元/天

艺术&文化　音乐&电影　运动&休闲　美食&饮品　节日&活动

威尼斯

威尼斯 (Venice) 是欧洲精英的乐园，这里有五星级的酒店、五道菜的盛宴以及装饰着天鹅绒衬垫的贡多拉。但是，懂行的旅行者知道，有些最美好的时刻是免费的：参观圣马可大教堂是免费的；威尼斯狂欢节时街头巷尾满满的乐趣是免费的，而欣赏大运河中美丽宫殿的倒影当然也是免费的。

01 圣马可大教堂

圣马可大教堂（Basilica di San Marco）这座拜占庭式建筑是威尼斯自我创造的典范。教堂历经800余年才修建完成，用以安放福音传道者圣马可遗骸，建筑外观装饰着金光闪闪的马赛克。参观都是免费的，当然如果你不想排队，可以提前预约（2欧元）。周一至周六11:00有免费的导览游（4月至10月）。basilicasanmarco.it；Piazza San Marco；周一至周六 9:45~16:45，夏季周日14:00~17:00，冬季周日14:00~16:00；免费。

02 建筑自由行

威尼斯城中有不计其数的博物馆，但城市本身也是值得观赏的地方：由伊斯特拉半岛上石头建造的众多水上宫殿使其成为建筑史上的恢宏巨制。从7世纪开始，威尼斯的鲜明特征就已经演化成令人目不暇接的多样化风格。乘坐vaporetto 1（水上巴士，10分钟一班，7欧元）沿着大运河前往圣马可大教堂和利多岛（Lido），在蜿蜒的水上航信中领略威尼斯千年历史。

03 圣米凯莱岛

圣米凯莱岛（Isola di San Michele）外围建有高墙，松柏环绕，岛上矗立着Codussi于1469年修建的珍珠白色的文艺复兴风格教堂（威尼斯首座文艺复兴式教堂），这里也是威尼斯的墓园。埃兹拉·庞德（Ezra Pound）、谢尔盖·狄亚基列夫（Sergei Diaghilev）和伊戈尔·斯特拉文斯基（Igor Stravinsky）都

重要数据

人口：425,000

亮点：艺术和建筑

货币：欧元

消费指数：240美元/天

长眠于此，很多音乐爱好者和建筑发烧友都会登岛向逝去的名人致敬，同时还可以欣赏David Chipperfield建造的现代风格的新增墓园——一栋黑色玄武岩覆盖的建筑。4月至9月7:30～18:00，10月至次年3月7:30～16:00；免费。

04 丽都岛的海滩

数百年来，丽都岛（Lido）都是威尼斯的堡垒，19世纪后，则作为海滩度假村而焕发新生。一直以来，丽都岛都吸引着有钱人来此度假，每年9月间在此举办的威尼斯电影节也吸引着名流纷纷到访。普通游客可以去三处免费沙滩：**Spiaggia Comunale**（4a）、**San Nicolò beach**（4b）和**Alberoni**（4c；1817年，拜伦曾在这里赛马），沙滩的环境还都过得去。24小时；免费。

05 物美价廉的“欢乐时光”

很多游客担心，如果想在威尼斯吃得好，那可得花不少钱吧？如果跟着当地人去吃也许会发现好去处哦。他们最常去**Bacereto Da Lele**（5a；Santa Croce 183；周一至周五6:00～14:00，16:00～20:00；周六6:00～14:00）或者**Cantina Aziende Agricole**（5b；Rio Tera Farsetti；周一至周六9:00～13:30和17:00～22:00）来一杯un' ombra（意为一处“阴凉”；一小杯葡萄酒），价格只要0.60欧元，然后搭配cicheti——威尼斯人的餐前小吃（一盘1～4欧元）。

06 里奥多市场

里奥多市场（Rialto Market）有超过700年的悠久历史，和鱼市场（Pescaria）一起组成了一部鲜活的威尼斯历史。在这个鱼类大市场里，可持续的捕鱼方式已不是新鲜事：大理石板上刻着允许捕捞的潟湖鱼类的最小体型，这可是几个世纪前就定下的规矩。仔细看看市场上的潟湖海鲜，这样你也能对自己晚餐吃到的各种威尼斯特色菜有更多的了解。Rialto-Mercato，周二至周日7:00～14:00，免费。

威尼斯双年展

作为欧洲顶级的艺术展，威尼斯双年展（Biennale）始于1907年，艺术主题（单年夏季）和建筑主题（双年秋季）轮流展出。它吸引了超过300,000名观众前来参观，这些当代艺术作品会在双年展花园（Giardini）中的30个国家展馆中展出，而建筑方面的装置艺术则会在威尼斯军械库（Arsenale）的船棚中展出。参观主展览的门票不菲（30欧元），雨后春笋般蓬勃发展的外围展览则是免费的，有时会在城中平时不对公众开放的隐秘角落展览。据统计，第56届双年展上至少有90个不同的项目等你去探索。labiennale.org；免费。

维也纳

维也纳（Vienna）有着帝国盛世的宏大和伟岸，看上去不像是精打细算的人乐意造访的城市。但是，如果你再仔细找找，就会发现免费的古典音乐会、美轮美奂的花园，还有源远流长的咖啡馆文化，以上这些，只用口袋里的零钱也能体验一番。

艺术&文化　音乐&电影　运动&休闲　美食&饮品　节日&活动

01 霍夫堡皇宫

霍夫堡皇宫（Hofburg Imperial Palace）曾经是哈布斯堡王朝统治者的宫殿，也是以前奥地利皇权的终极象征。漫步在宏伟的建筑之间，你可以边参观一系列博物馆、美丽的广场和帝王的寝宫，边沉浸在维也纳皇室兴衰沉浮的想象中。四处走走是免费的，如果要更深入了解景点需要购买门票。hofburg-wien.at；Michaelerkuppel；24小时；免费。

02 维也纳中央公墓

参观墓地也许不是度假的最佳方式，但维也纳中央公墓（Zentralfriedhof Cemetery）却是个很有吸引力的地方。这里是欧洲最大的公墓之一，占地超过2.4平方公里，共埋葬着大约300万人，当中也不乏一些名人，比如贝多芬、勃拉姆斯和舒伯特。Simmeringer Hauptstrasse 232-244；周五至周三 7:00～19:00，周四7:00～20:00；免费。

03 维也纳国家歌剧院

不是一定得花大价钱才能在维也纳金碧辉煌的国家歌剧院（State Opera）里看场歌剧的。如果你不介意提前排上大约1.5小时的长队，或许能以非常低廉的价格买到站席票（不管怎样，还是有利于血液循环的），这里虽只能看到部分舞台（说实话，与其说看歌剧，其实更像听歌剧），但照样能感受一场世界级的音乐表演。wiener-staatsoper.at；Opernring 2；站席票4欧元起。

04 夏日里的维也纳市政厅

如果要体验维也纳最好的免费项目，建议你把行程安排在夏季。在宜人的夜晚，维也纳市政厅（Rathausplatz）一带有许多免费活动可以参加，从免费的古典音乐会和歌剧演出，到美食节、强大的DJ阵容以及他们的鼻祖——脍炙人口的音乐电影节（Musikfilm Festival；filmfestival-rathausplatz.at）都会在7月到8月间在市政厅广场举行。免费。

03

物美价廉的香肠

维也纳城中不乏各种档次的餐馆，无论预算多少都能找到适合你的那一款。在全城随处可见的街头小吃和市场中，最值得推荐的是一款"零钱"小食——很常见的香肠摊（Würstelstand）售卖的香肠。你可以从种类多样的优质香肠中选择最喜爱的那一款，与辣味的Debreziner或者经典口味的Bratwurst面包卷相搭配，再在上面加上甜辣味的芥末或煎洋葱和奶酪等配料。美味可口！

05 多瑙岛

建于1970年的多瑙岛（Donauinsel）是一座人工岛屿，也是颇受维也纳居民喜爱的水上游乐场。夏季时会有许多纳凉的活动，不仅可以游泳、划船，还有天体/裸体沙滩！——岛上的一些地方被指定为FKK（Freikörper-kultur；释放身体文化）区，开放给裸泳者。如果你更钟情于穿着衣服，可以去溜滑轮或者环岛骑行。wien.gv.at；Danube Island；24小时；免费。

06 多禄泰

也许你没有什么闲钱去拍下一幅莫奈的画作或者一套古董收藏硬币，但是也别错过多禄泰（Dorotheum）。这是全欧洲最大的拍卖行之一，你可以免费参观这栋大楼以及幻想（千万别参与竞拍！）着有一天能带着财宝满载而归。dorotheum.com；Dorotheergasse 17；周一至周五10:00~18:00，周六9:00~17:00；免费。

07 普拉特公园

摸摸口袋，你想在游乐场坐坐各种惊险设施的想法可能就会被抛到九霄云外去了吧，但不要错过普拉特公园（Prater gardens）其他的一些好去处。它是维也纳城中最美的公园，占地60平方公里，你既可以带上食品过来野餐，也可以在条条林荫大道下漫步。秋日里，栗子树金黄耀眼，春天，百花争奇斗艳，四季皆有不同风情。prater.at；1020 Vienna；24小时；免费。

08 宫殿花园

想要进入维也纳气势磅礴的宫殿内部参观是要付费的，但是像皇室成员一样在宫殿外的花园散散步则不必花钱。**美景宫**（Schloss Belvedere；8a；belvedere.at；Rennweg 6；黎明至黄昏；免费）经典的法式花园提供了无与伦比的景致，而**美泉宫**（Schloss Schönbrunn；8b；schoenbrunn.at；Schönbrunner Schloss-strasse 47；6:30至黄昏；免费）巴洛克式花园保留完好，小径在花圃、古典风格的树篱、罗马遗址和喷泉中蜿蜒环绕。

维也纳卡

如果你认为来维也纳最重要的事情是参观博物馆（当然也的确如此），就应该在来到这里后马上买一张维也纳卡（Vienna Card; wien.info），持卡可以在许多观光景点享受优惠折扣。除了在一些顶级景点可以免费或者打折外，还可以在48/72小时（18.90/21.90欧元）内在维也纳无限次使用地铁、电车和公共汽车。机场、游客中心和大多数酒店里都可以买到。

09 沿环城大道漫步

要探索维也纳的丰富多彩和宏伟气魄，即便不花一个子儿也能做到。沿环城大道（Ringstrasse）漫步，会经过全程最壮观的建筑物和最引人入胜的地标。这条环形林荫大道环绕着维也纳的内城（Innere Stadt），两旁是众多19世纪的著名建筑，既有新古典主义风格的奥地利国会大厦和令人惊叹的维也纳国家歌剧院，也能看到宏伟的皇宫和拥有完美穹顶的艺术史博物馆（Kunsthistoriches Museum）。24小时；免费。

10 咖啡馆

想将钱的价值发挥到最大化，去喝咖啡吧。你只要买上一杯咖啡，就可以想坐多久就坐多久，读读报纸啦，看看周围的车水马龙啦。维也纳是极其适合坐下来喝杯咖啡的城市，这里不仅有种类丰富的蛋糕，还有同样历史悠久的咖啡馆文化。咖啡3~5欧元。

11 纳许市场

维也纳市内的大型食品市场——纳许市场（Naschmarkt）沿Linke Weinzeile分布，总长超过500米，里面有超过100家摊点，市场的历史可以追溯到16世纪。你在这里可以买到调味料、水果、蔬菜、中东的街头食品、乳酪、橄榄、各类肉制品以及装在木桶里的传统酸泡菜。推荐你尝尝沙拉三明治（falafel）或者烤肉串（kebab），动用起你的听觉、视觉和嗅觉好好感受这里吧。naschmarkt-vienna.com; 06, Linke & Rechte Wienzeile; 周一至周五6:00~19:30; 周六6:00~17:00; 门票免费。

12 物美价廉的套餐

在维也纳的餐馆里享用一顿大餐可不便宜，幸运的是，城中许多餐厅会提供一些优惠：比如午市套餐（Mittagsmenü），一般是两道菜的午餐，菜品可从套餐的菜单里选择。最经济的做法是把午餐作为一天的主餐，尽情享受美味佳肴（只要10欧元），然后晚上再从香肠摊（würstelstand）买一根香肠（würst）作为晚餐。

维也纳/VIENNA

NORTH AMERICA
北美洲

ZEP
FCK

艺术&文化　音乐&电影　运动&休闲　美食&饮品　节日&活动

奥斯汀

如今，奥斯汀（Austin）已不再是那个安静沉寂的大学城，它已摇身一变，成为一个成熟的旅行目的地，游人们络绎不绝（虽然有的人只是开U-Haul卡车进城逛一圈），所以这里的物价有所上涨。尽管如此，奥斯汀依然是气氛闲适的度假胜地，你还是可以找到许多便宜的休闲娱乐项目。

01 奥斯汀艺术堡

另类的奥斯汀艺术堡（Austin Art Garage）从里到外都独树一帜。它由两位当地的艺术家创建，完美地抓住了奥斯汀艺术的精髓：色彩丰富、不拘一格、拒绝一本正经。可以来这里走走看看，感受一下氛围，如果你恰好被这里的艺术品征服，不妨买一幅回家，价格很亲民。austinartgarage.com；2200 S Lamar；周二至周六11:00~18:00，周日正午至17:00；免费。

02 伊丽莎白·内伊博物馆

伊丽莎白·内伊博物馆（Elisabet Ney Museum）位于一处安静的住宅区内，位置隐蔽。这座低调的小型城堡建于1892年，是雕刻家伊丽莎白·内伊的住宅兼工作室。内伊生前曾为多位同时代的名人塑像，在美国国会大厦（US Capitol）、史密森尼学会（Smithsonian）等地都能看到她的作品。而在这座精品博物馆兼美术馆里，你还能看到一些她生平创作的最优秀的作品。304 E 44th St；周三至周日正午至17:00；免费。

03 得克萨斯州议会大厦

位于奥斯汀市中心的得克萨斯州议会大厦（Texas State Capitol）格外醒目。它始建于1888年，目前已被列入国家历史名胜（Na-

重要数据

人口: 1,900,000

亮点: 现场音乐

货币: 美元

消费指数: 170美元/天

tional Historic Landmark)名录。这座建筑粉红色的花岗岩外墙有如被夕阳映照，是全美规模最大的议会大厦。推荐参加45分钟的免费导览游，可以对其历史、政府组织和建筑形式有个大致了解，不参加导览游的话，至少也去参观下圆形大厅——去感受一下它的大穹顶和回音廊。1100 Congress Ave; 周一至周五 7:00~22:00, 周六和周日 9:00~20:00; 免费。

04 蝙蝠出洞

从3月末到11月初，每到傍晚时分，全美最壮观的一群墨西哥无尾蝙蝠都会上演一场令人难忘的大秀。150万只蝙蝠以铺天盖地之势从国会大道桥(Congress Avenue Bridge)下飞过觅食，就如同《蝙蝠侠》电影中的特效镜头一般，人们会聚集在这里观看这一由蝙蝠组成的漏斗云奇观。Congress Avenue Bridge; 黄昏时分; 免费。

05 日尔克大都会公园

你可以参观日尔克大都会公园(Zilker Metropolitan Park)里的日式庭院，玩几盘飞盘高尔夫，或者在巴顿喷泉池(Barton Springs Pool，一个1.2公顷的可供游泳的深潭，池水极其冰凉)里解暑。冬季以及清晨都免费，而在烈日炎炎的夏日晌午，大多数游客还是非常愿意支付4美元的门票费的。2100 Barton Springs Rd; 周五至周三 5:00~22:00; 免费; 周末停车场5美元。

06 Chuy's

这可是当地万千学子的最爱: Chuy's的餐车(工作日 16:00~19:00)在"欢乐时光"打折时段免费供应的烤干酪辣味玉米片，会勾起你对美式墨西哥美食的向往。要是不想白吃，你可以点一杯啤酒或者玛格丽塔，但其实大可不必在意。Chuy's自20世纪80年代开业以来，就一直没换过地方，轻松随意的氛围也保留至今。chuys.com; 1728 Barton Springs Rd; 周日至周四 11:00~22:00, 周五和周六 11:00~23:00; 免费。

现场音乐

奥斯汀的现场音乐非常出名，每晚都有表演——有的很贵，有的免费，完全取决于你想怎么玩。Continental Club(continental club.com; 1315 S Congress Ave; 营业至次日2:00; 门票价格不定)**是一家在当地颇受欢迎的夜店，在"欢乐时光"打折时段会有免费表演。或者去Elephant Room**(elephantroom.com; 315 Congress Ave; 营业至次日2:00; 周日至周四免费)**欣赏爵士乐，环境非常酷，是地下室风格的装修。Little Longhorn Saloon**(the-littlelonghornsaloon.com; 5434 Burnet Rd; 周二至周日免费)**没有最低消费，是城中最受欢迎的廉价酒吧。**

重要数据

人口: 4,700,000

亮点: 历史, 大学, 有历史的大学

货币: 美元

消费指数: 250美元/天

波士顿

波士顿 (Boston) 的历史堪比一部美国史。这座城市的好学精神对美国历史的影响是无与伦比的。这里的高校是艺术创新和科学思维的源泉, 而庞大的学生人数则保证了城市里有源源不断的廉价啤酒和免费娱乐。

艺术&文化 音乐&电影 运动&休闲 美食&饮品 节日&活动

01 波士顿公共图书馆

既然是公共图书馆，当然是免费对公众开放的。但是波士顿公共图书馆（Boston Public Library）还是一间小型的艺术和建筑博物馆，馆内可以欣赏到约翰·辛格·萨金特（John Singer Sargent）和皮埃尔·皮维·德·夏凡纳（Pierre Puvis de Chavannes）创作的壁画、奥古斯塔斯·圣·高登斯（Augustus Saint-Gaudens）的雕刻作品和丹尼尔·切斯特·弗伦奇（Daniel Chester French）设计的精美绝伦的铜门。建议领一份小册子再进去参观，或者参加每天都有的免费导览游。bpl.org；700 Boylston St；周一至周四9:00~21:00，周五至周六9:00~17:00，周日13:00~17:00；免费。

02 免费的博物馆之夜

波士顿拥有丰富的艺术收藏，但是博物馆的门票都价格不菲。幸运的是，波士顿美术博物馆（Museum of Fine Arts，简称MFA）和当代艺术博物馆（Institute for Contemporary Art，简称ICA）每周都有一个晚上免费对外开放。周三晚上可以去**波士顿美术博物馆**（2a；mfa.org；465 Huntington Ave；周三16:00~22:00；免费）欣赏印象主义作品，而周四可以去**当代艺术博物馆**（2b；icaboston.org；100 Northern Ave；周四17:00~21:00；免费）品味当代作品。

03 哈佛大学

自从1636年建校以来，“哈佛”之名就从来不乏关注：哈佛大学（Harvard University）是全美历史最悠久也是最著名的学府。这所学校最古老的地方就是哈佛园（Harvard Yard）——红砖老楼和林荫小道散发出浓浓的校园气息。建议参加由学生带领的导览游，你可以详细了解这里的大学生活、百年老建筑，参观著名的“三大谎言雕像”。harvard.edu/visitors；1350 Massachusetts Ave；详情可登录学校网站；免费。

04 SoWa艺术家协会

波士顿最火的当代艺术中心位于SoWa（意为华盛顿街以南）。而**SoWa露天市场**（4a；SoWa Open Market；newenglandopenmarkets.com；460 Harrison Ave；5月至10月10:00~16:00；免费）只有特定季节才会开放，届时许多商家会在市场中设置摊点售卖一些有趣的、稀奇古怪的工艺品。推荐你参加**SoWa每月第一个星期五**（4b；SoWa First Fridays；sowaboston.com；450 Harrison Ave；每月第一个周五17:00~21:00；免费）的各类走进幕后活动，届时艺术家会向公众开放他们的工作室。

05 伯克利音乐学院

想了解现代爵士乐？或者作曲、电子乐以及流行音乐？你可以来极具创新力的伯克利音乐学院（Berklee College of Music）体验一下。这里除了邀请大咖举办音乐会外，还会在演奏厅中举办免费的音乐会——学生、教职工以及访问音乐家都会在这里上演他们震撼人心的表演。250多项格莱美大奖花落此地，所以这里的音乐水准应当不会差。berklee.edu/events；免费。

06 波士顿交响乐团

你想过在华丽的大厅中听一场由激情澎湃的年轻指挥家指挥的世界级管弦音乐会，而且还不用心疼钱包吗？确实有此等好事，40岁以下的人群，都有可能以20美元买到波士顿交响乐团（Boston Symphony Orchestra）的演出票。任何年龄段的观众都可以排队购买9美元的当日余票（rush ticket）——每周二、周四晚上以及周五下午音乐会开场前三小时开售。bso.org; 301 Massachusetts Ave; 票价不定。

07 查尔斯河滨大道

不妨在查尔斯河滨大道（Charles River Esplanade）上找个地方歇歇脚，感受拂过水面的微风，看一场免费的家庭电影（7月至8月，周五傍晚），或欣赏一场管弦乐表演（bostonlandmarksorchestra.com; 7月至8月，周三19:00）吧。如果你不想老是坐着，那就去大贝壳舞台（Hatch Shell）参加河滨大道协会免费组织的尊巴舞（7月至9月，周二18:00），或者去Fiedler Field做做瑜伽（7月至9月，周三18:00），或者体验其他免费健身项目。esplanadeassociation.org; 免费。

08 阿诺德树木园

阿诺德树木园（Arnold Arboretum）占地265英亩/107公顷，拥有约15,000株引进树种。来到这座世外桃源，在异域树木和鲜花灌木间享受片刻宁静，你会感觉远离尘嚣。此外，你还能在这里享受一些免费的学习体验，比如参加导览游（周一、周四和周六10:30，周日13:00）、讲座和艺术展览。5月初是丁香花盛开的季节，尤其值得一去。arboretum.harvard.edu; 125 Arborway, Jamaica Plain; 黎明至黄昏; 免费。

09 蓝山自然保护区

蓝山自然保护区（Blue Hills Reservation）占地超过7000英亩（28平方公里），紧邻市区，是亲近自然的绝佳去处。山上纵横交错的登山步道总长约125英里（200公里），其中有一些小道可通向大蓝山（Great Blue Hill，海拔194米）的山顶，在那里可以欣赏美丽的城市天际线。游客还能在这个四季皆宜的旅游景点里游泳和滑雪，从波士顿市中心往南14英里（23公里）就能到。695 Hillside St, Milton; 清晨至黄昏; 免费。

© Chuck Purro | 500px

历史的脚印

波士顿打响了美国独立战争的第一枪。要了解这段革命的历史，最好沿“自由之路”（Free-dom Trail; thefreedomtrail.org; 免费）游览——这是一段2.4英里长的环城徒步游，会经过16处历史遗迹。从波士顿公园（Boston Common，美国历史最悠久的公共公园）出发，沿着红线前往邦克山（Bunker Hill，重要战役遗迹），沿途会经过几座重要的教堂、墓地、会场和博物馆——其中有许多都是免费参观的。如果你想跟着导游参观，4月至10月（时间不定），国家公园管理局（National Park Service; nps.gov/bost）会组织从Faneuil Hall出发的免费导览游，游览部分线路。

学生式消费

大学生总是知道怎么能在波士顿找到物美价廉的东西。如果你饥肠辘辘又没什么钱，研究生约翰·路易斯（John Louis）推荐你去唐人街：“Peach Farm（4 Tyler St，11:00至次日3:00）位于唐人街里一条简陋的小街的地下室，但可以吃到最棒的美味特价午餐，量大又实惠，只要4.99美元。”另外，如果想找点乐子，晚上的开麦之夜（open-mic nights）“绝对酷毙了”。路易斯推荐Lizard Lounge（lizardloungeclub.com；1667 Massachusetts Ave，Cambridge；周一 19:30；顾客/表演者 6/3美元）的开麦挑战（Open-Mic Challenge）。Wally’s Café（wallyscafe.com；427 Massachusetts Ave；18:00~21:00；免费）晚上的摇滚爵士音乐会也颇受人们欢迎。

10 贾德森·B.科伊特天文台

如果晚上皓月当空又正好是个周三，不如去波士顿大学（Boston University）的贾德森·B.科伊特天文台（Judson B Coit Observatory）观星咯！天文小组的成员会为你解答问题，帮你把望远镜对准正确的方向。bu.edu/astronomy；725 Commonwealth Ave；10月至次年3月19:30，4月至9月20:30；免费。

11 塞缪尔·亚当斯啤酒厂

什么？有免费的啤酒喝？著名的爱国主义者塞缪尔·亚当斯也是一位不太成功的酿酒商，比起他卓越的功勋，啤酒是他留下来的不起眼的一笔财富——但是啤酒确实很好喝呀。如果你想找点便宜的活动打发午后时光，就来这里吧。建议参加塞缪尔·亚当斯啤酒厂（Samuel Adams Brewery）的导览游，了解啤酒的酿造过程，还能试喝到一些样品。samueladams.com；30 Germania St；周一至周六10:00~15:00；捐赠入内2美元。

12 即兴波士顿

波士顿是座很有喜感的城市，真的，能让你笑出声来的那种。你看，著名的喜剧演员柯南·奥布莱恩（Conan O’ Brien）、杰·雷诺（Jay Leno）和丹尼斯·利瑞（Denis Leary）一开始都是从波士顿火起来的。即兴波士顿（Improv Boston）在周末有免费的深夜节目Nightcap，而周日晚上的People’ s Show则由你来决定票价。在这些节目中，你能碰到无数的搞笑艺人（当然啦，不太可能是前面提到的那几位）表演单口相声。improvboston.com；40 Prospect St，Cambridge；周五、周六23:30和周日21:00；免费。

重要数据

人口：42,500,000

亮点：阳光沙滩上的假日

货币：多种货币；广泛使用美元

消费指数：400美元/天

加勒比海地区

加勒比海上的7000座岛屿能给你700万个造访这里的理由——在这片土地上，仿佛永远都是假日。当然，其高昂的消费也是众所周知，但是，游客们蜂拥而至只为一样特别的东西——沙滩。让人开心的是，它们都是免费的。

01 阿鲁巴岛芦荟博物馆和工厂

芦荟在19世纪中期被引进到阿鲁巴岛，在加勒比灼热的阳光下肆意生长，很快成为了当地一景。不久之后，岛上就出现了许多芦荟田，如今游客们可以参加简短的导览游，参观阿鲁巴岛芦荟博物馆和工厂（Aruba Aloe museum and factory），不仅可以一窥这段历史，还能试用一些免费的小样。arubaaloe.com; Pitastraat 115, Oranjestad; 周一至周五8:00~17:00，周六 9:00~17:00; 免费。

02 多米尼加共和国圣多明各殖民城

Ciudad Colonial也就是当地人口中的“殖民城”，是圣多明各（Santo Domingo）一处历史街区，也是美洲历史最悠久的欧洲移民定居点，已被列入联合国教科文组织世界遗产名录。教堂和小礼拜堂里还有历经几百年的装饰艺术。一定不要错过小圣玛利亚大教堂（Cathedral of Santa María la Menor），它是新大陆最古老的长方形基督教堂，从这里可以俯瞰科隆广场（Parque Colon，以探险家命名的城市中心广场）。24小时；免费。

03 格林纳达卡兰纳加港

只是单纯地逛逛街当然是免费的，而整个加勒比海地区，没有哪里比格林纳达（Grenada）首都圣乔治（St George）的海滨区更适合逛街了。卡兰纳加港（The Carenage）是一处很适合闲逛的海滨港口，这里有许多古老的牧师住宅，颜色鲜艳的船队在水面上轻轻摇晃，山坡上布满了彩色的房子，而山顶上屹立着一座高耸的石头堡垒。St George's; 24小时；免费。

04 特克斯和凯科斯群岛格雷斯湾

格雷斯湾（Grace Bay）的魅力毋庸置疑，这里拥有整个加勒比海地区最美丽的沙滩。蓝莹莹的海水和奶油色的沙滩就如同Pinterest（一个知名的图库）上晒的蜜月美图一样。商人们敏锐地发现了沙滩的价值，他们沿着珍珠一样的海滨建立起一系列超级奢华的酒店，但幸运的是，天堂般的沙滩还是免费的。24小时；免费。

05 圣马丁岛快乐湾海滩

如果一座小岛上拥有一整片顶级沙滩，那这里就绝不会只是你一个人的天下，但是快乐湾（Happy Bay）不同，通常，这片沙滩是干干净净的（也没什么人），而且从Friar's Bay有小路直接通向这里。因为这里的潮汐来去自如，不适合做避风港湾，所以连往来的船只都不常看见。sxm-beaches.com; 24小时；免费。

06 巴布达岛低湾

巴布达岛（Barbuda）就像是安提瓜岛（Antigua）的一个低调的小兄弟，这里的沙滩是整个区域中公认最好的。而低湾（Low Bay）又是这些沙滩中的明星，绵延17英里（27公里）的广阔沙滩，让整个海湾变成一片低矮的沙洲。一般情况下，沙滩上的鸟儿比游客多。24小时；免费。

01

徒步登山

加勒比海地区的自然资源可不仅仅是沙滩——还有成百上千座从大洋底部隆起的火山。你可以登上山顶俯瞰远景，也可以体验令人难忘的徒步线路。你只要付一点环境保护费就可以上山，以下是一些最佳路线：萨巴岛（Saba）上沿Sandy Cruz Trail登上Mount Scenery（24小时；免费）；多米尼克（Dominica）岛上沿纵横交错的徒步道穿越特鲁斯皮顿山国家公园（Morne Trois Pitons National Park; 24小时；免费）；在马提尼克（Martinique）沿Mont Pelée（24小时；免费）周围的丘陵徒步；在圣约翰岛（St John）上环绕面积广大的维尔京群岛国家公园（Virgin Islands National Park; nps.gov/viis/index.htm; 公园 24小时开放；游客中心8:00~16:30；免费）徒步。

07 巴哈马群岛埃克苏马岛野猪海滩

在加勒比海地区，只有这里能让你和“网红明星”一起游泳还不用花一分钱，因为这些明星根本就不知道自己出名了。一夜之间，埃克苏马岛上的野猪（据说是水手们放养的，他们准备出海归来做烤乳猪）就在Instagram上火了，它们每天还都会到海里游泳。Big Major Cay, Exuma, 24小时; 免费。

08 大开曼岛七英里海滩

尽管名字有些名不副实（这片沙滩其实只有5英里长），但它当之无愧是大开曼岛（Grand Cayman）上最好的一片沙滩，支撑起了岛上大部分的旅游产业，却没有四处兜售物品的小商贩。七英里海滩（Seven Mile Beach）不仅环境好，修剪整齐的绿荫点缀着白色沙滩，公共设施也很完善，使这里成为徒步、慢跑和珊瑚礁浮潜（Government House和Marriott hotel附近海域）的理想场所。caymanislands.ky/activities/beaches/sevenmilebeach.aspx; 24小时; 免费。

09 格林纳达水下雕塑公园

没错，全世界最独一无二的美术馆位于水下6英尺处。它是英国艺术家杰森·德凯莱斯·泰勒(Jason de Caires Taylor)的先锋作品，旨在通过引人注目的雕刻唤起人们的环保意识。水下所有的作品当中，最为震撼的一幅叫作《沧桑变迁》(*Vicissitudes*)——是一群孩子背对背围成一个圆圈。所谓的门票钱就是一只潜水用的氧气瓶；如果你很厉害，能一口气憋着不花钱也行。grenadaunderwatersculpture.com; Molinière Bay; 免费。

10 安圭拉岛的Hungry's

虽然一些加勒比海地区的岛屿，比如安圭拉岛（Anguilla），已经变成了商贾名流的聚会之地（布拉德·皮特和珍妮弗·安妮斯顿的“分手之屋”就在这里），但这并不意味着你必须得承受度假景区昂贵的餐饮。推荐去当地人经营的餐车用餐，比如Hungry's，这家餐车于2004年开业，经营的本地小吃非常实在，包括口味浓郁的海鲜杂烩。hungrysgoodfood.com; The Valley Rd, St Gerard's Roman

朗姆酒

朗姆酒曾是加勒比海地区殖民地经济的支柱产业之一，一些酿酒厂直到今天仍然在生产这种酒。这些酿酒厂会组织工厂导览游，不仅让你一窥当地的历史以及蒸馏工艺，还能让你不醉不归。推荐波多黎各的Casa Bacardí（visitcasabacardi.com；Carr. 165 Km.6.2, Cataño；周一至周六 9:00~16:30，周日10:00~16:30；门票12美元）；在圣克罗伊岛参观Cruzan Rum Distillery（cruzanrum.com；3A Estate Diamond, Frederiksted；周一至周五9:00~16:00，周六、周日10:00~14:00；门票8美元）；还有巴巴多斯的Mount Gay Distillery（mountgayrum.com；Exmouth Gap, Brandons；周一至周五9:30~15:30；门票10美元）。

Catholic Church对面；早餐、午餐和晚餐；例汤5美元。

11 圣马丁岛Sunset Beach Bar

在加勒比海地区，有多少沙滩就有多少家酒吧，而Sunset Beach Bar算是其中的佼佼者。酒吧紧邻国际机场，坐在这个露天酒吧的座位上可以就近看到大型喷气式客机对准跑道俯冲、准备降落，十分惊险。女士有优待：如果你上身“真空”，就可以免费喝酒。sunsetsxm.com；2 Beacon Hill Rd；早餐、午餐和晚餐；啤酒3美元起。

12 特立尼达和多巴哥的特立尼达狂欢节

特立尼达狂欢节（Trinidad Carnival）是加勒比海地区规模最大的：每年圣灰星期三之前（一般是2月中）的周一和周二，全岛都会沉浸在狂欢节欢乐的气氛当中。当然，参加狂欢节的游行肯定会有一些花费，但是观看焰火表演是免费的，Soca舞的舞者们戴着五彩缤纷的头饰旋转着，鼓乐队的鼓声在空中回荡。gotrinidadandtobago.com/trinidad/carnival；地点、时间不定；免费。

© John Bryden | 500px, Travis Snelling

芝加哥

提起芝加哥（Chicago），你可能会想到这里的摩天大楼和世界级的博物馆——它们的确实至名归。但不要忽略了稀奇古怪的美术馆、摇滚乐派对以及有着顶级大厨的小餐馆。不得不说，这座风城（Windy City）低调而文雅的清风，会让你招架不住的。

艺术&文化　音乐&电影　运动&休闲　美食&饮品　节日&活动

01 美国托比罐子博物馆

托比罐子（Toby jug）就是一个胖老人形状的陶瓷罐：老人头戴三角帽，身穿18世纪的服饰。几百年间，罐子有时还会烧制成别的模样，比如约翰·F.肯尼迪（John F Kennedy）、约瑟夫·斯大林（Joseph Stalin）或是一只眼神忧伤的小狗崽。美国托比罐子博物馆（American Toby Jug Museum）的地下室里藏有大约8000个罐子，堪称世界上最齐全的收藏。老板会亲自带你参观。tobyjugmuseum.com；910 Chicago Ave, Evanston；周二和周四10:00~16:00；免费。

02 芝加哥文化中心

芝加哥文化中心（Chicago Cultural Center）这座地标建筑（1897年）占领了一整个街区，是免费文化盛事的宝库。其中最棒的活动有质量上乘的艺术展、外国电影放映和爵士乐队与电子舞曲DJ助阵的午间音乐会。中心内还有两个非常精美的彩色玻璃穹顶。周末，由志愿者们带领的1小时步行游览从这里出发前往市区。chicagoculturalcenter.org；78 E Washington St；周一至周四9:00~19:00，周五和周六9:00~18:00，周日10:00~18:00；免费。

03 弗兰克·劳埃德·赖特的建筑

当然，你可以花上17美元报名去游览**弗兰克·劳埃德·赖特故居兼工作室**（Frank Lloyd Wright's Home and Studio；951 Chicago Ave, Oak Park；9:00~17:00），这位著名建筑师就是在那里开创了自己的草原式住宅风格（Prairie Style）。不过，你也可以在这一街区闲逛，在他设计的其他住宅前面瞻仰一番。他有10座建筑就聚集在几条街区的范围内。上网搜索一下，或是在工作室商店购买一张4.25美元的建筑物地图以了解详情。

04 洛根硬盘复古街机博物馆

洛根硬盘（Logan Hardware）是一家二手唱片店，它的后屋里还藏着一座洛根硬盘复古街机博物馆（Logan Hardware Vintage Arcade Museum）。先在店里随便买点什么，然后你就可以去玩大金刚（Donkey Kong）、吃豆女士（Ms Pac Man）、桃莉·巴顿弹球游戏（Dolly Parton pinball）以及其他20种1985年前后风行的一闪一闪、呼呼旋转、哔哔作响的游戏。所有游戏都是免费的。logan-hardware.com；2532 W Fullerton Ave；周一至周六正午至21:00，周日正午至19:00；唱片3美元起。

05 钱币博物馆

溜达到隐身于芝加哥联邦储备银行（Federal Reserve Bank of Chicago）的小展览馆中，你会变得比刚进门的时候更加有钱。我是说真的，因为钱币博物馆（Money Museum）会让你带走一袋子钱（如果不是碎的就好了……）。你可以看一下关于假币的酷炫展览，然后抓着装有上百万美元的手提箱拍张照。登录cityofchicago.org查看“教育”（Education）目录；230 S LaSalle St；周一至周五 8:30~17:00；免费。

06 全美墨西哥艺术博物馆

美国最大的拉丁艺术中心由卡洛斯·托尔托莱罗（Carlos Tortolero）于1982年建立，或许是因为位于人烟稀少（但很容易到达）的皮尔森（Pilsen）社区，这里被严重忽视了。全美墨西哥艺术博物馆（National Museum of Mexican Art）里塞满了大量运用骷髅形象的民间艺术品、迷幻欧普艺术品、绝妙的珠饰和富有政治意味的拉丁、墨西哥与奇卡诺人艺术作品，这里还会举行芭蕾舞、家庭手工日以及导览游等活动。nationalmuseumofmexicanart.org; 1852 W 19th St; 周二至周日10:00~17:00; 免费。

07 第二城

即兴喜剧就发源于芝加哥，而第二城（Second City）就是它发迹的地方。比尔·默里（Bill Murray）、斯蒂芬·科尔伯特（Stephen Colbert）、蒂娜·费（Tina Fey）以及其他许多人都是在这里磨炼出了诙谐的喜剧才能。演出通常收费30美元左右，但还有一个鲜为人知的便宜可以捡：在晚上10点左右——常规演出结束之后——过来（周五和周六除外），然后免费观看一场半小时的即兴表演。secondcity.com; 1616 N Wells St; 免费即兴演出 周一至周四和周日22:00左右。

08 Buddy Guy's Legends

芝加哥孕育了电子蓝调，而欣赏这种迷醉音乐的最佳地点是Buddy Guy's Legends。晚上的演出收费10至20美元，但音乐人们在午餐和晚餐时间会免费表演。好吧，你或许应该消费点儿什么（一杯饮料或一顿饭），毕竟这里也是一家卡真（Cajun，即法裔阿卡迪亚人）风味餐厅——不过这里并不要求最低消费。buddyguy.com; 700 S Wabash Ave; 免费表演 周三至周日正午至14:00以及每天18:00~20:00。

09 夏季舞蹈节

夏季舞蹈节（SummerDance）是一个全球性的露天舞蹈派对。在夏季的每个周末，本地各族裔人士会聚集到市区格兰特公园（Grant Park）的音乐之灵花园（Spirit of Music Garden）随着音乐起舞。在1小时的

小贴士

» 芝加哥公园管理委员会（Chicago Park District; chicago parkdistrict.com）的网站上列有各种各样的免费活动，从电影到现场音乐和戏剧无所不包——都在全市各处绿地举行。

» Hot Tix（hottix.org）出售一周内话剧、喜剧和舞台艺术的半价票（外加4美元左右的服务费）。早点儿下手选择更多。

» 有许多船舶、自行车和徒步游览公司通过网上预订都有优惠（大约九折）。

» 芝加哥旅游卡（Go Chicago Card; smartdestinations.com/chicago）提供几种博物馆、团队游以及其他一些景点的优惠套餐。

舞蹈课之后，乐队们会演奏伦巴（rumba）、桑巴（samba）或是其他风格的世界音乐。参加舞蹈节并不要求你有专业的跳舞水准。cityofchicago.org；601 S Michigan Ave；6月末至9月中旬周五和周六18:00~21:30，周日16:00~19:00；免费。

10 惠斯勒

几乎每个晚上，本地的独立乐队、朋克、灵魂、乡村和爵士乐队都会聚集到小巧雅致的惠斯勒酒吧，献上精彩的演出。酒吧位于超级时髦的洛根广场街区，从来不规定最低消费。然而，人人都会购买酒吧超赞的鸡尾酒以支持这里的音乐事业。惠斯勒（The Whistler）也是一个唱片厂牌、演出场地兼美术馆：窗子里展示着本地艺术家的作品。whistlerchicago.com；2421 N Milwaukee Ave；周一至周四18:00至次日2:00，周五至周日17:00起；免费。

11 约翰·汉考克中心

芝加哥绝对会让你爽翻天。你看：这里无数的摩天大楼就能送你“上天”。有几座特别高的还有观景台，花上大约20美元就可以上去眺望远方，比如约翰·汉考克中心（John Hancock Center）位于94层的瞭望台。但请再往上走两层去Signature Lounge，买上一杯喝的，你就不必再为景观付费了。signatureroom.com；875 N Michigan Ave；9:00~23:00；酒水6美元起。

12 千禧公园的活动

千禧公园（Millennium Park）是这座市区的公共艺术之窗，在夏季会举行各式各样的免费活动，比如无偿的公园游览、义务瑜伽课和免费的儿童活动等。但没有什么比得上普利策克音乐厅（Pritzker Pavilion）的免费晚间音乐会，特别是周末还有古典乐演出。太阳西沉时，观众们会带上葡萄酒和野餐篮聚集到这里，伴随着摩天大厦渐次闪烁起来的灯光，聆听美妙的音乐。cityofchicago.org（搜索“Millennium Park”）；201 E Randolph St；6:00~23:00；免费。

平价馆子的顶级大厨

要吃上一顿芝加哥顶级大厨做的饭，你并不需要豪掷千金。有许多大厨会在他们的知名餐厅隔壁开设平价的餐馆。就说斯蒂芬妮·伊泽德（Stephanie Izard）吧：在高端的Girl and the Goat对面，她开了Little Goat（littlegoatchicago.com；820 W Randolph St；周日至周四7:00~22:00，周五和周六7:00至午夜；主菜10~19美元），一间提供暖心食物的小餐馆。里克·贝利斯（Rick Bayless）也不例外，在他气派的墨西哥餐厅Topolobampo隔壁开了Xoco（rickbayless.com/restaurants/xoco；449 N Clark St；周二至周四8:00~21:00，周五和周六8:00~22:00；主菜10~14美元），供应物美价廉的墨西哥三明治（torta）、西班牙油条（churro）以及其他街边小吃。

艺术&文化　音乐&电影　运动&休闲　美食&饮品　节日&活动

底特律

汽车城（Motor City）、摩城（Motown）、美国冰球城（Hockey Town）——当谈到汽车、音乐和体育时，底特律（Detroit）不输其他任何城市。这里同时也是城市衰败最严重的地方之一。底特律有自己的问题，但这座复兴之城正在变得乐观起来。而且只要你消息灵通，这里还有无与伦比的便宜去处等着你。

01 建筑游

你可以参加Pure Detroit（puredetroit.com）提供的免费导览游，见识一下底特律最棒的建筑。比如绕着圆柱形的**文艺复兴中心**（1a；Renaissance Center；gmrencen.com；330 E Jefferson Ave；团队游周一至周五正午和14:00）走一圈，这是底特律最炫目的建筑作品。或者欣赏**嘉德大厦**（1b；Guardian Building；guardianbuilding.com；500 Griswold St）和**渔人大厦**（1c；Fisher Building；3011 W Grand Blvd；团队游周六11:00、13:00和15:00）的马赛克、壁画和彩绘玻璃。

02 海德堡项目

这里有很多古怪的事情：毛绒玩具在废弃的房屋里开茶会；空地上放着的家用电器；不再报时的巨大钟表。街头艺术家Tyree Guyton创建的海德堡项目（Heidelberg Project）为街头增添了风景，也唤起了人们对底特律衰败街道的注意；30年过去了，这一散布于几条街区的露天装置艺术仍旧为周边增色添彩，并继续困惑着过路人。heidelberg.org；3600 Heidelberg St；24小时；免费。

03 底特律爵士音乐节

在劳动节的长周末，底特律人会调低他们摇滚乐的音量，转而放起了爵士乐，因为摩城会举办享誉全球的免费爵士音乐节。底特律爵士音乐节（Detroit Jazz Festival）为期4天，占据底特律市区的几个街区，包括哈特广场（Hart Plaza）和马斯广场（Campus Martius）。音乐节分为5个会场，同时俱乐部里也会举办直到深夜的即兴演奏会，还有许多其他的相关活动。这些全都是免费的。detroitjazzfest.com；场地和时间见网站。

02

© dannyjameslane | 500px

04 贝尔岛

贝尔岛（Belle Isle）占地982英亩，是弗雷德里克·劳·奥姆斯特德（Frederick Law Olmsted）在19世纪80年代设计的城市绿洲，坐落在美国与加拿大之间的底特律河（Detroit River）上，是一片覆盖着湿地、小径并精心维护的绿色空间。这里还有布杂艺术（beaux-arts）风格的建筑、野餐区、游乐场、植物园、自行车道、博物馆、一处沙滩、一座动物园、一家水族馆和一个巨大的滑梯。belleisleconservancy.org；小汽车过麦克阿瑟桥（MacArthur Bridge）10美元，骑车和步行免费。

05 慢骑

慢骑（Slow Roll）为探索这座城市提供了新颖的视角：在自行车上观看风景。每周，数百名——甚至数千名——骑行者在指定出发点集合，开始围绕底特律进行缓慢、安全的团队骑行。每周都有一条新路线，以保证你能看到出乎意料的景致。slowroll.bike；周一18:00；年费10美元，但没交也不会被人赶走。

06 市集

在底特律繁荣的农夫市场**Eastern Market**（6a；easternmarket.com；2934 Russell St；免费），你永远都不会感到无聊。周六最热闹（全年6:00~16:00），但周二也有个小市集，周日则有个艺术家市集（6月至10月10:00~15:00）。来找一找好吃的、新鲜的农产品、现场音乐演出和瑜伽班，或者团队游和其他活动。附近的**Detroit Market Garden**（6b；greeningofdetroit.com；Orleans St；免费）是底特律最著名的城市农庄之一。

音乐人的推荐

“我最喜欢的地方是Cliff Bells（cliffbells.com；2030 Park Ave；周二至周四20:00和周日18:00），”Savage Rascals乐队的吉姆·哈巴斯（Jim Habarth）说，“那里氛围好极了，还有朗尼·史密斯博士（Dr Lonnie Smith）这样的顶级爵士表演。”唱作人保利娜·杰恩（Paulina Jayne）推荐Shelter（saintandrewsdetroit.com；431 East Congress St；演出13~17美元）：“这里会有很亲密的体验，你就坐在歌手旁边。”

重要数据

人口：3,800,000

亮点：音乐

货币：美元

消费指数：195美元/天

TOP 10

在自由之地与勇者之乡寻找经济划算的惊险刺激吧。

© Stephen Frink | Getty Images

水下生活

带好脚蹼和浮潜装备，去探索佛罗里达群岛国家海洋保护区（Florida Keys National Marine Sanctuary）吧，那里保护着地球第三大的珊瑚礁，水中还有一座深渊基督（Christ of the Abyss）像。floridakeys.noaa.gov; Key Largo, FL; 免费。

观看冰川

在夏季，阿拉斯加科尔多瓦（Cordova）附近位于路旁的柴尔德斯冰川（Child's Glacier）每15分钟就会有冰塌下。要想登上冰川，就去马塔努斯卡（Matanuska），那里有从楚加奇山（Chugach Mountains）延伸出来的一条43公里长的冰舌。免费。

徒手冲浪

没冲浪板？没钱？别担心！去夏威夷的Point Panic海滩吧。这个冲浪圣地的海浪简直是为徒手冲浪者量身定制的。冲浪板使用者们会敬而远之，最适合一毛不拔的纯粹主义者们。Hawai'i, HI; 免费。

深水攀岩

深水攀岩（Deep-water Soloing，简称DWS）就是在没有保护装置的拖累（和开销）的情况下攀岩——只有你自己、岩壁和下方的水。鲍威尔湖（Lake Powell）大片的湖滨线就是深水攀岩的完美场所。lakepowell.com; Glen Canyon National Recreation Area, UT; 免费。

追逐风暴

“海边班登”（Bandon-by-the-Sea）自诩为“世界观赏风暴之都”（stormwatching Capital of the World），到了冬天太平洋肆虐的时候，这里的海滩就会饱受风浪的鞭挞。在俄勒冈州的布拉德斯海滩（Bullards Beach）可以从一浪盖过一浪、螺旋上升的海水后方观看风暴。免费。

FREE WHEELIN' ALL-AMERICAN ADVENTURES

全美十大自由探险活动

北欧式滑雪

忘掉昂贵的缆车票、高到离谱的山上住宿费以及拥挤的滑雪道吧，在密歇根州的希金斯湖（Higgins Lake）试试自己北欧式滑雪（Nordic skiing）的身手，那里维护良好的雪道纵横交错，总长达19公里，每天只要8美元。

旧金山跑酷

在做猴子跳的时候你能保持簪在头发里的花不掉吗？但无论你是一个跑酷老鸟还是一只跑酷雏鸡，成熟的旧金山跑酷（San Fran parkour）界都欢迎你。免费提供入门课程。facebook.com/SFParkour；免费。

峡谷探险

把犹他州壮丽的Peekaboo-Spooky Gulch Loop环线和大阶梯-埃斯卡兰特国家保护区（Escalante-Grand Staircase National Monument）叠加到一起，就组成了一段5公里（3小时）的轻松往返攀登穿越路线，中间有大量的窄缝和拱门可以探索。这条路线能提供令人着迷的峡谷探险运动的入门级体验。utah.com/hiking；免费。

越野跑步

秋天，绕着纽约州的普拉西德湖（Lake Placid）越野跑，沿着小径穿越阿迪朗达克山（Adirondack Mountains）24,200平方公里的美妙森林，去感受层林尽染的漫山秋色吧。lakeplacid.com；Lake Placid, NY；免费。

抱石攀岩

抱石攀岩也是一项基本不受装备限制的运动，你要全凭自己的力量解决岩石上的所有问题……毕晓普（Bishop），位于加利福尼亚州的内华达山脉（Sierra Nevada Mountain Range）上海拔较低的地方，是世界上最赞的抱石攀岩目的地之一。bishopvisitor.info；Bishop, CA；免费。

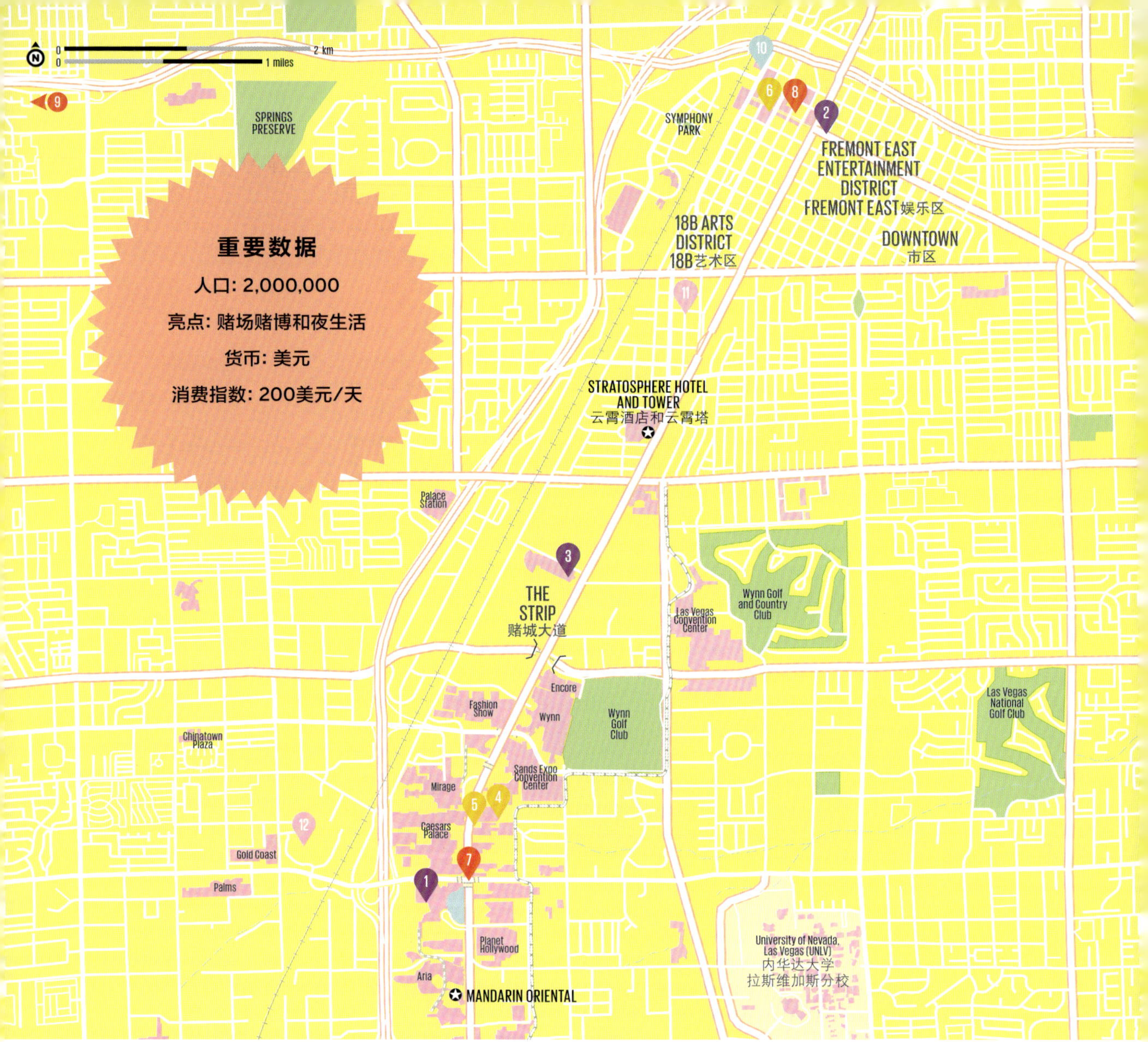

重要数据

人口: 2,000,000

亮点: 赌场赌博和夜生活

货币: 美元

消费指数: 200美元/天

拉斯维加斯

要来“罪恶之城”(Sin City),并不需要什么理由。霓虹闪烁的赌场、魅力十足的夜店、通宵无休的结婚礼堂和老虎机叮叮当当的声音共同组成了这一美式的海妖诱惑。你可以在一天里轻松花掉1000美金,但真没必要这么做——这里有很多免费和优惠的便宜可捡。

艺术&文化　音乐&电影　运动&休闲　美食&饮品　节日&活动

01 贝拉吉欧温室植物园

通常，拉斯维加斯给人的感觉太过人工，在烟雾缭绕的赌场里看不到真实的青枝绿叶和阳光。但这个豪华赌场的室内温室是赌城大道（Las Vegas Strip，简称Strip）上一处清爽的别样绿洲。在贝拉吉欧温室植物园（Bellagio Conservatory and Botanical Gardens）有根据季节和假日变换主题的花展，非常受欢迎。有些花卉布置精致复杂，需要动用起重机从玻璃天花板起吊到指定位置。3600 Las Vegas Blvd S；24小时；免费。

02 滑稽名人堂

如果想体验经济实惠的娱乐活动，就去另类、艺术风格的Fremont East娱乐区，沿着市区“金沟银壑”（Glitter Gulch）赌场街往东走一点就是。你可以到Emergency Arts创意园去欣赏怡人的怀旧照片和几十年前拉斯维加斯漂亮的舞女们所穿的镶有亮片、几乎遮不住身体的服装。burlesquehall.com；520 Fremont St；周二至周六11:00~19:00，周日正午至17:00；免费，建议支付小额捐款。

03 马戏团赌场里的马戏

这不是你的幻觉：21点纸牌桌和轮盘赌上方的半空中的确有个人在走钢丝。欢迎来到马戏团赌场（Circus Circus），这里有大量的免费娱乐让你从输家（也可能是最初的赢家）心态中分分神。观看柔术杂技、变戏法和小丑表演不收费。circuscircus.com；2880 Las Vegas Blvd S；周日至周四11:00~23:00，周五11:00至午夜，周六11:00至次日1:00；免费。

04 大号猫王

在赌城大道上的哈拉斯酒店（Harrah's）内有一座以忏悔星期二（Mardi Gras）为主题的有趣赌场，里面有一家钢琴吧（Piano Bar），皮特·瓦利（Pete Vallee）已经在此贡献了7000多场“大号猫王”（Big Elvis）的表演。尽管沙发区有两杯酒水的最低消费要求，站在赌场里听歌并不收钱。额外彩蛋：“大号猫王”接受观众点歌。bigelvislasvegas.com；3475 Las Vegas Blvd S；演出时间不固定，通常为周一、周三和周五的14:00、15:30和17:00；免费。

© Mitchell Funk | Getty Images

05 Carnaval Court

这家露天夜店位于赌城大道的正中间，欢迎所有人，除了周末的深夜以外不收入场费。你可以欣赏花式调酒师在调制鸡尾酒时专业地摆弄燃着火焰的酒瓶，同时精力充沛的翻唱乐队在舞台上表演着摇滚。这里的客人形形色色，是来自各个年龄层的派对咖，既有“钱紧”的学生也有婴儿潮时代的人（指20世纪50年代至70年代出生的人）。3475 Las Vegas Blvd S；11:00至次日3:00；通常不要求最低消费。

06 弗里蒙特街的体验

尽管很迷幻又矫情得过分，你却无法忽视这里的天幕（Viva Vision）光影秀，它在450米长的天幕上以550,000瓦的声功率和大约1250万个LED灯来冲击你的感官。商业步行

最佳免费风景

你可以花大价钱去体验世界最高的观景摩天轮High Roller(3545 S Las Vegas Blvd),但为什么非得掏钱不可?不如去德拉诺酒店(Delano Hotel;3940 S Las Vegas Blvd)搭乘观光电梯到64楼的Skyfall Lounge,或到文华东方酒店(Mandarin Oriental Hotel;3752 S Las Vegas Blvd)23楼的"空中大堂"(sky lobby)欣赏赌城大道的街景。云霄塔(Stratosphere Tower;stratospherehotel.com;2000 S Las Vegas Blvd)是你能登上的最高处。如果不想为观景台支付高昂的费用,就去Skylounge 107酒吧喝鸡尾酒(酒吧顾客可免费乘电梯)。

街弗里蒙特街(Fremont Street)沿途有乐队为跌跌撞撞走出赌场的人们进行免费表演。vegasexperience.com;弗里蒙特街,Main St和Las Vegas Blvd之间;24小时,演出自黄昏至午夜或次日1:00每小时一次;免费。

07 赌城大道

赌城大道(Las Vegas Strip)上复制了世界各地的地标,你可以免费观看**迷拉吉**(Mirage;mirage.com;3400 Las Vegas Blvd S)的火山喷发,欣赏**贝拉吉欧**(bellagio.com;3600 Las Vegas Blvd S)的音乐喷泉,或是看着贡多拉(gondola)船夫唱着歌将小船划过人造运河。往南走,不妨在"欢迎来到绚丽的拉斯维加斯"(Welcome to Fabulous Las Vegas)的招牌之前与猫王的模仿者合一张影(最好给小费)。Las Vegas Blvd S,Tropicana Ave和Sahara Ave之间;24小时;免费。

08 霓虹灯博物馆的都市艺廊

这里露天收藏的修复后的霓虹灯招牌会把你带回拉斯维加斯的"绚丽50年代"(Fabulous Fifties)和鼠党(Rat Pack)时代(20世纪60年代)。在隔壁的Neonopolis商场里,有更多的招牌围绕着中央的电梯螺旋分布,商场外还有一个巨大的阿拉丁神灯。但要注意:参观霓虹灯博物馆(Neon Museum)"霓虹灯墓地"可不便宜。neonmuseum.org;弗里蒙特街和N 3rd St;24小时;免费。

09 红石峡谷国家保护区

你可以大老远开车去大峡谷国家公园(Grand Canyon National Park)再花上30美元参观,也可以省下一笔钱,开车穿越红石峡谷(Red Rock Canyon)欣赏一段美丽的风景,后者就在拉斯维加斯的城外。其标志性的沙漠风景会令你心神荡漾。3205 Hwy 159;游客中心 8:00~16:30,观光车道6:00开放,关闭时间随季节变化17:00至20:00不定;门票 7美元/车。

10 Garden Court Buffet

老城区的一切都比赌城大道上的便宜:不仅酒类如此,自助餐也一样。比如Main

Street Station赌场里这家风味齐全的人气餐厅。周五晚上的海鲜餐要额外付费，但无限供应的蟹腿、新鲜去壳的生蚝，还是超值的。200 N Main St；周一至周四7:00~21:00，周五至周日7:00~22:00；8~15美元。

11 拉斯维加斯每月第一个星期五

本地艺术家、音乐人、街头艺人、潮人和赶场的人会为了每月的免费盛会聚集起来。你可以走过嘈杂的艺廊，从快餐车买一份便宜的创意小吃，然后聆听独立乐队的现场表演。这些在市区的18b艺术区（18b Arts District）和Fremont East娱乐区都可以找到，而且那里还有几场续摊派对。Casino Center Blvd，Colorado St和California St之间；每月第一个周五17:00~23:00；免费。

12 世界扑克大赛

世界扑克大赛（World Series of Poker）中的一系列赛事每年在Rio赌场举行，赌场就在赌城大道的西边。这里的主力选手都已经在无限额德州扑克（Texas Hold ’Em）锦标赛[又名“压轴赛”（Main Event）]中练就了完美的扑克脸。观赛免费，但如果你想进场玩，则至少要花565美元。3700 W Flamingo Rd；5月末至7月中和11月中；观赛免费。

赌场的免费酒水

当你在拉斯维加斯的赌场里赌博时，酒水是免费的。就算你只用硬币玩老虎机，你仍旧有权免费喝酒。可以在赌场里找巡场的鸡尾酒服务员点单——别忘了在她们给你拿来酒水的时候支付至少1美元的小费。对于大额赌客[又叫豪赌客（high roller），或“鲸鱼”（whales）]来说，RFB[房间（room）、食物（food）和三餐（board）]都是免费的。当入住赌场酒店时，小额玩家记得要一下促销优惠券[promotional coupon，有时叫赌场“玩乐簿”（fun book）]，可以享受酒水买一赠一、折扣演出票等优惠。

重要数据

人口: 15,000,000

亮点: 美国人口最多的县什么都有，高雅文化和低俗迷人的夜生活，还有适合户外运动的沙滩和高山

货币: 美元

消费指数: 195美元/天

洛杉矶

洛杉矶(Los Angeles)是梦想家、摇滚客和冒险家——以及他们的爱慕者——的灯塔。这里不仅有星光熠熠的好莱坞魔法，还有世界级的文化机构、沙滩、徒步和小联合国般多元化的民族。虽然洛杉矶是美国生活成本最高的城市之一，但也有许多超赞的活动一分钱都不用花。

艺术&文化　音乐&电影　运动&休闲　美食&饮品　节日&活动

01 盖蒂中心

高踞山上的盖蒂中心（Getty Center）造价不菲，是美国最受欢迎的博物馆之一。它的四大亮点是：精彩的艺术品收藏[从文艺复兴时期的杰作到戴维·霍克尼（David Hockney）的作品]；闪亮的白色前卫建筑；四季变换的花园带来的视觉盛宴；一览众山小的气派，能俯瞰洛杉矶盆地（LA Basin），将市区直到太平洋的景致尽收眼底。getty.edu；1200 Getty Center Dr, Westside；周二至周五和周日10:00~17:30，周六10:00~21:00；入场免费，但停车要15美元（16:00后10美元）。

02 布罗德博物馆

布罗德博物馆（The Broad Museum）于2015年9月开馆，是洛杉矶文化皇冠上一枚最新的宝石，收藏有亿万富翁慈善家艾利·布罗德（Eli Broad）和伊迪斯·布罗德（Edythe Broad；姓氏与"road"韵同）的2000件当代艺术品，且藏品数量还在持续增加。博物馆的穿孔式外墙有个绰号叫"面纱"（the veil），馆内则展示了战后到21世纪艺术界众多艺术大家令人惊叹的作品。thebroad.org；221 S Grand Ave；周二和周三11:00~17:00，周四和周五11:00~20:00，周六10:00~20:00，周日10:00~18:00；免费。

03 洛杉矶爱乐乐团的建筑

建筑师弗兰克·盖里（Frank Gehry）为**迪士尼音乐厅**（Walt Disney Concert Hall；3a）的创作倾尽全力。音乐厅本身堪称一座反地心引力的雕塑，为一座外观高低起伏、如波浪般的不锈钢建筑。如果你无法花大价钱去听一场洛杉矶爱乐乐团（LA Philharmonic）的音乐会，就花上45分钟的时间用自助语音导览免费探索一下这座建筑。交响乐团的夏季驻地**好莱坞露天剧场**（Hollywood Bowl；3b；hollywoodbowl.com；2301 Highland Ave），有着近18,000个座位，十分壮观，而最便宜的席位只要1美元！laphil.org；111 S Grand Ave；详情见网站。

04 周六晚看电影

见多识广的洛杉矶人（Angelenos）偏爱洛杉矶独有的观影场地，其中就包括**Last Remaining Seats Film Series**（laconservancy.org），他们会在影院黄金年代的老剧

05

院里放映经典作品。在城市另一边，位于**好莱坞永恒公墓**（Hollywood Forever Cemetery；6000 Santa Monica Blvd）的**Cinespia**（cinespia.org）真是让人死也愿意去，公墓里永恒地安息着电影圈的一众传奇。而野餐、鸡尾酒和DJ们使这里成为时髦的极乐之地，在一面陵墓墙壁上还会放映电影。时间与价格不定，详见网站。

05 大步走在好莱坞星光大道上

人们在**好莱坞星光大道**（Hollywood Walk of Fame；5a；walkoffame.com；Hollywood Blvd；免费）上寻找、膜拜并手摸脚踩着玛丽莲·梦露（Marilyn Monroe）、迈克尔·杰克逊（Michael Jackson）、艾瑞莎·弗兰克林（Aretha Franklin）和大鸟（Big Bird）等明星的2400颗星星。**中国戏院**（TCL Chinese Theatre；5b；tclchinesetheatres.com；6925 Hollywood Blvd；免费）是那里的焦点，最红巨星的手印和脚印被留在水泥里供人膜拜。如果你和身着戏服的人合影，请给两三美元的小费，不然就等着面对人家的怒火吧……

06 黄金海滩

洛杉矶是个规模宏大的沙滩王国，绵延数英里的金色沙滩，棕榈树摇曳、悬崖壁立，还有打排球的、骑自行车的和玩轮滑的，弄潮儿也在浪尖冲浪。就从靠近市中心的**圣莫尼卡海滩**（Santa Monica State Beach；6a；smgov.net/portals/beach；24小时；免费）开始吧，那里的快乐码头有百年历史。南边是**威尼斯海滩**（Venice Beach；6b；venicebeach.com；24小时；免费），那里有木板路、健身者、滑板爱好者，新老嬉皮士们也在这里兜售着或奇特或平淡或漂亮的小商品，而周日的集体鼓乐已成当地一景。

07 格里斐斯公园

你竟然没有将洛杉矶与徒步联想到一起，那就再想想。这里有几十个适合徒步的场所，格里斐斯公园（Griffith Park）是其中最大的一个。它是美国最大的城市绿地之一（是纽约中央公园的5倍），拥有总长达85公里的徒步路径，还有蝙蝠侠的蝙蝠洞和好莱坞标志牌。这里还有一个圆形露天剧场、动

免费一日游

要想略微感受一下洛杉矶生机勃勃的多民族社区，就沿着轻轨金线（Metro Gold Line）往市区走。Olvera St步行街（olvera-street.com；24小时；免费）是洛杉矶最早的定居点，感觉就像一个喜庆（尽管有些花里胡哨）的墨西哥集市（mercado），你可以游览一下这里的历史住宅、品尝墨西哥式的热巧克力或是挑选亡灵节（Day of the Dead）小饰品。再往北，过了一座现代化的龙门就是唐人街（Chinatown；chinatownla.com；24小时；免费），这里满眼都是点心、中药店、仿丝拖鞋和富贵竹。然后乘金线城铁去小东京（Little Tokyo；littletokyola.org；24小时；免费），佛寺、现代美术馆、传统庭院、流行文化商店和正宗的寿司让这里变得熙熙攘攘。

经济出行

洛杉矶可以说是汽车文化的发源地，但现代洛杉矶人厌倦了堪称全美最糟糕的交通，越来越向往公共交通便捷、适宜步行和骑行的友好社区。轨道交通（Metro；metro.net）网络如今将市区和圣莫尼卡、好莱坞、韩国城（Koreatown）、Olvera Street、唐人街和小东京连接起来，车票价格低廉，单程只要1.75美元（一日/一周通票 7/25美元）。洛杉矶人也很喜欢用打车软件，比如优步（Uber；uber.com/cities/los-angeles）和Lyft（lyft.com），它们的收费比出租车低廉。一条机场快轨正在修建中；目前有收费8美元的Flyaway机场巴士（lawa.org）将洛杉矶国际机场（Los Angeles International Airport，代码LAX）与好莱坞、圣莫尼卡和市区相连。

物园、天文台、儿家博物馆、为非徒步者准备的高尔夫球场和游乐场。laparks.org/dos/parks/griffithpk；4730 Crystal Springs Dr；5:00~22:30，小径 日出至日落；免费。

08 锻炼吧，亲！

你可以在**Perry's**（perryscafe.com，多个地点；每小时/天 10/30美元）租一辆自行车，沿着35公里长的**South Bay Bicycle Trail**（8a；traillink.com）游览。再往南去，就是最早的**肌肉海滩威尼斯**（Muscle Beach Venice；8b；musclebeach.net；1800 Ocean Front Walk；24小时；免费），这里是南加州[SoCal；南加利福尼亚（Southern California）]20世纪30年代健身热潮的发源地，现在与时俱进的器械又吸引着年轻一代。那里竞争的激烈程度不亚于**圣莫尼卡国际象棋公园**（Santa Monica International Chess Park；8c；Ocean Front Walk；白天；免费）。

09 农夫市场

洛杉矶或许有着美国最棒的农夫市场。鉴于加州是美国的农业大州，这也就不足为奇了。周三和周六的**圣莫尼卡市集**（9a；smgov.net/portals/farmersmarket；Third Street Promenade & Arizona Ave，Santa Monica；周三8:30~13:30，周六8:30~13:00）就是典型的洛杉矶市场（看看专业大厨都在这里买菜），而**好莱坞市集**（9b；hollywoodfarmersmarket.org；好莱坞Ivar Av和Selma Ave交叉路口；周日8:00~13:00）则有很棒的美食、手工艺品和社区氛围。入场免费。

10 中央市场

洛杉矶最好的美食大多不贵，比如中央市场（Grand Central Market）。市场位于一座建于1905年的布杂艺术风格建筑内，有撒满锯末的过道和古旧的霓虹灯招牌，却吸引着美食发烧友们纷纷前往。美味熟食店（Wexler's）、泰国街边小吃（Sticky Rice）、丰盛的早餐（Eggslut）、奇奇奶酪（chichi cheese，DTLA Cheese）以及咖啡和糕点（Valerie），还有历史悠久的农产品摊位，各式各样的摊位绝对会令你眼花缭乱。grandcentralmarket.com；317 S Broadway；周日至周三8:00~18:00，周四至周六8:00~21:00；入场免费。

11 漫游艺廊

艺术爱好者们会狂热地涌入市中心，参加每月一次的市区艺术漫步。这个没有人带队、非常随性的徒步活动将40多家美术馆和博物馆串联起来。你会发现其中大多数都位于第三大道和第九大道之间，或百老汇和主街之间。即便有时参与活动重于艺术本身，通常也都会很有趣。如果你觉得漫游艺廊（Artwalk Gallery Tours）没意思，下次可以试试换一条路线……downtownartwalk.org；每月第二个周四正午至21:00；免费。

12 面向所有人的夏日音乐会

夏季的洛杉矶就意味着免费的户外音乐会。参加人数最多的是**Twilight Dance Series**（santamonicapier.org/twilightconcerts；免费），它将圣莫尼卡码头（Santa Monica Pier）及其相邻的海滩变成了一场跳舞派对。在市区，**潘兴广场**（Pershing Square；12a；laparks.org/pershingsquare；525 S Olive St；免费）在周六和周四晚上会举办现场演出，而**Grand Performances**（12b；grandperformances.org；免费）则在周五和周六晚上的加利福尼亚广场（California Plaza）上演世界各地的音乐、舞蹈与戏剧演出。

艺术&文化 音乐&电影 运动&休闲 美食&饮品 节日&活动

迈阿密

迈阿密(Miami)不只是一座海滩城市(当然，这里真的是一座无与伦比的海滩城市)，还是拉丁美洲、北美洲与加勒比海地区的交界地带。始终如一的好天气、国际化的艺术氛围以及对美好生活的渴望，使这座魔幻都市(Magic City)成为一个非常经济实惠的世界级目的地。

01 怀恩伍德墙

怀恩伍德街区有着前卫的仓库和工作室，自2009年，便承担起迈阿密波希米亚中心的角色。艺术漫步(Art walks)、美术馆之夜以及层出不穷的美食与夜生活在美妙的怀恩伍德墙(Wynwood Walls)蓬勃展开。墙上绘制的令人惊奇的壁画会让你惊掉下巴。thewynwoodwalls.com; NW 25th St和NW 26th St与NW 2nd Ave之间; 周一至周四11:00~23:30，周五和周六11:00至午夜，周日11:00~20:00; 免费。

02 新世界交响乐团的投影墙音乐会

弗兰克·格尔设计的新世界中心是迈阿密海滩表演艺术的骄傲。如果你想看音乐会又不想买票(还想享受南佛罗里达的美好天气)，不妨去看看新世界交响乐团的投影墙音乐会(WALLCAST at the New World Symphony)，演出被投影到新世界交响乐团建筑的外墙上，旁边就是携家带口的当地人放松的公园。nws.edu/wallcasts.aspx; Miami Beach, 500 17th St; 详情见网站; 免费。

重要数据

人口: 5,700,000

亮点: 拉美文化和无与伦比的天气

货币: 美元

消费指数: 185美元/天

03 A1A/麦克阿瑟堤道

这里免费，但这是一条车道，你需要开车才能享受美景。麦克阿瑟堤道（MacArthur Causeway）可不是随随便便的一条车道，而是迈阿密标志性的景观大道：这是碧蓝海水之上的一段短途之旅，让你在迈阿密海滩和城市高楼大厦之间驰骋。伴着佛罗里达落日时分绚烂的晚霞上路，微风吹拂着棕榈树，记得摇下车窗。24小时；免费。

04 Lincoln Road Mall

南佛罗里达趾高气扬的气质在Lincoln Road Mall表现得淋漓尽致。Lincoln Rd是一条步行街，位于这片区域最时尚的酒店与夜生活核心地段，你可以在这里观望各色人等，美丽的、傲慢的、想被人注意的或是真正耀眼的人络绎不绝。迈阿密海滩，16th St和17th St之间；24小时；免费。

05 迈阿密海滩

迈阿密海滩（Miami Beach）既可以指迈阿密市近海岛屿上的都市，也可以指该城的市属沙滩。范围大致从1st St延伸到23rd St的南滩（South Beach），是最受游客欢迎的区域；1st St到11th St多半是年轻人的派对天地，吸引着富人名流。街道数字越大的海滩就越适合家庭出游。miamibeachfl.gov；5:00至午夜；免费。

06 文化星期五

在每个月的最后一个星期五，迈阿密会通过文化星期五（cultural Fridays）活动来展现自己的拉丁传统和生机勃勃的艺术景象。这一盛大的街头派对占据了小哈瓦那（Little Havana）的中心，届时会有免费的步行游览、艺术市集、美术馆展览、大量冰爽的热带（成人与儿童）饮品以及来自整个拉丁美洲的音乐、舞蹈和食物。viernesculturales.org；SW 15th Ave和8th St；19:00~23:00；免费。

南滩酒店

南滩的酒店肆无忌惮地炫耀着财富与性感。即便你对此不敢苟同，也可以沉醉在它们的设计与景观中，比如超大游泳池旁边配以露天休息区和有廊柱支撑的穹顶天花板，令人瞠目。可以去参观一下这些酒店的大堂和户外休息区，如果你不着急离开，不妨在酒店的酒吧点一杯喝的。

艺术&文化　音乐&电影　运动&休闲　美食&饮品　节日&活动

新奥尔良

没有哪里像新奥尔良（New Orleans）这样，拥有历史建筑、色彩缤纷的住宅、美国最赞的土著菜、势不可挡的现场音乐、深厚的非裔加勒比文化积淀以及永不歇业的酒吧。这里的一切都关乎享乐与美，而这两个特征在每个街角都彰显无疑。

01 杰克逊广场

杰克逊广场（Jackson Square）坐落于法国区（French Quarter）的中心，但远离主要街道，反而对着密西西比河（Mississippi River），这条河也是最早通往新奥尔良的“公路”。广场上有修剪整齐的绿地，后方矗立着圣路易主教座堂（St Louis Cathedral），这是北美洲最古老的法国主教座堂之一；广场上挤满了街头艺人、塔罗牌占卜师、巡游的街头音乐家以及素描画家。jackson-square.com；位于St Peter St、St Ann St和Decatur St之间；24小时；免费。

02 拉法叶一号公墓

这里古树蔽日，是新奥尔良众多墓园中最有怀旧气息的一个。拉法叶一号公墓（Lafayette Cemetery No.1）里，一座座坟冢与陵墓日益衰败，而周围花园区（Garden District）一带则长满了绿色植物，草木繁盛的景象无形中消弭了墓园的伤感氛围。位于Prytania St、Coliseum St和Washington Ave之间；周一至周五7:00~15:30，周六和周日8:00~16:00；免费。

03 法国街

你可以把“音乐”这个词同新奥尔良画上等号，而城里欣赏现场音乐演出最便捷的地方就是法国街（Frenchmen Street）。导游们都说本地人不会来这里逛，但这里的演出场地、乐队和音乐爱好者们最为集中，你在街上不用付费就能听到很多演奏。音乐自18:00至次日2:00；免费。

04 城市公园

城市公园（City Park）是新奥尔良最大的公园，也是美国规模最大的城市绿地之一，这里丰富的景观元素多到可以集结成书。这里有挂满了铁兰（Spanish moss）的美洲栎树、古典的希腊式凉亭、新奥尔良艺术博物馆（New Orleans Museum of Art）及附属的雕塑园，以及与南路易斯安那（South Louisiana）荒野景色相差无几的丛林景观。neworleanscitypark.com；1 Palm Dr；日出至日落；免费。

05 忏悔星期二

忏悔星期二（Mardi Gras）浓缩了新奥尔良的一切。因为这个活动，我们能把这座城市的人口分布捋清楚：在上城（Uptown），人们为神秘“克鲁”（krewe）人从游行花车上扔下的珠子而欢呼；在黑人街区，第二路线（Second Lines）与印第安忏悔星期二（Mardi Gras Indians）的游行队伍占据了整个街道；而在下游（downriver），则是穿着疯狂滑稽的自制服饰的艺术家和音乐家们。mardigrasneworleans.com；2月，路线与时刻表见网站；免费。

06 第二路线节日和活动

第二路线（Second Lines）是每周日（夏季除外）及纪念一些重要事件时举行的街区游行，集中体现了新奥尔良的非裔加勒比文化。每一场第二路线游行都由Social Aid & Pleasure Club（黑人社区组织）组织，里边包括铜管乐队[即“第一路线”（First Line）]和舞蹈。列表和游行路线见WWOZ电台的网站（wwoz.org/new-orleans-community/inthestreet）。免费。

“欲望号街车”情结

圣查尔斯大道街车（St Charles Avenue Streetcar；norta.com；24小时；单程车票1.25美元，全天通票3美元）在与其同名的大道上来回穿梭，是新奥尔良最令人惊艳的风景。圣查尔斯大道是北美最漂亮的街道之一。这趟有轨电车会经过参天大树和豪宅，每20分钟左右停靠一站，路线横穿花园区和上城；搭一回电车是慢悠悠地体验这座城市的绝佳方式。

重要数据

人口：1,200,000

亮点：食物、音乐和一杯好酒

货币：美元

消费指数：200美元/天

NORTH AMERICA'S BEST FREE MOVIE NIGHTS 北美最佳免费电影之夜

有风景的电影，纽约布鲁克林

在曼哈顿天际线的映衬下，布鲁克林大桥公园（Brooklyn Bridge Park）每年围绕一个主题放映各种经典电影与邪典电影。潮人遇上波希米亚人再撞上伍迪·艾伦（Woody Allen）……这一切只有在纽约才会发生。brooklynbridge-park.org; 334 Furman St, Brooklyn; 7月至8月周四日落。

绿地上的放映会，华盛顿

有史密森尼学会（Smithsonian）与国家纪念区（National Monument）的风景做伴，这场免费的夏季电影节是体验国家广场（National Mall）的新方式。hbo.com/screenonthegreen/。位于4th St与7th St之间的国家广场上；7月至8月周一傍晚。

新奥尔良电影协会：月光之下看电影，路易斯安那州新奥尔良

精心策划的露天电影放映会，大多免费，专挑城市各处特立独行的场地进行放映：比如美国老铸币厂（Old U.S. Mint）、雕塑园（Sculpture Garden）等，为观影体验增添了文化气息。neworleans-filmsociety.org；春季和秋季时刻表。

小意大利露天电影节，马里兰州巴尔的摩

小意大利露天电影节（Little Italy Open Air Film Festival）是个非常有意大利社区精神的电影节，在一家餐馆屋侧一块未完工的广告牌上免费投映电影……还是从一户人家的住宅窗户投映出来的。littleitalymd.com/t/Open_Air_Film_Fest; High St和Stiles St交叉路口；7月至8月周五21:00。

INNIS TOWN HALL的周五免费电影，安大略省多伦多

多伦多大学（University of Toronto）的电影研究学生会（Cinema Studies Students' Union）与多伦多的许多电影节都联系紧密，会安排提前放映艺术电影以及导演访问等。cinssu.ca/fff-schedule/。Innis Town Hall, 2 Sussex Ave; 9月至次年4月周五19:00。

在野外，魁北克省蒙特利尔

如果你感到好奇，就去蒙特利尔国际纪录片电影节（Montréal International Documentary Festival）组织的免费放映会上看几部世界顶级的纪录片吧，一般都在公园等场地放映。ridm.qc.ca/en/ridm-en-plein-air; 7月至9月整周放映。

卡普里汽车影院，密歇根州科尔德沃特

卡普里汽车影院（Capri Drive-in Theater）位于底特律和芝加哥之间，从20世纪60年代便开始运营，为双屏幕，有种复古氛围。看看长长的车龙和音响系统（就是你汽车的收音机），怎么都值8美元票价（成人）。119 West Chicago Rd; 周末19:30开门。

迈阿密海滩音乐电影系列活动，佛罗里达州迈阿密

在这处城市公园里，电影被投映到一座84,000英寸的投影墙上，公园里长满棕榈树和九重葛（bougainvillea），距离Lincoln Road只有几步之遥。mbcul-ture.com; Soundscape ExoStage, 17 Street和Washington Avenue; 10月至次年5月周三20:00。

老帕萨迪纳电影节，加利福尼亚州帕萨迪纳

作为第一代好莱坞影星的发源地，帕萨迪纳（Pasadena）会举办为期一个月的免费的老帕萨迪纳电影节（Old Pasadena Film Festival），选片类型丰富，在多个场地放映。本地人会从聚集而来的快餐车购买小吃。oldpasadena.org; 7月至8月19:00~20:30开始。

岩石上的电影，科罗拉多州莫里森

这是你唯一能在大自然所创造的红砂岩天然圆形剧场里观看电影的机会。放映地点就在丹佛（Denver）城外，票价12美元，但体验是无价的。redrocksonline.com; 6月至9月18:30开门。

Illustration | Thomas Burden

艺术&文化　音乐&电影　运动&休闲　美食&饮品　节日&活动

纽约市

纽约市(New York City)因拥有众多世界级博物馆和剧院、丰富迷人的多元社区和举世无双的餐饮文化而著名，是世界上最迷人的城市之一。尽管物价高昂，但也有许多省钱之道：比如免费的户外音乐会和艺术展览，以及价格低廉的市集美食。

01 美国民间艺术博物馆

要想感受另类的艺术世界，比如自学成才的或跨界艺术家大出风头的地方，那就别错过位于曼哈顿上西区(Upper West Side)的美国民间艺术博物馆(American Folk Art Museum)。馆内陈列着木雕、绘画、纺织品、手工上色的照片以及许多珍品，其中还包括亨利·达戈(Henry Darger；因满是女孩的战争图画而著名)的作品。博物馆在周五傍晚有免费音乐表演。folkartmuseum.org；2 Lincoln Sq；周二至周四和周六11:30~19:00，周五正午至19:30，周日正午至18:00；免费。

02 切尔西的美术馆

纽约艺术界的中心位于西切尔西(West Chelsea)，那里曾经是工业区，如今拥有数百家美术馆。欣赏这些艺术名家与新秀的作品不用花钱，如果你在周四晚上前来，通常还能在艺展开幕式上免费品尝葡萄酒。可以从顶级美术馆开始游览，比如**戴维·茨维尔纳**(David Zwirner；2a；davidzwirner.com)、**高古轩**(Gagosian；2b；gagosian.com)和**芭芭拉·格拉德斯通**(Barbara Gladstone；2c；gladstonegallery.com)等。chelseagallerymap.com；从10th Ave到11th Ave，位于18th St和25th St之间；免费。

UNION CITY
UPPER WEST SIDE
上西区
Lincoln Center
CENTRAL PARK
中央公园
GUGGENHEIM MUSEUM
古根海姆博物馆
MILL ROCK ISLAND
YORKVILLE
CARL SCHURZ PARK
East River 东河
Hudson River 哈德逊河
UPPER EAST SIDE
上东区
The Pond
Lincoln Tunnel
THE MUSEUM OF MODERN ART
现代艺术博物馆
ROOSEVELT ISLAND
罗斯福岛
HELL'S KITCHEN
THEATER DISTRICT
剧院区
Rockefeller Plaza
TIMES SQUARE
时代广场
THE DIAMOND DISTRICT
Ed Koch Queensboro Bridge
QUEENSBRIDGE PARK
ASTORIA
GARMENT DISTRICT
HERALD SQUARE
GRAND CENTRAL TERMINAL
中央车站
PENN STATION
CHELSEA PARK
KOREATOWN
韩国城
LONG ISLAND CITY
Queens-Midtown Tunnel
CHELSEA
切尔西
FLATIRON DISTRICT
MURRAY HILL
LITTLE INDIA
小印度
SUNNYSIDE
WHITNEY MUSEUM OF AMERICAN ART
惠特尼美国艺术博物馆
MEATPACKING DISTRICT
UNION SQUARE
GRAMERCY
重要数据
人口: 8,500,000
亮点: 令人应接不暇的文化胜景
货币: 美元
消费指数: 300美元/天
WEST VILLAGE
西村
WASHINGTON SQ PARK
STUYVESANT TOWN
HUDSON RIVER PARK
GREENWICH VILLAGE
格林威治村
EAST VILLAGE
东村
NOHO
SOHO
DOWNTOWN BOATHOUSE
NOLITA
ALPHABET CITY
EAST RIVER STATE PARK
MCCARREN PARK
EAST RIVER PARK
LOWER EAST SIDE
TRIBECA
LITTLE ITALY
小意大利
EAST WILLIAMSBURG
LOWER MANHATTAN
曼哈顿下城
WILLIAMSBURG
Williamsburg Bridge
CHINATOWN
唐人街
World Trade Center Site
TWO BRIDGES
FINANCIAL DISTRICT
金融区
Manhattan Bridge
Brooklyn Bridge
BATTERY PARK
炮台公园
DUMBO
VINEGAR HILL
2 km
1 miles

03 大都会博物馆

作为艺术爱好者们的应许之地，大都会博物馆（Metropolitan Museum）占地17英亩的展览空间超乎人们的想象，里边收藏有两百多万件艺术珍品，既有古埃及的精美作品，也有欧洲大师们的精致画作。就算你已在这里流连数日，还是想回来多看几眼。入场虽不是免费，但也不一定非得花25美元。metmuseum.org; 1000 Fifth Ave; 周日至周四10:00~17:30，周五和周六10:00~21:00; 建议捐款25美元。

04 美洲印第安人国家博物馆

尽管美洲印第安人国家博物馆（National Museum of the American Indian）位于曼哈顿下城（Lower Manhattan）一座宏伟的布杂艺术风格建筑中，这所史密森尼学会的分支机构在纽约市的热门博物馆之中却常被人们忽略，但你千万别错过这里迷人的装饰艺术、纺织品以及仪式用品等各种藏品，它们记录了美国多样的土著文化。可以上网查询一下馆内舞蹈与音乐表演、手工艺展示、电影与工作坊的日程。nmai.si.edu; 1 Bowling Green; 周五至周三10:00~17:00，周四10:00~20:00; 免费。

05 狂欢布鲁克林!

东河（East River）对岸名气更响的姐妹城区（也就是曼哈顿）也没能掩盖布鲁克林（Brooklyn）的风头。布鲁克林枝叶繁茂的展望公园（Prospect Park）会举办夏季户外表演。这个系列免费表演会请到风格各异的乐队，有新奥尔良爵士、非洲放克和巴西舞曲，也有蓝草和独立摇滚。现场还有不错的饮食，比如布鲁克林本地手工酿造的啤酒。bricartsmedia.org/performing-arts/celebrate-brooklyn; Prospect Park，入口位于9th St和Prospect Park W上; 免费。

06 夏季音乐节

在纽约消磨夏日傍晚的最佳方法之一就是去中央公园（Central Park）参加夏季音乐节（SummerStage）。从6月到8月，你能看到20多场免费演出，舞蹈和音乐的演出阵容强大。姜戈姜戈（Django Django）、费米·库提（Femi Kuti）、大都会歌剧团（Metropolitan Opera）和玛莎·格雷厄姆舞蹈团（Martha Graham Dance Company）之前都登上过这里的舞台。cityparksfoundation.org/summerstage; 中央公园，入口靠近Fifth Ave和72nd St; 免费，但欢迎捐款。

当地人说

“我经常逛公园，那里总是有各种活动——免费的电影、瑜伽、音乐会等。要买东西的话，就留意一下样品特卖（sample sale），你能在那找到超值的商品。我一般都爱上Refinery 29（refinery29.com）和Flavorpill（flavorpill.com）网站看看。”——弗洛伦丝·福利（Florence Foley），时尚设计师。

“在Housing Works（housingworks.org）二手店买衣服和家居用品，它们的分店遍布全市，每家店里都有很棒的商品。夏季音乐会也很值得一去。至于那些收费的音乐会，我喜欢带上午餐坐在场地外边的草坪上蹭听。”——Heung-man R Kwan，摄影师（heungman-photography.com）

11

07 Sunny’s

在布鲁克林红钩区(Red Hook district)的水边附近，你会找到一家供应烈酒的老派酒吧，客人主要是本地人。不过，最好在周六晚过来，到时候人们会从各地赶来欣赏城里最棒的蓝草音乐。演出在小密室里进行，所以早些过来占位置。演出不收费，但出于礼貌，记得往音乐人的帽子里投几美元。sunnysredhook.com; 253 Conover St; 周六 14:00至次日4:00; 免费。

08 布鲁克林大桥公园

这片风景如画的布鲁克林大桥公园(Brooklyn Bridge Park)占地34公顷，沿东河分布。你在公园漫步游览，很难不爱上布鲁克林。除了能欣赏曼哈顿下城惊人的美景，这里还有多种活动可以参与，你可以在2号码头(Pier 2)玩轮滑，在6号码头(Pier 6)打沙滩排球，或是去布鲁克林大桥的桥墩附近坐坐历史悠久的珍妮旋转木马(Jane’s Carousel)。brooklynbridgepark.org; 6:00至次日1:00; 免费。

09 中央公园

作为纽约标志性的绿地，你可以在中央公园(Central Park)体验各种免费的趣事，比如沿着湖边漫步，或是在绵羊草坪(Sheep Meadow)扔飞盘、野餐。在工作日来可以感受田园氛围[建议去北林(North Woods)躲避人群]；而周末公园里聚集了各色人群：卖艺音乐人、随着迪斯科律动的轮滑者、排队等着坐旋转木马的一家人以及去**蒂施儿童动物园**(Tisch Children’s Zoo)看动物的人，真是一场大联欢。centralparknyc.org; 6:00至次日1:00; 免费。

10 高线公园

作为曼哈顿最长的绿色空间，沿高线公园(High Line)漫步可以从最佳角度欣赏纽约风景。高线曾经是条工业货运铁路线，如今被改造成了一条绿道，装饰着野花、装置艺术和镂空观景处，你可以从镂空处看看9米下的地面活动。公园长2.4公里，从米特帕金区(Meatpacking District)的Gansevoort St延伸到W 34th St。thehighline.org; 12月至

次年3月7:00~19:00，4月至5月和10月至11月7:00~22:00，6月至9月7:00~23:00；免费。

11 斯坦顿岛渡轮

与其排着长队（又花钱）坐船去自由女神像（Statue of Liberty）那里，不如搭乘经典的亮橙色斯坦顿岛渡轮（Staten Island Ferry）。25分钟的跨港旅程不花一分钱，沿途还能欣赏到绝妙的露天风光，在船上能清楚看到那位举着火炬的女神（更别说还有鳞次栉比的摩天大楼景致了）。额外收获：你能在船上买啤酒。siferry.com；炮台公园（Battery Park）东端；24小时；免费。

12 Joe’s Pizza

Joe’s堪称比萨界的梅丽尔·斯特里普（Meryl Streep），在过去的30年里收获数十个奖项与荣誉，巩固了其作为纽约市顶级比萨店的名声。向学生、游客与名流无差别地供应切片比萨[无论是克尔斯滕·邓斯特（Kirsten Dunst）还是比尔·莫瑞（Bill Murray），大

在纽约市玩皮划艇

你很容易就会忘了纽约是座依水而建的城市。重新将纽约与水景联系起来的最佳方式之一就是去周边的船屋免费划皮划艇。你只需去现场登记一下，就可以在水上滑20分钟的皮划艇，背后可是价值上百万美元的城市风光。在这里能找到皮划艇：Downtown Boathouse（N Moore St附近的Hudson River Park；5月中至10月初周六和周日9:00~16:30）、总督岛（Governors Island；6月至8月10:30~16:00）和布鲁克林大桥公园2号码头附近（周六10:00~15:00，6月至8月周四17:30~18:45）。

家都来这里吃过比萨]。joespizzanyc.com；7 Carmine St；10:00~16:00；比萨切片2.75美元起。

13 罗斯福大道的快餐车

若论路边摊哪家强，罗斯福大道（Roosevelt Ave）及其营业至深夜的拉丁美食快餐车、食品摊很难被打败。你可以从90th St溜达到103rd St，在这一小段路上，你就能抿口香普瑞多（champurrados；一种浓郁的玉米巧克力热饮），吃点儿墨西哥三明治（cemita），再留些肚子给厄瓜多尔炖鱼。这是一次便宜而典型的皇后区（Queens）体验。时间不定。

14 Smorgasburg

纽约市最大的吃货节每个周末都在布鲁克林举行，名为Smorgasburg，届时会有规模惊人的各种食品摊供应来自世界各个角落的菜肴。有印度风格的玛萨拉（masala）三明治、甜甜圈、拉面汉堡、萨尔瓦多玉米馅饼（pupusa）、酸樱桃棒冰等，不一而足。地点见网站。smorgasburg.com；周六和周日11:00~18:00；入场免费。

© Roger Gaess | Getty Images

15 布鲁克林跳蚤市场

周末来临，不如去布鲁克林体验一下跳蚤市场（Brooklyn Flea）。100多个摊主推销着他们的各种物件，既有大量的老古董，也有不少新宝贝。从唱片到20世纪30年代的海报、古着、首饰、家居用品、艺术品、值得收藏的古董和手工艺品，几乎什么都能找到。这里还有20多个食品摊，你也不用饿着肚子逛市场了。地点随季节变换，请查询网站。brooklynflea.com；入场免费。

16 独立日

几乎所有的美国城市都会用烟火庆祝独立日（Independence Day），但以纽约摩天大楼为背景绽放的烟火表演是无与伦比的。这一大型活动通常在东河上举行，这样布鲁克林、皇后区、曼哈顿东区（East Side）的居民们都可以看到这一盛景。要提前做好规划，到时候会有很多人，记得在日落前抵达，占据一个有利的观景地点。social.macys.com/fireworks；7月4日；免费。

17 美人鱼游行

这一美妙又离奇的午后游行是为了庆祝沙滩、海洋以及夏季的到来。精心装扮的人们在科尼岛（Coney Island）上展示他们华丽夸张的美人鱼服，整个美人鱼游行（Mermaid Parade）队伍闪闪发光（还有满眼的火辣身材）。游行在每年6月最接近初夏的周六举行。当然，参与比旁观更好玩——尽管并不免费（每位参与者25美元）。coneyisland.com/programs/mermaid-parade；6月；免费。

18 万圣节大游行

在现场欣赏这场疯狂美妙的游行非常好玩，亲身参与到其中更好玩。穿好道具服、在脸上刷好大彩妆，尽情投入吧。万圣节大游行（Village Halloween Parade）的范围是Spring St到6th St。欢迎所有人参加，只要你打扮好就行。记得在万圣节19:00~21:00到达Canal St附近的Sixth Ave就行。halloween-nyc.com；10月31日；免费。

免费博物馆日

规划好你的日程，就能免费参观美国的3座顶级博物馆了。现代艺术博物馆（Museum of Modern Art，简称MoMA；moma.org；11 W 53rd St）周五16:00~20:00免费入场。可以在18:00之后再过去以错过人潮。至于古根海姆（Guggenheim；guggenheim.org；1071 Fifth Ave与89th St交叉处），周六17:45~19:45可以随意支付入场费。此外，高线公园附近新开馆的惠特尼博物馆（Whitney Museum；whitney.org；99 Gansevoort St）也有优惠夜，周五19:00~22:00随意支付入场费。

艺术&文化　音乐&电影　运动&休闲　美食&饮品　节日&活动

俄勒冈州 波特兰

波特兰(Portland)因精酿啤酒和奇特的氛围而出名，如今这里的餐饮也颇受好评。在这里用餐不再像过去那么便宜，但与同类型城市相比在高档餐厅用餐仍然比较实惠。要想吃得经济，到处都有快餐车。

02

03

04

01 俄勒冈科学与工业博物馆科学酒馆

俄勒冈科学与工业博物馆科学酒馆(OMSI Science Pub)会推出一系列关于科学、技术、历史和地理的先锋讲座，内容包罗万象，既有榅桲(quince)的起源，也有极地海洋的未来，并在讲座中加入了流行元素，寓教于乐。你用声波制造过啤酒间歇泉吗？知道嗜热菌的生命周期吗？长知识的机会来了。omsi.edu；建议捐款5美元。

02 鲍威尔书城

鲍威尔书城(Powell's City of Books)是波特兰的一家老字号——堪比一座博物馆。在大多数夜晚，这个占据了整个街区的旗舰店都会有嘉宾作家举办朗读会和签售新书。不妨迷失在众多不同色彩的房间里，寻找你想要的特价二手书吧。powells.com；1005 W Burnside St；9:00~23:00；朗读会免费。

03 森林公园

森林公园(Forest Park)这片城市自然荒野区域占地5000英亩，拥有总长130公里的徒步小径，其中包括人气颇高的48公里长

重要数据

人口: 2,000,000

亮点: 骑行与受欢迎的快餐车

货币: 美元

消费指数: 200美元/天

的野木步道(Wildwood Trail),这条步道蜿蜒穿过公园,并与多条更短的路径相连。大多数步道起点可以免费停车;从Lower MacLeay公园开始你的徒步之旅非常方便。forestparkconservancy.org; NW 29th Ave & Upshur St; 每日5:00~22:00; 免费。

04 先锋法院广场

先锋法院广场(Pioneer Courthouse Square)位于市区的中心(通常被称为波特兰的“客厅”),在这里看着人来人往很过瘾。当地人喜欢坐在广场阶梯上享用从附近快餐车里买来的美食,非常方便。在周一的10:00~14:00,这里会举办农夫市集,全年广场上都会有各种活动和节庆项目。thesquarepdx.org; SW Broadway & Morrison St; 24小时; 免费。

05 最后一个周四的艺术漫步

这场组织松散的嘉年华每个月都在时尚而艺术氛围浓郁的NE Alberta St举办。最后一个周四的艺术漫步(Last Thursday Art Walk)的场面虽然堪比骚乱(在这里是个褒义词;只是别指望把车停在附近),但你还是可以在这里购物,比如买些独一无二的纪念品,但光是四处逛逛、参观美术馆、吃吃冰激凌也同样很好玩。lastthurspdx.org; NE 15th至30th Ave, Alberta St沿途; 每月最后一个周四18:00~21:30; 免费。

06 周六市集

这个周末活动(周日也开放)确切地说是个手工艺市集,也像一个街头剧场。逛市集时从容些,别错过任何东西。你可以停下来欣赏街头艺人的表演,认真欣赏水边的风景,或是看看人来人往也不错。portlandsaturday-market.com; 2 SW Naito Pkwy; 3月至12月周六10:00~17:00,周日10:00~16:30; 免费。

“两轮”游览

逛波特兰的最佳方式——既是为了观光也是为了环保——就是骑自行车。这座城市的车辆交通越来越令人崩溃;而公共交通运作顺畅且价格亲民,但骑车更有乐趣也更加灵活,而且全城各处都有自行车道和特别标注的自行车路线。如果你没有自己的自行车,可以通过Cycle Portland Bike Tours(portlandbicycletours.com,租金5美元起)租一辆,然后拿一份自行车路线图骑车上路吧。

重要数据

人口: 3,200,000

亮点: 当然是海滩!

还有几处意想不到的历史和文化区

货币: 美元

消费指数: 165美元/天

圣迭戈

圣迭戈(San Diego)自诩为“美国最美好的城市”(America’s Finest City),我们竟无法反驳。这里有全美最完美的天气、阳光普照的海岸线、巍峨的远山、起伏的公园和喧闹的市区,有各种兴趣、爱好的人士都能在此找到无数免费游乐,比如冲浪、航海、漫步沙滩、逛啤酒馆、探寻历史的机会以及游览世界知名的动物园,不胜枚举。

艺术&文化　音乐&电影　运动&休闲　美食&饮品　节日&活动

01 巴尔沃亚公园

巴尔沃亚公园（Balboa Park）占据着市中心的黄金地段，集中了多家博物馆和花园，会让你流连数日。有些场所是免费的，比如**蒂姆肯艺术博物馆**（Timken Museum of Art；1a；timkenmuseum.org；1500 El Prado；周二至周六10:00~16:30，周日正午至16:30；免费），而其他场所则有着大城市的高昂价位，所以还是先去**游客中心**（Visitors Center；1b；1549 El Prado；9:30~16:30）有效地规划一下你的时间和预算吧。balboapark.org。

02 科罗纳多酒店

颇受欢迎的科罗纳多酒店（Hotel Del Coronado）建于1888年，在它刷白的木结构主楼中溜达不花一分钱，主楼拥有锥形塔楼、圆屋顶、角楼、阳台和大片的抛光木地板，很容易让人联想到巴拿马草帽和亚麻套装。玛丽莲·梦露1959年的电影《热情如火》（*Some Like It Hot*）就是在这里拍的，墙上还挂着上百年来曾入住过的名人的照片。hoteldel.com；1500 Orange Ave，Coronado；24小时；入场免费。

03 古城州立历史公园

1821年，当加利福尼亚还属于墨西哥的时候，古城州立历史公园（Old Town State Historic Park）就成了这片地区的首个平民定居点。如今这座广场四周环绕着树木和改建为博物馆、店铺和餐厅的众多历史建筑。你可以在每天11:00和14:00参加游客中心（Visitor Center）组织的免费导览游。www.parks.ca.gov；4002 Wallace St；游客中心和博物馆5月至9月周一至周四10:00~16:00，周五至周日10:00~17:00；公园、大多数博物馆和历史建筑入场免费。

04 电影之夜

现代化的**Pearl Hotel**（4a；thepearlsd.com；1410 Rosecrans St；周三）建于20世纪中期，它的游泳池总是很热闹，周三常会在一块大屏幕上放映免费电影，供人们在泳池中观看。如果你也想边游泳边看电影，买杯酒水就行！其他时候的晚上，你不妨花点小钱去**La Paloma Theatre**（4b；lapalomatheatre.com；471 S Coast Hwy 101，Encinitas；10美元 只收现金）看一场艺术电影，剧院位于圣迭戈县（San Diego County）北部，建于1928年，是一座装饰艺术风格的地标建筑。

05 斯普雷克尔斯管风琴廊

靠甜菜生意发家的斯普雷克尔斯（Spreckels）家族，捐赠了位于巴尔沃亚公园的这座斯普雷克尔斯管风琴廊（Spreckels Organ Pavilion），条件是圣迭戈政府必须保证永远有管风琴手来演奏。这架管风琴据说是世界第二大的户外管风琴，坐落在弧形的柱廊内。全年在周日14:00举行免费音乐会。spreckelsorgan.org；House of Hospitality，1549 El Prado #10；周日14:00；免费。

圣迭戈动物园

圣迭戈动物园（San Diego Zoo）的名气无可争议，绝对值得你花一大笔钱去参观。园内共有3000多只动物，涵盖了800多个物种，而且这家动物园很早就在模仿动物自然栖息地精心设计修建景观展示区这方面树立了典范。树袋熊非常受欢迎，是非官方的城市吉祥物；而大象、老虎、大猩猩和科摩多巨蜥（Komodo dragon）都会出来晒太阳（除了那些在室内参观的夜行动物）。sandiegozoo.org；2920 Zoo Dr；1日票成人/儿童48/38美元起；6月中至9月初9:00~21:00，9月初至次年6月中9:00~17:00或18:00。优惠票见“在圣迭戈省钱”（见217页）。

06 沙滩生活

在圣迭戈选择最棒的沙滩就像在蒂凡尼（Tiffany & Co）挑选珠宝一样困难。几乎每个十佳列表都包含了**科罗纳多市海滩**（Coronado Municipal Beach），但除了这处实至名归的明星地点，几乎每项活动都能找到相应的沙滩：**太平洋海滩**（Pacific Beach）的徒手冲浪，大洋海滩（Ocean Beach）**日落悬崖**（Sunset Cliffs）的岸边浪，适合全家出游的位于拉霍亚（La Jolla）的**贝壳海滩**（Shell Beach），颇受青少年欢迎的**使命海滩**（Mission Beach），以及同样位于拉霍亚可以裸体的**黑色海滩**（Black's Beach）。24小时；免费。

07 海港大道

养护良好的滨水步道**Embarcadero**（7a）非常适合散步或慢跑（或者看看在这里训练的美国海军）。还可以参观**中途岛号航空母舰博物馆**（USS Midway Museum；7b；midway.org；910 N Harbor Dr；10:00~17:00；成人/儿童20/10美元），这座退役的航空母舰如今已被改造成一座全美顶级博物馆。然后在时髦的购物中心**The Headquarters at Seaport**（7c；theheadquarters.com；789 W Harbor Dr；周一至周六10:00~21:00，周日10:00~20:00；入场免费）吃顿饭。

08 啤酒馆

这座"美国最美好的城市"拥有美国最美好的啤酒馆，其中包括**圣迭戈酿酒商行会**（San Diego Brewers Guild；sandiego-brewersguild.org）的大约40个成员酒馆。啤酒馆固然没有免费的啤酒，但酒水比本地鸡尾酒吧和夜店要便宜得多。试试**Stone Brewing Company**（stonelibertystation.com；2816 Historic Decatur Rd；周一至周六11:30~22:00，周日11:00~21:00；主菜14~29美元），酒馆所在建筑曾经是海军训练中心。

在圣迭戈省钱

行了，别老想着租车。圣迭戈的大部分地方都可以通过城市交通系统（Metropolitan Transit System；sdmts.com）抵达。搭乘公共汽车/有轨电车的车票价格为2.25/2.50美元，通票非常便宜（1/2/3/4日通票 5/9/12/15美元，及一次性支付2美元购买一张可反复使用的Compass Card）。至于景点的优惠票，可以购买Passport to Balboa Park（一周内可单次进入14家博物馆；成人/儿童 53/29美元）、Stay For The Day通票（5家博物馆；43美元）或是Combo Pass（Passport外加动物园门票；成人/儿童 89/52美元）。上述各种票卡都可以在Transit Store（sdmts.com；102 Broadway）购买。

09 Clayton' s Coffee Shop

有些馆子是刻意仿造的老派风格，但于20世纪40年代开业的Clayton' s Coffee Shop是货真价实的老派。这里有红色的人造革高脚转椅和带迷你点唱机的卡座，供应价格合理的全美式早餐和部分墨西哥特色菜，比如五香肉（machaca）配鸡蛋和奶酪，而帕尼尼和法式吐司三明治也毫不逊色。至于甜点，柜台那有一英里那么高的派。979 Orange Ave, Coronado；周日至周四6:00~21:00，周五和周六6:00~22:00；主菜8~12美元。

10 Mission Hills的餐馆

Mission Hills街区有点偏僻，看起来不太起眼，但这里拥有城里最受欢迎的各国风味的廉价苍蝇馆子。屡获殊荣的**Saffron**（10a；saffronsandiego.com；3731-B India St；周一至周六10:30~21:00，周日11:00~20:00；主菜8~11美元）提供泰式烤鸡、面条和沙嗲。几步之外的**El Indio**（10b；el-indio.com；3695 India St；8:00~21:00；菜肴3~9美元）自1940年起便在柜台供应牛肉小卷饼（taquito）、玉米粽子（tamale）和早餐墨西哥卷饼（burrito）。

11 国际漫展

每年7月，国际漫展（Comic-Con International）一如往常地将寻常的圣迭戈变成超级极客风格的中心。全世界的访客们掏钱来投入这场美国最大规模的漫画与流行文化爱好者盛会，这里既有超级英雄，也包含了动漫文化，还有好莱坞名人参与。票价为50美元，但你在城里能免费看到许多穿着奇装异服的coser。comic-con.org；7月末；免费。

12 舰队周

圣迭戈是美国海军太平洋舰队（Pacific fleet）总部所在地，在舰队周（Fleet Week；其实更像是舰队月）期间，军方会举办各种免费活动展示实力，比如海空联合阅兵、老爷车展览、舰艇特别团队游、米拉玛尔特技飞行表演（Miramar Air Show；世界最大型的飞行表演）和卡布里约节（Cabrillo Festival）等。在卡布里约节上，舰队会举行纪念仪式向曾“发现”了加利福尼亚的西班牙探险者致意。不妨找找身着白衣的水兵。fleetweeksandiego.org；9月中至10月初；24小时；免费。

艺术&文化 音乐&电影 运动&休闲 美食&饮品 节日&活动

旧金山

从垮掉一代的诗歌到爱与和平的嬉皮士再到硅谷(Silicon Valley)的创业公司,旧金山(San Francisco)一直以来都处于美国文化的前沿。作为游客,则可以坐着缆车或从山顶欣赏旧金山湾的风景,捕捉这座城市浪漫的一面。你绝对可以做到只把心留在这里,而无须把钱也留下。

01 巴米巷

自20世纪80年代以来,缤纷的壁画便已经成为教会区(Mission District)固有的艺术形式。如今,巴米巷(Balmy Alley)拥有全城最密集的政治壁画。你可以顺便到附近的**Precita Eyes Muralists Center**(precitaeyes.org/tours.html)拿一份街区壁画的自助步行游览地图,壁画的主题包罗万象,有湾区的日常生活,也有世界和平。balmyalley.com; Balmy St,位于24th St和25th St之间; 24小时; 免费。

02 缆车博物馆

缆车在极陡的山丘上缓慢攀升,这是这座海湾城市一幅永恒的画面。尽管缆车票不便宜(单程7美元),但是参观这座讲述缆车历史的缆车博物馆(Cable Car Museum)不会花上你一分钱,还能看到几辆古董缆车的收藏品。你甚至能看到街道下方沙沙作响、不停运转着的缆车钢索。cablecarmuseum.org; 1201 Mason St; 10月至次年3月 10:00~17:00, 4月至9月10:00~18:00; 免费。

重要数据
人口: 6,000,000
亮点: 技术创新与奔放的创造力并存
货币: 美元
消费指数: 205美元/天
0 2 km
0 1 miles
ALCATRAZ
Horseshoe Bay
San Francisco Bay
旧金山湾
Golden Gate Bridge
金门大桥
Aquatic Park
POWELL-HYDE (FRIEDEL KLUSSMANN) CABLE CAR TURNAROUND
POWELL-MASON CABLE CAR TURNAROUND
FISHERMAN'S WHARF
渔人码头
TELEGRAPH HILL
GHIRARDELLI SQUARE
THE MARINA
George R Moscone Recreation Center
RUSSIAN HILL
NORTH BEACH
PRESIDIO NATIONAL PARK
MAIN POST
CHINATOWN
唐人街
FERRY BUILDING MARKETPLACE
渡轮大楼市场
COW HOLLOW
NOB HILL
Baker Beach
PRESIDIO
GOLDEN GATE FORTUNE COOKIE FACTORY
金门饼食公司
EMBARCADERO
ALTA PLAZA PARK
LAFAYETTE PARK
CALIFORNIA ST CABLE CAR TURNAROUND
FINANCIAL DISTRICT(FIDI)
金融区
PACIFIC HEIGHTS
MONTGOMERY ST
UNION SQUARE
JAPANTOWN
日本城
THE TENDERLOIN
POWELL ST
YERBA BUENA GARDENS
FILLMORE
THE RICHMOND
WESTERN ADDITION
JEFFERSON SQUARE
SOUTH OF MARKET (SOMA)
University of San Francisco
旧金山大学
CIVIC CENTER
Civic Center Plaza
CALTRAIN DEPOT
NOPA
VAN NESS
UPPER HAIGHT
LOWER HAIGHT
HAYES VALLEY
MISSION BAY
GOLDEN GATE PARK
金门公园
BUENA VISTA PARK
CHURCH ST
POTRERO FLATS
COLE VALLEY
CORONA HEIGHTS PARK
16TH ST MISSION
CASTRO ST
University of California San Francisco
加利福尼亚大学旧金山分校
DOLORES PARK
THE MISSION
POTRERO HILL
THE CASTRO
GRAND VIEW PARK
THE SUNSET
Laguna Honda
24T ST MISSION
TWIN PEAKS
双峰
NOE VALLEY
SUNSET HEIGHTS PARK
FOREST HILL
BERNAL HEIGHTS PARK
GLEN CANYON PARK
WEST PORTAL
BERNAL HEIGHTS
GLEN PARK
MT DAVIDSON
STERN GROVE

03 城市之光书店

旧金山这座标志性的独立书店是由诗人劳伦斯·弗林盖蒂（Lawrence Ferlinghetti）在1953年参与创立的。这里政治激进主义的传统始于城市之光出版了垮掉一代诗人艾伦·金斯堡（Allen Ginsberg）的《嚎叫》（*Howl*），这一诗歌曾因猥亵言论而受到审判（弗林盖蒂胜诉）。城市之光书店（City Lights Books）经常举办作者朗读会，可免费参加，或者你只是过来看看书也不错。citylights.com; 261 Columbus Ave; 10:00至午夜; 入场免费。

04 科伊特塔

白得耀眼的科伊特塔（Coit Tower）建于1933年，这座装饰艺术风格的建筑高高矗立在北滩（North Beach）街区的电报山（Telegraph Hill）顶。塔楼低层免费参观，里面展出了公共事业振兴署（Works Progress Administration，简称WPA）的艺术家们在大萧条时期所绘的政治壁画。花点钱乘电梯去顶层，可以看到全景的风光。1 Telegraph Hill Blvd; 11月至次年4月10:00~17:00，5月至10月10:00~18:00; 入场免费，电梯8美元。

05 机械博物馆

机械博物馆（Musée Mécanique）位于Taylor St的南端，为家族所有，如同一个藏宝箱，馆内的古董街机、复古弹球机、手摇音乐盒以及其他适合全年龄段的幼稚娱乐品多到爆棚。玩游戏不免费，但非常、非常便宜；有的游戏只要一美分（别担心带硬币的问题——这里有自动兑币机）。museemecaniquesf.com; Shed A, Pier 45, the Embarcadero; 通常为10:00~20:00; 入场免费。

06 普雷西迪奥军官俱乐部

普雷西迪奥军官俱乐部（Presidio Officers' Club）位于普雷西迪奥的绿化带中，这处修复一新的军官俱乐部拥有18世纪末西班牙殖民时期的土坯墙。博物馆展览覆盖了这座城市的文化传统和海湾的自然历史，并且免费参观。可以在网上查看日程并提前申请音乐会、朗读会和考古团队游的免费入场券。presidioofficersclub.com; 50 Moraga Ave; 周二至周日10:00~18:00，特别活动日程不定；免费。

02

免费一日游

早上从北滩的一杯卡布奇诺和一块意式油酥点心开始。吃完爬上榛子街阶梯（Filbert Street Steps）前往科伊特塔。之后，漫步至城市之光书店，看完书再去唐人街吃碗面条。步行到水边的渔人码头（Fisherman's Wharf），海狮在39号码头（见222页）嗥叫，而有历史意义的轮船则在海德街码头（Hyde St Pier）停泊。搭乘缆车上山前往小巧的缆车博物馆（见218页）。在Market St下山，乘坐捷运（BART）去教会区吃一顿丰盛的旧金山式墨西哥卷饼。

07 旧金山城市导览游

这个免费的旧金山城市导览游（San Francisco City Guides）由珍视历史知识的热心志愿者们带队，会提供有意思的八卦和鲜为人知的冷知识。你可以挑选心仪的街区主题游，比如"淘金城"（Gold Rush City）或"装饰艺术风格船坞"（Art-deco Marina）。对于初来旧金山的人来说，唐人街的徒步游非常经典（在Portsmouth Square Park集合）。不用预约。sfcityguides.org；多个集合地点；游览时间各异；免费，但欢迎捐款。

08 旧金山海洋国家历史公园

旧金山海洋国家历史公园（San Francisco Maritime National Historical Park）靠近渔人码头，你可以参观公园游客中心和海洋博物馆（maritime museum）的免费展览，用口哨吹上一首水手号子。博物馆位于一座建于20世纪30年代的流线型现代主义（Streamline Moderne）建筑中，建筑外形酷似一艘远洋客轮。在海德街码头，可以看到几艘有着几百年历史的轮船随浪起伏。nps.gov/safr；499 Jefferson St & 900 Beach St；9:30~17:00；游客中心、博物馆和码头免费，轮船10美元。

09 变形虫音乐唱片店

变形虫音乐唱片店（Amoeba Music）位于历史上激进又时髦的海特（Haight）街区，是全城最可靠的独立唱片店。店里有免费的现场表演（不要门票），乐队有自欧洲远道而来的，也有从隔壁洛杉矶过来的。你可以一边浏览数不胜数的嘻哈、电子、世界节拍（world beats）以及其他令耳朵发痒的专辑唱片一边听歌——店员推荐的实验音乐会令你沉醉。amoeba.com；1855 Haight St；现场演出时间不定；免费。

10 斯特恩格罗夫庆典

这个免费的斯特恩格罗夫庆典（Stern Grove Festival）已经举办了80季，登台演出的既有高雅表演艺术团体，比如城里的交响乐团和芭蕾舞团，也有曼波（mambo）乐队和民谣等更为现代的表演。音乐会在夏季的周日午后举行。早些到达以便占据有利的观看位置，其实能占到座就已经很不错了。sterngrove.org；紧邻Sloat Blvd，位于19th Ave；6月中至8月中；免费。

11

11 探索馆

这座旧金山最受欢迎的博物馆是一个科学与感官互动的新世界。探索馆（Exploratorium）的滨海新馆门票有点高，但所有人都可以免费参观露天展厅。户外展品包括一个巨大的风弦琴（wind harp）以及隐藏在彩绘人力车中的暗箱（camera obscura）。exploratorium.edu; Pier 15, the Embarcadero; 周二至周日10:00~17:00，以及周四18:00~22:00；露天展览免费，博物馆门票 成人/儿童29/19美元。

12 金门大桥

标志性地标——金门大桥（Golden Gate Bridge）被涂成了“国际橘”（International Orange）色，雄峙于金门海峡之上，这个海峡为旧金山湾（San Francisco Bay）的入口处，风很大。站在桥身高耸的装饰艺术风格塔楼下方，你能望到茶色的马林陆岬（Marin Headlands），或是在冬季看到一群迁徙的鲸鱼在离岸很近的地方跃出水面。goldengatebridge.org; Hwy 101; 车辆交通24小时，人行道5:00~18:30，3月中至11月初5:00~21:00；人行道免费，车辆通行费7.25美元起。

13 金门公园

这座城市公园占地4平方公里，直抵大洋海滩（Ocean Beach），是一个草木丛生的世外桃源，分布着多座植物园和纵横交错的土路，值得四处走走。记得一定要看看荷兰式的风车和野牛牧场。金门公园（Golden Gate Park）还提供包罗万象的免费活动，既有户外瑜伽课程，也有意大利歌剧音乐会。goldengatepark.com; 位于Fulton St和Lincoln Way、Stanyan St和Great Hwy之间；24小时，各景点开放时间不同；入场免费，部分景点额外收费。

14 39号码头的海狮

在1989年6.9级的洛马·普雷塔（Loma Prieta）大地震后，加州的海狮开始现身于渔人码头的39号码头（Pier 39），从此它们便在那里吵闹地安家落户了——最多时有1700头海狮懒洋洋地在浮板上躺着。不妨靠近些，与这座城市的非官方吉祥物拍张合照吧。Pier 39, the Embarcadero; 10:00~21:00, 5月末至9月末10:00~23:00；免费。

去城里免费试吃

旧金山是一座吃货之城。高端的分子料理试吃套餐很容易就会让你花上数百美金，你不妨去免费尝尝这里最著名的一些风味菜肴。唐人街的金门饼食公司（Golden Gate Fortune Cookie Factory; 56 Ross Alley; 8:00~18:00）有免费试吃，不规则分布的吉拉德里广场（Ghirardelli Square; www.ghirardellisq.com; 900 North Point St; 10:00~21:00）也是如此。想要试吃更多美味，就去渡轮大楼市场（Ferry Building Marketplace）和场外每周三次的农夫市集上找找手工小吃摊的免费试吃吧。

15 El Farolito

教会区有着深厚的拉丁美洲根基，所以塔可(taco，墨西哥玉米卷)店也很多。对于小气鬼和大胃王们来说，最理想的果腹食物就是巨大的旧金山式墨西哥卷饼，饼里还卷有大米、豆子和蔬菜。试试能否一口塞下整个卷饼。El Farolito还会在里边加上厚厚的牛油果片——完美。2779 Mission St；周日至周四 10:00~14:30，周五和周六10:00至次日3:30；每餐低于10美元。

16 移动的快餐车

这些聚集在一起的快餐车自称为“移动漫游美食盛典”（roaming mobile food extravaganza)，每天在城里城外的不同地点现身。最受欢迎的地点包括周日午后的“普雷西迪奥的野餐”（Picnic at the Presidio）和周四晚的“普雷西迪奥的黄昏”（Twilight at the Presidio)，后者还有现场音乐和篝火。Offthegrid.com；Main Parade Ground，the Presidio；周四17:00~21:00和周日11:00~16:00；入场免费，食品2美元起。

17 舰队周

登上美国海军军舰、在船上四处看看，或是观看旧金山湾海军巡游表演已经很棒了，但这些还只是暖场而已。飞行表演更壮观，美国海军蓝天使特技飞行队(blue angels）做出各种令人惊叹的炫目特技飞行动作，一展雄姿。最好在Marina Green铺上野餐毯，观看这些惊险的飞行表演。fleetweeksf.org；多个地点；10月初；免费。

18 不严格的蓝草音乐节

这一超大型的户外音乐节有着十多年的历史，在10月的第一个长周末于金门公园举行。音乐节非常符合自己的名字，不仅有蓝草、民谣和乡村音乐人在7个不同的舞台上表演，还有摇滚、朋克、独立乐团和世界节拍大师们的精彩演出。这里每年都会上演100多个不同的音乐表演，来过把音乐瘾吧！hardlystrictlybluegrass.com；Golden Gate Park；10月初；免费。

© Engel | 500px

旧金山骄傲游行

旧金山因同性恋平权运动而闻名，有着全美国规模最大的LGBT骄傲游行。举办时间是6月末的一个长周末，届时会有各种大胆创意和有趣的免费活动，不过在入口处会要求少量捐款。最大型的派对是周日的游行，届时有200多个团体沿Market St游行，而上百万的观众也会身着彩虹芭蕾舞裙、全黑皮革装等各式服装热情参与。女同性恋者游行（Dyke March）和跨性别游行（Trans March）分开举行，也非常受欢迎。sfpride.org。

TOP 10 FREE-RANGE ADVENTURES IN AMERICA'S NATIONAL PARKS

美国国家公园十佳免费山脉探险

国家公园就是美国的野外游乐场。有些会象征性地收取门票，
但一旦进到里面，那些神奇美景就全都是免费的了，尽情撒欢吧。

Illustration | Hayley Warnham

01 垂直徒步

3.2公里长的断崖小径(Precipice Trail)十分险峻,沿尚普兰山(Champlain Mountain)东侧陡峭爬升,你只能沿着狭窄的岩架抓紧铁索沿阶梯近乎垂直地攀登。nps.gov/acad; Mount Desert Island, Acadia NP; 开放时间不定; 单人7日通票15美元。

02 野外温泉

在北纬45度线上把车停好,然后循着氤氲蒸汽前往沸腾河(Boiling River),这里拥有完美的浸泡条件,温泉由此流往加德纳河(Gardner River)。www.nps.gov/yell; Mammoth Hot Springs, Yellowstone NP, ID, MT + WY; 24小时; 单人7日通票15美元。

03 花朵的力量

一到春天,1500多种野花在阿巴拉契亚山(Appalachians)脚下竞相开放,一片姹紫嫣红。你可以在这些短暂怒放的花朵间进行荒野徒步和野营(每晚14至23美金)。小心黑熊。nps.gov/grsm; Great Smoky Mountains NP, NC + TN; 24小时; 免费。

04 在要塞附近浮潜

杰佛逊堡(Fort Jefferson)距离基韦斯特岛(Key West)110公里,坐落在一处珊瑚环礁上,可以开展许多海上活动。你可以在护城河与海堤附近浮潜,在鱼群、珊瑚和沉船残骸间游弋。nps.gov/drto; Dry Tortugas NP, FL; 24小时; 7日通票5美元。

05 瀑布徒步

这条10.4公里长的路径是壮观的内华达山脉(Sierra Nevada)中最精彩的短途徒步路线,穿过伴着瀑布轰鸣的水雾中,这里有两处气势磅礴的瀑布群:弗纳尔瀑布(Vernal Falls)和内华达瀑布(Nevada Falls)。nps.gov/yose; Mist Trail, Yosemite NP, CA; 24小时; 单人7日通票15美元。

06 去看熊

很少有人遭遇到大棕熊还能兴奋不已。幸运的是,在布鲁克斯营地(Brooks Camp),熊们有好吃的鱼,才不稀罕搭理你。7月至9月是看熊的最佳时节。nps.gov/katm; 24小时; Brooks Camp, Katmai NP, AL; 免费。

07 月光漫步

从霓虹闪烁的拉斯维加斯驾车不到2小时车程,你就能看到清澈的夜空,通常还能看见五大行星。夏季满月时,管理员会提供免费的月光夜间徒步。nps.gov/grba; Great Basin NP, NV; 24小时; 免费。

08 窥探火山

夏威夷的浪花很高,岩浆也很高……基拉韦厄火山(Kīlauea)是一座活火山,从夏威夷火山博物馆(Jaggar Museum)瞭望台可以望到Halema'uma'u火山口不断喷涌的岩浆。nps.gov/havo; Hawai'i Volcanoes NP, HI; 24小时; 单人7日通票8美元。

09 搜寻野牛

沿着西奥多·罗斯福这位生态保护主义总统的足迹,在以他的名字命名的公园里,探索这片荒芜的大草原,并用你的相机瞄准镜对准强壮的野牛。nps.gov/thro; Theodore Roosevelt NP, ND; 24小时; 单人7日通票10美元。

10 穿越时空

作为一座黑夜天空保护区公园,查科(Chaco)的陆地奇观与它的天文特色相辅相成,这里的普韦布洛(Pueblo)遗迹有着1000年的历史,当初就是为了在春分、秋分时校准星星位置而建的。管理员会提供免费团队游。nps.gov/chcu; 查科文化国家历史公园(Chaco Culture National Historical Park), NM; 7:00至日落; 单人7日通票6美元。

西雅图

西雅图有着互联网大佬、高科技的精巧发明和世界首富，但这并不意味着这里的物价一定很高。你可以让信用卡“休息”一下，去欣赏酷炫的公共艺术、在繁茂的城市公园中漫步，或是在全美最古老的农夫市集寻找种类丰富的便宜美食。

艺术&文化　音乐&电影　运动&休闲　美食&饮品　节日&活动

01 比尔及梅琳达·盖茨基金会游客中心

比尔及梅琳达·盖茨基金会游客中心（Bill & Melinda Gates Foundation Visitor Center）这座永续型建筑建于2011年，耗资约5亿美元，为世界首富所有，不过别担心，入场是免费的。游客中心专门为参观者设计，侧重于介绍盖茨夫妇的慈善活动，各种展览颇具启发性与互动性。欢迎参观者为基金会智库献计献策。gatesfoundation.org/visitor-center; 440 5th Ave N; 周二至周六10:00~17:00，夏季月份至18:00；免费。

02 费利蒙的公共雕塑

西雅图的费利蒙（Fremont）街区以大量令人眼花缭乱的公共雕塑践行着“标新立异的自由”（De Liberta Quirkas）这一社区宗旨。这些搞怪的造型艺术包括正在摧毁大众甲壳虫的巨怪、立在时装精品店旁的一枚“冷战”时期的火箭、等着永远也不会到来的列车的几位通勤者，以及一尊20世纪90年代从捷克斯洛伐克的垃圾场抢救出的列宁像。Fremont neighbourhood; 24小时；免费。

03 先锋广场每月第一个星期四艺术漫步

城市艺术漫步的风潮显然诞生于20世纪80年代西雅图红砖铺就的先锋广场（Pioneer Square）。这个自助徒步游仍在发展壮大中，活动涵盖了这个街区50多家美术馆中的大部分，客人得以欣赏创意十足的公共雕塑、品尝美味的咖啡、逛逛西洋公园（Occidental Park）里的临时摊位，或是见一见本地艺术家们，了解他们的灵感来源。pioneersquare.org/experiences/first-thursday-art-walk; Pioneer Sq; 每月第一个星期四18:00~20:00；免费。

04 西雅图艺术博物馆

西雅图艺术文化的繁荣要归功于新锐的西雅图艺术博物馆（Seattle Art Museum，简称SAM），每月第一个周四可以免费进馆参观。常设展览侧重展示美国原住民艺术以及精彩绝伦的现代作品，而附近的**奥林匹克雕塑公园**（Olympic Sculpture Park; 2901 Western Ave; 黎明至黄昏；免费）则展示着大量的超现实风格雕塑。seattleartmuseum.org; 1300 1st Ave; 周三和周五至周日 10:00~17:00，周四10:00~21:00；每月第一个周四免费。

05 费利蒙几乎免费的露天电影院

只有当你在费利蒙“几乎免费”的户外电影院看场电影，夏天才算真正到了。电影院栖身于一处小型停车场，周围还装饰着鲍嘉（Bogart）和伯格曼（Bergman）的壁画。在天气好的夜晚，半数街坊都会过来，有人拖着扶手椅，有人身着电影主题的服饰（丧尸装尤其流行）。移动餐车会出售味美价廉、香喷喷的小吃。fremontoutdoormovies.com; 3501 Phinney Ave N; 7月和8月；5美元。

西雅图/SEATTLE

骑行之城

西雅图本来就拥有适于骑行的美名，这一名声在2014年引入Pronto共享单车方案（prontocycleshare.com）后更加响亮了。与世界各地类似的共享单车方案一样简单，你只要花上一小笔钱（24小时8美元；3天16美元），就可以从西雅图市中心分布的50个停车点租一辆自行车。如果在30分钟内将车归还到任意停车点，就不用花任何钱。若还车超时，就会收取一小笔费用（1小时内2美元）。如果你不介意蹬蹬车，这真是一个不费脑筋的好事情，既能保持身材，又能避免塞车，还能省钱。

06 木舟中心

西雅图临水而建，所以你总有机会登上一艘船从水上眺望这座城市，伴着海鸟与荡漾水波欣赏它。25年来，这座海洋博物馆一直提供免费的1小时乘船游，船只类型各种各样。要上船的话，周日10:00后来木舟中心（Center for Wooden Boats）登记；先到先得。cwb.org; 1010 Valley St; 10:00~19:00; 免费。

07 翠湖公园

翠湖公园（Green Lake Park）环绕一座小型天然湖而建，所在地段为西雅图北部最富有的街区之一。公园里总是热闹非凡，当地人涌向这里跑步、骑车、约会甚至辩论，你可以看到这座城市不设防的一面。沿着怡人甬道漫步时注意避让滑旱冰的人以及那些正被健身私教狂虐的互联网大佬们。7201 E Greenlake Dr N; 24小时; 免费。

08 华盛顿运河水闸

华盛顿运河水闸（Hiram M Chittenden Locks）通常被称为“巴拉德水闸”（Ballard Locks），这一精巧的系统可以让各种船只顺利通过联合湖（Lake Union）与普吉特海湾（Puget Sound）之间22英尺的水位差。水闸两侧是精心护理的植物园。来这里散步，观看过往的鸟儿、船只、游艇、皮划艇和零星几只海狮等，都是极好的体验。你甚至还能看见一个水下阶梯式鱼道，专门为产卵的鲑鱼而建。myballard.com/ballard-locks-seattle; 3015 NW 54th St; 24小时; 免费。

08

06

每月第一个星期四免费

如果你在计划西雅图行程时时间安排较灵活，尽量在当月第一个星期四过来，这时城里的许多博物馆都会免收入场费。有十来个博物馆都加入了这一慷慨的方案。记得安排时间参观几个知名的大博物馆：比如西雅图艺术博物馆（见227页）——平日收费19.50美元——或历史与工业博物馆（Museum of History and Industry; mohai.org; 860 Terry Ave N; 周五至周三10:00~17:00，周四10:00~20:00，平日收费17美元），你会省下不少钱的。

09 克朗代克淘金热国家历史公园

西雅图是历史上最为传奇的淘金热的主要登船点，为北上加拿大克朗代克（Klondike）地区的淘金客们提供装备与后勤服务。克朗代克淘金热国家历史公园（Klondike Gold Rush National Historic Park）这座免费博物馆由美国国家公园管理局（US National Parks Service）运营，展览追溯了5位淘金先驱白手起家的人生旅程，重现了1897~1898年热火朝天的场景。nps.gov/klgo; 117 S Main St; 每天9:00~17:00; 免费。

10 西雅图免费步行游览

西雅图有很多不错的步行游览，比如咖啡馆串烧游或啤酒品尝游，但很少比得上2012年由两位长住西雅图的环球旅行者发起的这些免费徒步游。这些短途游文化气息浓郁，最初受欧洲城市已有的类似短途游启发而创立，围绕市中心一带的步行游览，还能了解到丰富的趣闻逸事与历史细节。请在网上预约地点。seattlefreewalkingtours.org; Pike Place Market; 团队游9:30、11:00、14:00; 免费。

11 华盛顿公园植物园

这座位于太平洋西北地区的“常青城”恰好拥有一座巨大的露天植物“博物馆”，园内植物品种多达5500余种，为西雅图环境最宜人的公园之一。西雅图或许还有更富野趣的绿地，但物种几乎都没有华盛顿公园植物园（Washington Park Arboretum）丰富，春天来临时，植物园里鲜花盛开，粉色与橙色的映山红与杜鹃花争奇斗艳。周末提供免费导览游。depts.washington.edu/uwbg/gardens/wpa.shtml; 2300 Arboretum Dr E; 黎明至黄昏; 免费。

12 派克市场

想不到吧，西雅图最大的旅游景点竟然也是最地道的终极“当地”体验之处，在派克市场（Pike Place Market），小户农民、家庭烘焙师、翻动比目鱼的渔民、手工奶酪制作师以及售卖新摘水果的摊主堪比一个非官方联盟，这些摊位如多姿多彩的街头剧院一样四散铺开，俯瞰着西雅图的水岸。提起胃口来，钻进熙熙攘攘的人群，搜寻西雅图最便宜的灵魂食物。pikeplacemarket.org; 1st Ave and Pike St; 周一至周六9:00~18:00，周日9:00~17:00; 入场免费。

艺术&文化　音乐&电影　运动&休闲　美食&饮品　节日&活动

多伦多

作为世界舞台上一个相对年轻的城市，多伦多（Toronto）涌现出了一些更新更耀眼的地标建筑，也变得越来越深刻老练。幸运的是，这里有值得骄傲的包容精神，而且你总能以各种方式用折扣的价格（有时甚至是免费的）参与城里的节日和活动，或是参观景点。

01 贝塔鞋类博物馆

这个通透的巨大鞋盒般的建筑以世界最大规模的鞋类收藏（同时藏有1000件藏品）吸引着人们。贝塔鞋类博物馆（Bata Shoe Museum）的展览富有想象力，涵盖了全球鞋履4500年的历史。如果你在周四傍晚过来，可以按意愿支付入场费，这可比买鞋便宜得多。batashoemuseum.ca；327 Bloor St W；周四17:00~20:00；建议捐款5加拿大元。

02 万年青砖厂

万年青砖厂（Evergreen Brickworks）曾经为河谷砖厂（Don Valley Brick Factory），其历史可以追溯至1889年，在废弃多年之后被重新设计为社区聚会场所。你可以沿天然小径徒步穿过旧采石场的峡谷森林和草地了解这里的历史，或是逛一下城里最大的农夫集市（周末）。evergreenbrickworks.com；550 Bayview Ave；周一至周五9:00~17:00，周六8:00~17:00，周日10:00~17:00；免费。

重要数据

人口: 6,100,000

亮点: 热爱户外的城市文化探索者

货币: 加拿大元

消费指数: 140美元/天

当地人说

“我去哪都靠步行，这是探索这座城市的最佳方式。如果你在一天内至少需要搭乘4次公交的话，就买张1日通票(11.50加拿大元)吧。多伦多的食品很棒但价格也可能很高，我会去快餐车和很多异国风格的菜馆吃饭(在Queen West上有好几家印度饼店)。我在Summerlicious(toronto.ca/summerlicious)和Winterlicious(toronto.ca/winterlicious)美食节期间下馆子的次数会多一些，届时在热门餐馆里有折扣套餐。每周四发刊的*NOW*杂志(nowtoronto.com)会列出免费的一次性活动和数不清的节日、街头与美食集市，所以你可以根据这些立刻制订出省钱计划来。”——吉诺·普利亚诺(Gino Pugliano)，多伦多居民

03 在内森·菲利普斯广场滑冰

滑冰场位于装饰拱门之下，四周高楼林立，内森·菲利普斯广场(Nathan Phillips Square)后边是市区市政厅(City Hall)，提供了低廉而纯粹的多伦多式户外体验。便宜的薯条车和供应热巧克力的地方就在几步之外。nathanphillipssquareskaterentals.com; 100 Queen St W; 11月末至次年3月中，10:00~22:00; 2小时10加拿大元。

04 女王西街

女王街(Queen Street)位于Bathurst St以西至Dufferin St之间，是多伦多最时尚的地段之一。你可以在此探索独立店铺、咖啡馆、美术馆和餐馆，它们展示了这座城市的多元文化和创业精神。然后在**Trinity Bellwoods公园**坐下来观看人来人往。Queen Street West, 位于Bathurst St和Dufferin St之间; 24小时; 免费。

05 接触摄影节

这个世界最大的国际摄影节——接触摄影节(Contact Photography Festival)贯穿了整个5月。通过公开选拔，大约有1500名艺术家参展，不断创新发展。几十处展出地点风格各异，其中还包括商铺和广告牌，你可以上网查询摄影节的安排，挑一个街区，设计一下自己的摄影节之旅。scotiabankcontactphoto.com; 多数展览免费。

06 肯辛顿市场

拥有葡萄牙、西印度群岛和中美洲等地元素(仅举几例)的肯辛顿市场(Kensington Market)崛起于移民潮时期，一直以来都是文化聚集地。市场所在街区有很多维多利亚式排屋，夏季这里尤为热闹，街道上布满了各国风味食品摊，面包房和古着店也将商品摆到了街边(最好在仅限步行的周日逛逛)。kensington-market.ca; 位于Spadina Ave和Bathurst St、College St与Dundas St之间; 每天，时间不定; 入场免费。

美国免费观赏型运动 FREE SPECTATOR SPORTS IN THE USA

体育运动在美国是件大事，头等票价格高昂，
但你也可在以下这些替代选项中免费感受体育的氛围。

美国池塘冰球锦标赛，明尼苏达州明尼阿波利斯

很简单：如果你不怕冷，就可以站着观看比赛。明尼苏达在每年1月举办的美国池塘冰球锦标赛（Us Pond Hockey Champs）是业余球队在结冰的诺科米斯湖（Lake Nokomis）上展开的比拼。这里没有座位（也不收费），在你和冰球大战之间没有任何阻碍。uspondhockey.com。

波士顿马拉松，马萨诸塞州波士顿

自1897年起，每年爱国日（Patriots' Day；4月的第三个星期一）都会举行世界最古老的年度马拉松比赛——波士顿马拉松（Boston Marathon）。站在路边，你不仅能观看3万人赛跑，也是在庆祝历史和传统，特别是在2013年的爆炸案之后，所有脚步落地声都带来了一种团结感。baa.org。

威尼斯海滩街头篮球赛，加利福尼亚州洛杉矶

在威尼斯海滩不仅可以看到露天健身馆般的景象，还能看到粗犷的草根篮球。街头篮球灵活自由，没有裁判，规则更少，并且更加卖弄技巧。来看一场即兴比赛吧，或是在夏季的周日过来观看威尼斯篮球联赛（Venice Basketball League）。

少年棒球联盟世界大赛，宾夕法尼亚州威廉波特

世界职业棒球大赛（Baseball World Series）的门票能被炒到1000美元，而少年棒球联盟世界大赛（Little League Baseball World Series）则一美元都不要。比赛自1947年起于每年8月在威廉波特（Williamsport）的棒球场上举行，11~13岁的运动员们在成千上万名观众的注视下打球。llbws.org。

艾迪塔罗德狗拉雪橇比赛，阿拉斯加州安克雷奇

这场1600公里长的艾迪塔罗德狗拉雪橇比赛（Iditarod）穿越阿拉斯加，终点位于诺姆（Nome），被人们称为“全球最后的伟大竞跑”（The Last Great Race on Earth®）。幸运的是，在3月的第一个星期六你可以观看起跑仪式，距离从安克雷奇（Anchorage）的Fourth Ave到Campbell Creek，这个挑战性要小一些。iditarod.com。

东海岸冲浪锦标赛，弗吉尼亚州弗吉尼亚海滩

东海岸冲浪锦标赛（East Coast Surfing Championships）是美国最古老的冲浪竞赛，于每年8月举行，届时可以欣赏到专业选手和业余爱好者弄潮的身姿。自1963年创立伊始，这项赛事就在逐步发展，如今已成为一个自由的体育节日，顶级的滑板选手、浅水滑水选手、立式单桨冲浪选手和沙滩排球手也会奉献精彩的表现。surfecsc.com。

费城国际自行车锦标赛，宾夕法尼亚州费城

费城国际自行车锦标赛（Philadelphia International Cycling Championship）是欧洲之外声誉最高的自行车赛。费城各地适合观看比赛的地点有Manayunk，那里可以看到选手们骑上“Manayunk Wall”；或者去Midvale Ave，那里有派对，还能看到冲刺区（Sprint Zone）的景象。procyclingtour.com。

春季橄榄球赛，全国各地

美国橄榄球联赛（American Football）的门票并不便宜，即便校际联赛（College League）的门票也价格不菲——除非你在3月或4月观看练习赛。在练习赛上，球迷可以评估最优秀的新球员、要签名，并为接下来的赛季做好心理预热，这些都不要钱。fbschedules.com。

© Digital Media Pro | Shutterstock, © David Broberg; Design Pics; Rob Friedman; Glenn Cantor; Roberto Westbrook; Jonathan Devich; The Washington Post | Getty Images, © Marcio Silva; Robin van Dongen | 500px

重要数据

人口：2,400,000

亮点：户外运动、咖啡和美食

货币：加拿大元

消费指数：140美元/天

温哥华

温哥华（Vancouver）就像一幅儿童涂鸦画作——里边什么都有：海洋、雪山、沙滩、摩天大楼、森林和在其间享受的各种肤色的人们。当然这里还有好吃的！尽管房价上涨，旅游的开销（对于懂行的人来说）并不会增加。来吧，你的游乐场正在等着你……

艺术&文化　音乐&电影　运动&休闲　美食&饮品　节日&活动

01 戈登·麦克米伦·索瑟姆天文台

在戈登·麦克米伦·索瑟姆天文台(Gordon MacMillan Southam Observatory)10米高的穹顶下通过0.5米口径的卡塞格伦(Cassegrain)望远镜观看太空,会看到令人震撼的画面。天文台是一项社区推广计划的组成部分,所以并不需要购买隔壁H.R.麦克米伦航天中心(HR MacMillan Space Centre)的门票。spacecentre.ca/gms; 1100 Chestnut St; 7月至8月周六20:00至午夜; 入场自愿捐款。

02 空气清新的户外电影

带上枕头和草坪椅,跟朋友们一起舒舒服服地享受一场空气清新的户外电影(Fresh Air Cinema),电影会投射在星空下一块巨大的充气式银幕上。这些免费电影院一年四季都有,但在天气更适合去户外透气的夏季放映场次会有所增加。在Twitter上关注@OutdoormoviesBC以了解日期和地点。freshaircinema.ca; 免费。

03 温哥华国际爵士音乐节

这个富有活力的温哥华国际爵士音乐节(Vancouver International Jazz Festival)已经举行了30多年,尽管有许多售票的活动,但在为期2周的音乐节期间,全城各地也会有数百场免费的音乐会,因此囊中羞涩的人也可以加入其中。免费场地包括**温哥华美术馆**(Vancouver Art Gallery; 3a; vanartgallery.bc.ca; 750 Hornby St)、**格兰维尔岛**(Granville Island; 3b; granvilleisland.com; 1661 Duranleau St)和耶鲁镇(Yale Town)的**林思齐公园**(David Lam Park; 3c; 1300 Pacific Blvd)。coastaljazz.ca; 6月; 免费。

04 宝云岛渡轮

豪湾(Howe Sound)纵横分布的峡湾是加拿大西海岸最不同凡响的景色之一,而从海上望过去的角度最棒。与其花大价钱在马蹄湾(Horseshoe Bay)租汽艇,不如从那里登上宝云岛渡轮(Bowen Island Ferry)——从甲板上看到的风景一样美丽。返航之前,可以在岛上走走或者用省下来的钱吃一顿。bcferries.com; Horseshoe Bay; 往返费用12加拿大元。

04

© Ken Straiton | Getty Images

免费一日游

在Hogan's Alley Café(hogansalleycafe.com; 789 Gore St; 周一至周五6:30~17:00, 周六8:00~16:00, 周日8:00~14:00; 主菜8~10加拿大元)吃顿早餐,然后步行探索很有气氛的唐人街。接着,沿福溪(False Creek)漫步,或搭上一艘迷你渡轮(5.50加拿大元),前往格兰维尔岛公共市场(Granville Island Public Market; granvilleisland.com/publicmarket; Johnston St; 9:00~19:00)。继续往西步行,乘公共汽车前往不列颠哥伦比亚大学(University of British Columbia),中途去Kitsilano海滩和Jericho海滩享受一下。午餐就在大学里的AMS Student Nest(ams.ubc.ca/nest; 6133 University Blvd; 7:00~23:30)经济实惠地解决,然后参观出色的人类学博物馆(Museum of Anthropology; moa.ubc.ca; 6393 NW Marine Dr; 周三至周一 10:00~17:00, 周二 10:00~21:00; 16.75加拿大元,周二晚上9加拿大元)。

05 松鸡山登山道

如果你可以参加收获颇丰的城市锻炼，为什么还要花上40加拿大元乘坐缆车登上葛劳士山（Grouse Mountain）呢？沿着这个“自然之母登山机”（Mother Nature’s Stairmaster）路线，你需要走上大约3公里的路程，穿越茂密的沿海森林，上升高差达853米。从温哥华之巅（Peak of Vancouver）所看到的风景会让你觉得一切努力都值得。下山的时候花10加拿大元搭乘缆车或沿附近不列颠哥伦比亚登山俱乐部（BCMC）的小径（免费）步行下来。grousemountain.com；6400 Nancy Green Way；免费。

06 林恩峡谷公园

摇摆的吊桥下方就是奔腾的林恩溪（Lynn Creek），这里令人眩晕的垂直落差或许比不上卡皮拉诺吊桥（Capilano Suspension Bridge）离地面的距离，然而跨过林恩峡谷公园（Lynn Canyon Park）里这座摇摇晃晃的吊桥可是完全免费的。更何况穿越片片长青树丛的无数条徒步小径也是免费的。如果你能下到刺骨的溪水中，也可以跻身于公园最勇敢游客之列。lynncanyon.ca；夏季7:00~21:00，淡季时间缩短；免费。

07 史丹利公园海堤

史丹利公园海堤（Stanley Park Seawall）环绕着温哥华的地标史丹利公园，你可以在堤上漫步、跑步、玩滑板或是骑车，这大概是当地最棒的体验了。这条8.8公里长的柏油小道穿行于参天的树木间，沿着海岸蜿蜒前行，沿途能看到英吉利湾（English Bay）、高山和闪亮的城市天际线，景色无与伦比。如果你走完这条路后仍是意犹未尽，可以围绕福溪（False Creek）往西沿海滩向着不列颠哥伦比亚大学方向继续前行。市区和西区（West End）；免费。

08 温哥华美食节

为期17天的温哥华美食节（Dine Out Vancouver）涵盖了这座城市众多的顶级餐厅，届时餐厅会提供三道菜的品味套餐，费用为18、28和38加拿大元。这些菜固然不免费，但性价比很高，让你有机会品尝自己平时觉得会

经济出行

买张一日换乘通票（9.75加拿大元）能让你用最少的钱往返于很远的地方。持通票可以搭乘公交船（SeaBus）往返于北岸多个景点，比如松鸡山登山道（见236页）和林恩峡谷公园。当然，最佳的选择还是万能的自行车。如果你有自己（或租借）的车的话，就骑车吧——温哥华有很棒的自行车道网络，如果去远些的地方，公共汽车也都安有自行车架（公交船也允许自行车上船）。

超预算的顶级佳肴。美食节期间城里还会举行丰富多彩的享乐活动，比如路边小吃市场和本地精酿啤酒品尝会等。dineoutvancouver.com; 1月。

09 船厂夜市

每周一次的夜市位于温哥华北岸历史悠久的华莱士船厂（Wallace Shipyard），你可以从农民那里购买新鲜的农产品，在十多辆快餐车边享用美食，还能欣赏现场娱乐表演，是个非常不错的夜市。它地理位置也很优越，旁边就是公交船（SeaBus）终点站，因此你也可以经济地乘船往来市区欣赏风景。northshoregreenmarket.com; Shipyard Plaza; 5月至9月周五17:00~22:00; 入场免费。

10 烟火节

每到一年一度的烟火节（Celebration of Light），英吉利湾整个海岸线和水域都会笼罩在一派火树银花的绚丽景色中，这也是世界上最精彩的烟火大赛之一。三个国家轮番上阵，根据音乐编排自己的烟火表演，这些音乐则通过音箱和本地电台播放。最佳的欣赏地点位于英吉利湾海滩（English Bay Beach）和凡尼尔公园（Vanier Park）内，距离水上燃放烟火的驳船最近。hondacelebrationoflight.com; English Bay; 7月; 免费。

11 龙舟节

每年6月的第3周会举行龙舟节（Dragon Boat Festival），数百支来自世界各地的龙舟队会聚集在福溪的科技馆（Science World）附近，在周末举行精心准备的龙舟赛，百舸争流，热闹非凡。除了激烈精彩的龙舟赛之外，大量的食品摊、儿童活动、装置艺术和购物也是节日的亮点，当然少不了免费音乐会和戏剧活动。dragonboatbc.ca; False Creek; 免费。

12 船舶节

在加拿大日（Canada Day; 7月1日）及节前的几天，里士满（Richmond）史提夫斯顿港会迎接一支由历史悠久的船舶和服役船只组成的舰队。届时会有大量精彩的免费活动，其中就包括登上这些船的团队游。这一活动与每年一度的**史提夫斯顿鲑鱼节**（Steveston Salmon Festival; stevestonsalmonfest.ca）重合，鲑鱼节举办地就位于几步之外的史提夫斯顿公园（Steveston Park）内。richmond.ca/shipstoshore; Britannia Shipyard, 5180 Westwater Dr, Steveston; 免费。

艺术&文化 音乐&电影 运动&休闲 美食&饮品 节日&活动

华盛顿

说到免费，华盛顿（Washington DC）举世无双。博物馆门票？免费。音乐会？啥也不要。去白宫（White House）和国会参观？不要钱。甚至喝酒的地方都有免费或打折的酒水。总开销？你可能享乐数周，却几乎花不上一美元。

01 印钞局

以免你（在有了这些免费活动后）忘记了钱到底长什么样，去印钞局（Bureau of Engraving and Printing）看看如何印美元吧。40分钟的免费游览，大约每15分钟一场，包含了一段影片介绍，看过影片后你可以参观生产现场，看看从印刷机里出来的上百万美金。你甚至可以花上几美元购买这里销售的各种货币产品。moneyfactory.gov/washingtondctours.html; 14th St & C St, SW; 8:30~15:00; 免费。

02 国会图书馆

很奇妙，这个名字极其无聊的地方却是华盛顿城最激动人心的亮点之一。不仅因为国会图书馆（Library of Congress）的藏书量在世界上数一数二，而且托马斯·杰斐逊大楼（Thomas Jefferson building）本身也是一座极富魅力的建筑，楼里装饰着马赛克、绘画作品，历史悠久迷人。这座书籍的殿堂每天定时组织免费导览游，概括介绍图书馆的方方面面。loc.gov; 101 Independence Ave SE; 周一至周六8:30~17:00; 免费。

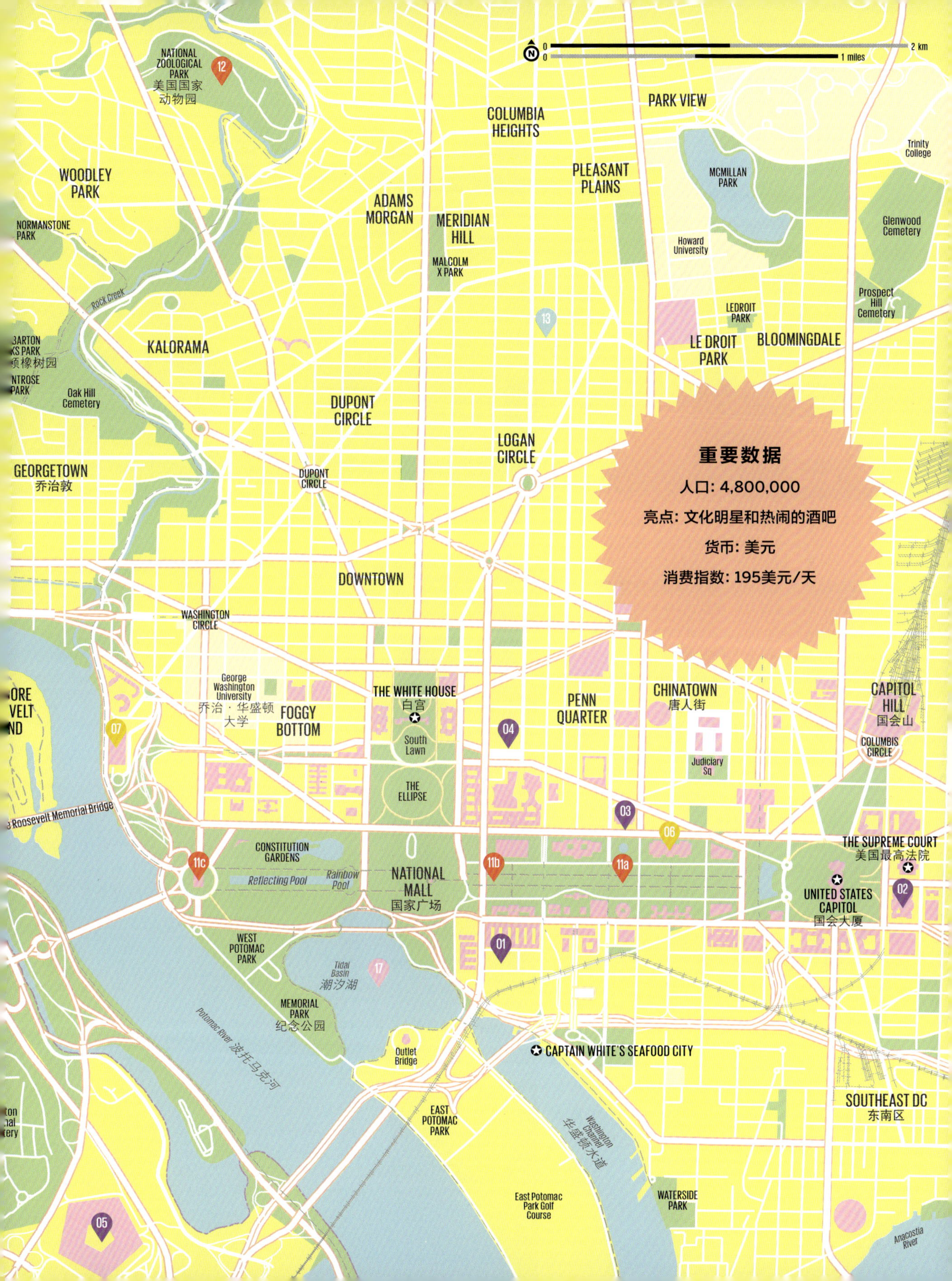

0
0
2 km
1 miles
NATIONAL ZOOLOGICAL PARK
美国国家动物园
12
WOODLEY PARK
NORMANSTONE PARK
Rock Creek
KALORAMA
Oak Hill Cemetery
GEORGETOWN
乔治敦
COLUMBIA HEIGHTS
PARK VIEW
ADAMS MORGAN
MERIDIAN HILL
MALCOLM X PARK
PLEASANT PLAINS
MCMILLAN PARK
Howard University
Trinity College
Glenwood Cemetery
Prospect Hill Cemetery
LEDROIT PARK
LE DROIT PARK
BLOOMINGDALE
13
DUPONT CIRCLE
LOGAN CIRCLE
重要数据
人口: 4,800,000
亮点: 文化明星和热闹的酒吧
货币: 美元
消费指数: 195美元/天
DOWNTOWN
WASHINGTON CIRCLE
George Washington University
乔治·华盛顿大学
FOGGY BOTTOM
THE WHITE HOUSE
白宫
South Lawn
THE ELLIPSE
PENN QUARTER
CHINATOWN
唐人街
Judiciary Sq
CAPITOL HILL
国会山
COLUMBIS CIRCLE
07
04
03
06
Roosevelt Memorial Bridge
CONSTITUTION GARDENS
Reflecting Pool
Rainbow Pool
NATIONAL MALL
国家广场
11c
11b
11a
THE SUPREME COURT
美国最高法院
UNITED STATES CAPITOL
国会大厦
02
01
WEST POTOMAC PARK
Tidal Basin
潮汐湖
17
MEMORIAL PARK
纪念公园
Potomac River 波托马克河
Outlet Bridge
CAPTAIN WHITE'S SEAFOOD CITY
EAST POTOMAC PARK
Washington Channel
华盛顿水道
SOUTHEAST DC
东南区
East Potomac Park Golf Course
WATERSIDE PARK
Anacostia River
05

03 国家档案馆

国家档案馆(National Archives)是让当地人心情激荡的地方。为什么?因为美国的《宪法》(*Constitution*)、《权利法案》(*Bill of Rights*)和《独立宣言》(*Declaration of Independence*)都在馆内收藏。虽然当年约翰·汉考克(John Hancock)的"约翰·汉考克"(美国俚语中"签名"的意思)等史料非常重要,但馆里的公共展厅也很有趣,里边互动式原件资料引人入胜,包括亚伯拉罕·林肯(Abraham Lincoln)的电报和总统办公室的录音等。archives.gov; 700 Pennsylvania Ave NW; 10:00~17:30; 免费。

04 国家剧场

国家剧场(National Theater)周六举行的免费活动也欢迎儿童,通过戏剧、喜剧、木偶、互动表演、舞蹈和音乐等一系列活动来启发创造力与想象力,内容包罗万象,既有爬行动物展示也有弗拉明戈舞步。日程安排见网站,牢记门票在开场前30分钟发放,先到先得。thenationaldc.org/saturday-morning-at-the-national; 1321 Pennsylvania Ave NW; 周六9:30; 免费。

05 五角大楼游

没什么好奇怪的,与五角大楼相关的任何参观活动都有无数的规则[比如五角大楼游(Pentagon Tour)必须提前14~90天预约],但为了见识一下美国国防部(US Department of Defense)的总部,这么费事也是值得的。1小时的团队游被塞进许多内容,比如内容丰富的军队介绍、参观纪念碑,以及了解大量不寻常的史实与数据等。pentagontours.osd.mil/tour-selection.jsp; The Pentagon; 1小时团队游周一至周五9:00~15:00; 免费。

06 国家美术馆雕塑园里的爵士乐

温暖惬意的夏季周五傍晚,你可以在国家美术馆(National Gallery of Art)的雕塑园里,欣赏免费的萨尔萨、木琴(xylophone)和非洲放克(Afrofunk)音乐表演。华盛顿是爵士乐的堡垒——艾灵顿公爵(Duke Ellington)和雪莉·霍恩(Shirley Horn)等爵士大师就是在这里出道的——而这些户外派对使

13

11

当地人说

“往华盛顿新兴时尚街区Shaw那里的7th St走，不管你是想白天喝杯饮料还是过夜生活，那里都是完美目的地。想想不到10美元就能喝到优质的鸡尾酒和本地啤酒，花上5美元左右就能吃上美味的酒吧小吃，还有各式各样的防止醉酒的美食。”——埃林·彼得雷（Erin Petrey），Shaw居民

“别错过Captain White’s Seafood City（1100 Maine Ave SW），在这个露天鱼市，花上7美元左右就可以吃上整整一纸袋的蒸螃蟹（就站在驳船上吃！）。这里很受华盛顿本地人欢迎。”——莫莉·考克斯（Molly Cox），本地经济美食鉴赏家

普罗大众有机会接触爵士乐文化。Constitution Ave NW，位于3rd St和9th St之间；5月至9月周五17:00~20:30；免费。

07 约翰·肯尼迪表演艺术中心的千禧音乐会

每天傍晚，无论你是否有这里的演出票，都可以在华盛顿的表演艺术殿堂——约翰·肯尼迪表演艺术中心（John F Kennedy Center for the Performing Arts）的千禧音乐会（Millennium Stage）上欣赏一场现场演出。演出内容丰富多彩，有高雅的[华盛顿国家歌剧院（Washington National Opera）的年轻演奏家们]，也有滑稽的（踩着滑板随音乐即兴表演者）。更为出彩的是演出环境——波托马克河（Potomac River）两岸风光为演出增色不少。kennedy.center.org/programs/millennium；2700 F St NW；18:00；免费。

08 华盛顿文化游

你可以使用**华盛顿文化旅游组织**（Cultural Tourism DC；culturaltourismdc.org）的免费地图、移动应用和音频来一场自助漫步游。要想更好地体验本地特色，就跟随**DC by Foot**（freetoursbyfoot.com/washington-dc-tours）的导游参加一场日间或夜间游览。导游的质量参差不齐，所以看运气吧，游览主题很丰富，有丑闻秘辛，也有更直截了当的国家广场漫步游。地点和时间不同；欢迎小费。

09 敦巴顿橡树园

这座小巧精致的敦巴顿橡树园（Dumbarton Oaks Park）由景观设计师比阿特丽克斯·法兰德（Beatrix Farrand）设计，位于乔治敦（Georgetown）的北郊，是华盛顿当地人隐秘的后花园。你可以从不起眼的Lovers’ Lane（紧邻R St）旁进入，穿过茂密的树丛，跨过古雅的小桥，沿途还能看见吃草的小鹿。橡树

园是这个潮湿城市里最干爽的地方之一。nps.gov/olst/planyourvisit/dumbarton.htm; R St NW; 日出至日落; 免费。

10 利用首都共享单车探索城市

首都共享单车（Capital Bikeshare）非常适合往来于景点之间，便宜又快捷。不过每30分钟你就得换一辆单车，不然之后每半小时就会收费2美元（毕竟它们只是用来通勤的），但取还车点很多。缺点是什么？不提供头盔，而且取还车点可能要么是全满，要么一辆车没有，特别是在一天快结束的时候。capitalbikeshare.com; 每24小时8美元。

11 在国家广场的纪念碑间漫步

无论你怎么看待**国家广场**（National Mall, 11a），这片5公里长的、由几片草地连成的长方形空间都是"美国的前院"（America's front yard）。广场两端分别矗立着美国国会大厦（US Capitol）和**林肯纪念堂**（Lincoln Memorial; 11b），广场上还分布着越战老兵和马丁·路德·金（Martin Luther King, Jr）等人的纪念碑。一定要登上**华盛顿纪念碑**（Washington Monument; 11c; 同样免费）顶层俯瞰广场美景。900 Ohio Dr SW; 24小时; 免费。

12 美国国家动物园史密森尼生物保护研究所

每年有超过200万人来到美国国家动物园史密森尼生物保护研究所（Smithsonian National Zoological Park Conservation Biology Dept），围观园里种类丰富的小动物，看看各种演示和喂食动物环节。熊猫是这里的明星，但共有400多种动物（总数达2000只）生活在模仿其自然栖息地而建的围栏中。即便你对动物园不太感兴趣，这里舒适迷人的场地也很值得逛一下。nationalzoo.si.edu; 3001 Connecticut Ave NW; 夏季6:00～20:00，冬季6:00～18:00; 免费。

13 Ben's Chili Bowl

Ben's Chili Bowl是实惠讨喜的休闲场所的典范，有着近乎"地标性"的地位，这不仅因为其位于U St（20世纪60年代的暴乱就发生在这里），同样由于它价格亲民的辣热狗和奶昔，当然还得益于前总统巴拉克·奥巴马（President Barack Obama）曾光顾这里并吃了一个半熏烤热狗（half-smoke，一种加了辣椒和洋葱的热狗）。benschilibowl.com/menu; 1213 U St NW; 周一至周四6:00至次日2:00，周五6:00至次日4:00，周六7:00至次日4:00，周日11:00至午夜; 辣热狗4.40美元。

免费教育

华盛顿绝对是世界上免费博物馆最多的城市，这都要感谢史密森尼学会（Smithsonian Institution）——学会旗下拥有19座博物馆和美术馆以及一座动物园和多家研究中心。而所有这一切都要归功于一位不同寻常的英国人——詹姆斯·史密森先生（Mr James Smithson）。尽管他本人从未踏足美国领土，却为了"增进知识"将他的财产留给了这个国家。在国家广场一带以及其他地点的博物馆里，参观者能了解到丰富知识，从恐龙到航天飞机，从金块到星条旗，从宪法到植物学，几乎无所不包。最不同凡响的是什么？那就是参观这些博物馆都不用花钱。

© Roy Harris | 500px

14 快餐车

在华盛顿的街头巷尾经常停着一堆快餐车。有些小吃令人食指大动，有些则味道平平，当然这也取决于你的口味（很大程度上也取决于你的预算）。著名大厨们也在这里撸起了袖子，所以你也有可能中美食头彩哦。花几块钱就能吃到伊比利亚猪肉火腿（Ibérico pork）三明治或蟹肉沙拉等各种食物。这里就像是一场（便宜的）街头派对。foodtruckfiesta.com；地点和时间各异；小夹心面包4美元。

15 欢乐时光

爱也好、恨也罢，“欢乐时光”（酒水优惠时段）这一华盛顿由来已久的风俗，绝对会为店铺带来客流，其中既有学生，也有从“山上”（国会山）往家走的职员。在16:00~19:00前后，包括光鲜餐厅和脏乱酒吧在内的许多场所，都会提供某种形式的买一赠一或减价特饮活动，所以你花费不多就可以畅饮一番。dchappyhours.com或bardc.com/happyhour；地点和时间各异；啤酒3~5美元。

16 华盛顿爵士音乐节

为了纪念华盛顿对爵士乐的历史性贡献（许多世界知名的表演家都在这里出道），华盛顿爵士音乐节（DC Jazz Festival）会邀请爵士艺术名家和新人登台表演。届时首都各地的博物馆、餐厅和夜店都会演奏风格多样的爵士乐——从蓝调到摇摆乐，从咆勃（bebop）到灵魂乐，通常每人只收几块钱。而且大体上品质都不赖。dcjazzfest.org；夏季，地点和时间各异；门票5美元起。

17 国家樱花节大游行

这个短暂而甜美的樱花季并不是在日本，每年3月或4月前后樱花盛开的时候，潮汐湖一带闪烁着粉色的光芒。四处走走观赏樱花一分钱都不用花，同时这里也会为庆祝樱花盛开而举办国家樱花节大游行（National Cherry Blossom Parade），有花车、巨大的充气模型、游行的乐队、音乐和各种娱乐，你可以免费旁观。nationalcherryblossomfestival.org；游行Constitution Ave NW，位于9th St和15th St之间，10:00至正午；免费。

18 观看华盛顿国民队的比赛

华盛顿国民队（棒球）比赛唯一的“free pass”（四坏球自由进垒，与“免票”是同一个词汇）是在球场上，你得掏钱包才能看比赛。但是你差不多也该花点钱了吧。观看这些比赛可是来华盛顿“一定要做的几件事”之一……学生可享受更多优惠，但有些套票则包含入场券和棒球比赛中无处不在的食物：热狗和薯条。Nationals Park；夏季；门票7美元起。

17

© Hanlun Wu | 500px

权力的宝座

你最接近美国权力中心的时候大概是在家看电视时吧，但令人难以置信的是，你可以在一天内体验政府的三大机构——行政（白宫）、立法（国会）和司法（最高法院）。参观这些神圣殿堂却出乎意料地简便，尽管白宫（whitehouse.gov；1600 Pennsylvania Ave NW）需要提前预约。你可以去国会山（visitthecapitol.gov；East Capitol St NE & First St SE）登记当日票，不过最好还是提前在网上预订。美国最高法院（Supreme Court of The United States；supremecourt.Gov；1 First St NE）可以在开庭时让你旁观3分钟，或者你也可以坐下听完整场听证会。

OCEANIA

大洋洲

艺术&文化　音乐&电影　运动&休闲　美食&饮品　节日&活动

布里斯班

布里斯班(Brisbane)或许只是澳大利亚第三大城市(就面积而言),但层出不穷的新酒吧、独立商店和文化活动让它能与南方的城市一争高下。热带气候和热衷户外的生活方式,吸引着那些苗条美丽的人们,而且这里真花不了你太多钱。

01 布里斯班博物馆

布里斯班"有幸"赶上了澳大利亚最没有审美情趣的一段繁荣的建设时期,使得这里几乎没有留下什么历史建筑。但谢天谢地,20世纪20年代的市政厅(City Hall)完好无损地保留了下来,你可以在布里斯班博物馆(Museum of Brisbane;请尽早登记)参加一场免费导览游了解这里的历史和人文。如果时间允许,还可以参观这里的艺术展览。museumofbrisbane.com.au; Level 3, City Hall; 10:00~17:00; 免费。

02 布里斯班植物园库萨山

布里斯班植物园(Brisbane Botanic Gardens)是澳大利亚众多值得探索的优秀植物园之一,园区按主题和地理环境划分,并且有自助步行游览——其中一个团队游是了解昆士兰州(Queensland)原住民曾使用过的植物。植物园后边是库萨山(Mt Coot-Tha),山里有无数条绿树遮荫的徒步路径。沿2公里长的路径登顶可以欣赏整个布里斯班的风景。brisbane.qld.gov.au; Mt Coot-Tha Rd, Toowong; 8:00~17:30; 免费。

03 街道沙滩

在布里斯班河的不远处你能找到一片人工沙滩——街道沙滩(Streets Beach),沙滩下方的浅水潟湖非常适合划船。这个很受欢迎的放松休闲之地,特别适合举家出游。在温暖的周末,如果你不想和沙滩的人抢地盘,附近的草坪上就有宽大的空间可以野餐,你可以在那里花上一个下午看人来人往。visitbrisbane.com.au/south-bank; Stanley St, South Bank Parklands; 白天; 免费。

04 美食街市场

这一街头小贩风格的美食街市场（Eat Street Markets）位于布里斯班河畔一个废弃的集装箱码头。你可以边听着现场演奏的音乐，边品尝便宜的美食，或是喝着鸡尾酒与冰爽拉格啤酒（lager）与当地人同乐。墨西哥美食、中东美食，还有丰富多样的东南亚美食，这里提供的世界各地美食简直把吃货们给宠坏了。eatstreetmarkets.com；Macarthur Ave, Hamilton；周五和周六16:00～22:00，周日10:00～15:00冬季无休；门票12岁以上2澳大利亚元。

05 布里斯班节免费活动

在9月天气最好的时候，布里斯班会举办一个包含了音乐、舞蹈、歌剧和马戏表演的盛大国际艺术节——布里斯班节（Brisbane Festival）。每年活动的时间和内容会有变化，所以请查询网站。**昆士兰表演艺术中心**（Queensland Performing Arts Centre；Melbourne St和Grey St交叉路口）旁的草地常举办免费的现场音乐演出，而街头艺人和舞者则在南岸（South Bank）附近献艺。brisbanefestival.com.au；多个地点；9月；免费。

06 模仿喜剧和LiveSpark现场音乐

多亏有人赞助，发电厂艺术中心（Powerhouse）得以在每周五18:00起向观众展示布里斯班的喜剧才能，并吸引来一群还算有戏剧欣赏细胞的人。Turbine Hall在周日的午后有免费的现场音乐演出。如果你不喜欢单人脱口秀或另类摇滚乐，那就悄悄退场，转而去探索宽敞空旷的发电厂艺术中心吧，这里有酒吧、餐厅和迷你展览。brisbanepowerhouse.org；Brisbane Powerhouse Arts, 119 Lamington St；免费。

北斯特拉德布罗克岛

从布里斯班市郊的克利夫兰（Cleveland）搭乘渡轮突突30分钟，很轻松就能抵达这座像是把努萨（Noosa）和拜伦湾（Byron Bay）融为一体的朴实度假小岛。除了闪闪发光、沙质细密的白沙滩以及壮观的海浪和几家优质的食宿场所外，这里还是窥探海豚、海龟和蝠鲼出没的理想地点，在6月和11月之间，成百上千只座头鲸也会在此现身。北斯特拉德布罗克岛（North Stradbroke Island）无疑是从布里斯班出发进行经济实惠一日游的地方，但你需要根据“Straddie”的巴士时刻表来规划行程。stradbrokeisland.com。

重要数据

人口：2,300,000

亮点：阳光和热带的雨

货币：澳大利亚元

消费指数：160美元/天

重要数据

人口: 4,400,000

亮点: 咖啡、文化和精品酒吧

货币: 澳大利亚元

消费指数: 150美元/天

墨尔本

澳大利亚的文化之都也是全世界最宜居城市之一。墨尔本(Melbourne)不像悉尼那般肤浅妩媚，它会更加细致入微地吸引兴趣广泛的访客，随着时间推移来层层展示出自己的多样魅力。你花多少钱也取决于你对这里的了解程度以及你去的地方……

艺术&文化　音乐&电影　运动&休闲　美食&饮品　节日&活动

01 有艺术气息的小巷

墨尔本的城市规划是网格状的，但它绝对不是方方正正的。这座城市迷宫一般的小巷里有咖啡屋、酒吧和街头游击艺术家们所留下的缤纷涂鸦作品。你可以花钱参加导览游，但自由随性地闲逛也很容易，从Hosier Lane出发，（大体）向北穿行就行。除了本地涂鸦艺术家外，包括班克斯（Banksy）、布列克（Blek le Rat）和谢泼德·费尔雷（Shepard Fairey）等许多国际涂鸦大神也为此地做出了贡献。24小时；免费。

02 澳大利亚当代艺术中心

澳大利亚当代艺术中心（Australian Centre for Contemporary Art，简称ACCA）位于一座铁锈红色棱角分明的建筑之中，让人想起这里的工业历史，而建筑本身更像是一座现代艺术品，里边会轮换展出澳大利亚和国际艺术家的先锋作品。不要错过前门外的《拱顶》（*Vault*），这尊有争议的雕塑由罗恩·罗伯逊-斯旺（Ron Robertson-Swann）所作，被批评家们戏称为“黄祸”（Yellow Peril）和“钢铁巨阵”（Steelhenge）。accaonline.org.au；111 Sturt St；周二至周五10:00~17:00，周三10:00~20:00，周六至周日正午至17:00；免费。

03 原住民遗产基金会

墨尔本不过才182岁，但那些在约翰·巴特曼（John Batman）到来之前的30,000多年里曾占据这片土地的人们的印记几乎已是荡然无存了。原住民遗产基金会（Koorie Heritage Trust）通过展示东南部原住民的手工艺品、举办相关展览、讲解口述历史等方式分享了他们的传统，还原记录了这段历史。在这里你可以购买丛林食物（bush food）、手工艺品和关于原住民的书籍，也可以加入前往旗杆花园（Flagstaff Gardens）和雅拉（Yarra）的团队游（付费）。koorieheritagetrust.com；Yarra Bldg，Federation Square；10:00~17:00；免费。

04 维多利亚国立美术馆

永远免费的维多利亚国立美术馆（National Gallery of Victoria，简称NGV；4a）的永久馆藏包含了康斯特布尔（Constable）和罗丹（Rodin）等大师的古典和当代作品。St Kilda Rd的场馆很赞，馆前有条护城河，馆内建有彩色玻璃中庭；**伊恩波特中心**（Ian Potter Centre；4b；Federation Square；10:00~17:00；免费）则收藏着澳大利亚本土作品，其中包括一个震撼人心的原住民艺术品的专门展厅。ngv.vic.gov.au；180 St Kilda Rd；10:00~17:00；免费。

05 维多利亚州立图书馆

从时髦独特的甬道雕塑到壮观的穹顶阅览室，维多利亚州立图书馆（State Library of Victoria）就是一座关于维多利亚过去、现在和未来的故事屋，里边有书籍（200万本）、展览[其中包括奈德·凯利（Ned Kelly）的甲胄]和讲座/辩论会——部分在**惠勒中心**（Wheeler Centre；wheelercentre.com；176 Little Lonsdale St）举行，并且大多是免费的。这里还有一个咖啡馆兼酒吧，有免费Wi-Fi。slv.vic.gov.au；328 Swanston St；周一至周四10:00~21:00，周五至周日10:00~18:00；免费。

经济出行

要几乎不花钱地探索墨尔本很简单——多亏了易于辨别方向的网格状街道和几项市政方案。2015年起，中央商务区（CBD）便是一个“免费区”，在这里你可以免费搭乘有轨电车（ptv.vic.gov.au；免费）。或者，你也可以搭乘环城免费观光电车（City Circle Free Tourist Tram；yarra-trams.com.au；免费），伴着现场解说的电车会从Flinders St穿过Docklands，往Nicholson St缓慢地行驶。墨尔本共享单车（Melbourne Bike Share；melbournebikeshare.com.au）提供蓝色单车（和免费头盔），最初半小时免费，之后收费也很低，你还可以参加City of Melbourne（thatsmelbourne.com.au/greeter；免费）的由志愿者带领的免费2小时或4小时步行游览。

06 澳大利亚动态影像中心

澳大利亚动态影像中心（Australian Centre for the Moving Image，简称ACMI）着重于澳洲本土电影、电视和动态数字文化，是影迷们的奇迹宝窟。互动式的银幕世界（Screen Worlds）展览是这里的重头戏，从西洋镜到现代游戏开发，详细探索了动态艺术的演化。在楼上的**澳大利亚多媒体资料中心**（Australian Mediatheque），你能看到来自国立影片与声音档案馆（National Film and Sound Archive）的节目资料。acmi.net.au；Federation Sq；免费入场10:00~17:00，免费团队游11:00和14:30。

07 免费现场演出

现场喜剧与音乐演出流淌在墨尔本的血液里，在全城与市郊各地都有大量能够观看表演的场地——通常不收入场费。**St Kilda's Espy**（7a；espy.com.au；11 The Esplanade）是一个标志性的现场乐队演出酒吧，吧台区一般免费。在市区，**Cherry Bar**（7b；cherrybar.com.au；AC/DC Lane）的演出风格与这个摇滚的街道名很合拍。《节拍》（*Beat*）等免费的街头出版物里有演出列表。

08 沙滩漫步

St Kilda一带的酒吧和波希米亚风格是很棒，但天气晴好的时候还是建议你出城走走。坐上桑德灵厄姆（Sandringham）线的火车（4澳大利亚元）从Flinders St站出城，在布莱顿海滩（Brighton Beach；那里标志性的海滩小屋是这座城市的经典宣传片）下车，或是乘坐全程直达**桑德灵厄姆**（30分钟）这个墨尔本最棒的市郊沙滩的车。海湾内不能冲浪，但游泳、浮潜和晒日光浴都很棒。沿着沙滩可以找到免费烧烤。

当地人说

“在墨尔本，吃的很贵（喝的也很贵），但Crossways（crosswaysfoodforlife.com.au; 123 Swanston St; 周一至周六11:30~20:00; 自助餐7.50澳大利亚元）和Om（omvegetarian.com; 113 Swanston St; 11:00~21:00; 自助餐6.50澳大利亚元）会供应堆成山的健康素食。更多划算的选择见thehappiesthour.com。我是一个自在的自由职业者，尽管咖啡馆提供免费Wi-Fi，但你能喝到的国际水准咖啡也有限，所以还是去州立图书馆（见249页）、联邦广场（Federation Square; fedsquare.com; Swanston St和Flinders St交叉路口; 免费）和Southgate（southgatemelbourne.com.au; 3 Southgate Ave; 10:00至深夜; 免费）吧，这里都有免费Wi-Fi。”——西蒙·马登（Simon Madden），记者

08

09 皇家植物园

占地38公顷的皇家植物园（Royal Botanic Gardens）雄踞河流南岸的城市一角，为这个城市提供了呼吸的空间，并成为免费的大自然健身房，人们在上班前和下班后聚集在这里沿3.84公里的“The Tan”跑圈。园内有座湖，还有大量的野餐点和一个专门建造的**儿童花园**（Children's Garden），配有喷泉和一条可以戏水的小溪。rbg.vic.gov.au; Birdwood Ave; 7:30至日落; 免费。

10 雅拉班德公园

从墨尔本市中心过来很容易，雅拉班德公园（Yarra Bend Park）位于河边的清静之地，是这座城市现存最大的野生矮灌木丛。徒步和骑行路径沿着水边延伸穿过树林，水边有16公里的地方可以探索。小径从斯塔德利公园（Studley Park; 你可以在那里租船）出来，通往Dights Falls的小瀑布以及Bellbird野餐区对面的灰头狐蝠（grey-headed flying fox）聚居地。有免费烧烤。parkweb.vic.gov.au; Kew; 免费。

11 咖啡品鉴会

咖啡在这里是一种宗教，到处是潮流的咖啡馆，店里口碑很好的大胡子咖啡师按照日益复杂（也可以说有些做作）的菜单萃取咖啡。参加一场品鉴会来变得更专业吧——在像品酒会一样的咖啡品鉴会上，你会学习辨别世界各地单品咖啡豆之间的区别。多家咖啡馆提供免费的品尝环节，比如**Seven Seeds**（sevenseeds.com.au; 114 Berkeley St, Carlton; 周五和周六9:00）的8种口味品尝体验。

12 蒙巴节

作为这座城市最大的免费节日，蒙巴节（Moomba）吸引着一百多万人来到雅拉河畔参与烟火、现场音乐、滑水以及水上把戏的狂欢，其中还包括**鸟人大赛**（Bird Man Rally; 人们借助自制装置尝试“飞”越河面）。节日的名字——由澳大利亚原住民联盟（Australian Aborigines League）的主席在20世纪50年代提出——在当地土著语言中意为“屁股翘起来”，你来了就知道为什么了。facebook.com/moombafestival; 3月; 免费。

重要数据

人口: 3,500,000

亮点: 自然与文化景点的强烈融合

货币: 新西兰元

消费指数: 135美元/天

新西兰北岛

有传言说去新西兰旅行非常贵，虽说食宿交通可能让你预算见底，但大量免费和便宜的体验完全可以对这些进行补偿。无论是文化狂热分子、野生动植物观察家还是户外探索者，带上点钱准备出发吧。

艺术&文化　音乐&电影　运动&休闲　美食&饮品　节日&活动

01 装饰艺术风格的内皮尔

内皮尔（Napier）于1931年灾难性的地震之后重建，从本质上讲就是一座装饰艺术风格建筑的露天博物馆。这里整齐划一的幽雅街道缤纷养眼，漫步或是骑自行车穿行其间都非常美妙。有各机构组织的导览游，但如果不想花钱跟团，就自己去Tennyson St和Emerson St附近瞪大眼睛找一找，最理想的是手头上有一份很具有启发性的自助装饰艺术徒步地图（7.50新西兰元）。artdeconapier.com；24小时；免费。

02 奥克兰艺术馆

"免费导览游"——对于任何地方的艺术迷来说都很悦耳。奥克兰艺术馆（Auckland Art Gallery）位于一座建于1887年的美丽建筑中，经过了一次非常现代的翻修，每天在11:30和13:30提供两场导览游。这里展出的国际大咖包括毕加索（Picasso）、塞尚（Cézanne）和高更（Gauguin），但让这里成为新西兰艺术入门之地的还是各个时期采用各种媒介创作的本地大家作品。aucklandartgallery.com；Kitchener St和Wellesley St交叉路口；10:00~17:00；免费。

03 莱恩·利耶中心

莱恩·利耶中心（Len Lye Centre）于2015年开放，是深受喜爱的省立艺术馆戈维特·布鲁斯特美术馆（Govett-Brewster）耀眼的新侧楼。利耶可以说是新西兰最古怪、有趣而乐观的艺术家了，他以"当下个体的幸福"（individual happiness now）为座右铭，当他的作品在挑高极高的展厅内嗞嗞、噼啪、砰砰作响时，你会感到灵魂仿佛被施加了魔法。lenlyefoundation.com；42 Queen St，New Plymouth；周五至周一和周三10:00~18:00，周四10:00~21:00；免费。

04 新西兰国立博物馆

免费的国立博物馆可能随处可见，但很少有这么好玩的。新西兰国立博物馆（Museum of New Zealand Te Papa Tongarewa）的缤纷展览包含了大量可以亲身体验的和闪亮的数码类装置，而欢闹的金色时代（Golden Days）影厅或许会把你感动到哭（等你去了就会明白这个梗的，相信我们）。只去一次是不够的，所以这样就很物超所值了，不是吗？tepapa.govt.nz；55 Cable St，Wellington；周五至周三10:00~18:00，周四10:00~21:00；免费。

05 拐子角塘鹅栖息地

拐子角塘鹅栖息地（Cape Kidnappers Gannet Colony）是新西兰最棒的鸟类聚集地之一，吵闹的塘鹅群通常栖息在僻静的岛上，但这里有大约20,000只塘鹅快乐地栖息在一处很容易到达的崖顶上。观看它们的最佳时节是11月到次年2月末，到时候会有好玩的乘坐拖拉机游带你上山；但你完全可以从克利夫顿（Clifton）出发步行前往，往返需要5个小时，风景美极了。doc.govt.nz；Clifton Rd；免费。

01

05

07

04

新西兰北岛/NORTHISLAND.NZ

经济露营地和小屋

脏兮兮的露营者们导致了北岛各处对自由露营的限制，但那些配有厕所的房车仍能找到大量可以免费停靠的指定地点。与此同时，那些没有厕所的房车和帐篷可以使用大约100个环保部（Department of Conservation）提供的露营地，费用从免费到每个成年人每晚15新西兰元不等。即便是再往上升级一步——经典的奇异假日公园（Kiwi holiday park）——也有着超高的性价比，公园里有一些非常可爱的小屋，价格不贵又有氛围，可以替代青年旅舍和经济型汽车旅馆的客房。doc.govt.nz；hapnz.co.nz。

06 热水海滩

想享受新西兰温泉水的疗效又不想交钱去高级的水疗度假村？在科罗曼德尔（Coromandel）这处美丽的热水海滩（Hot Water Beach），你可以于退潮前后的两个小时里在沙滩挖出自己的私人温泉池（咖啡馆里可以租到铁锹），然后一边享受咸湿的海滨氛围一边放松身心。thecoromandel.com/new-zealand/hot-water-beach；Hot Water Beach Rd（紧邻SH25），Coromandel；免费。

07 卡朗格哈克峡谷

如果你想要在风景中加一点毛骨悚然的感觉，卡朗格哈克峡谷（Karangahake Gorge）绝对会让你满意的。豪拉基铁路自行车道（Hauraki Rail Trail）最风景如画的一段有着瘆人的金矿遗迹和一座结构如蛛网般纵横交错的博物馆、古怪的窗口步道（Windows Walkway）和一条诡异的隧道。即便算上租自行车和在Waikino Station Café喝杯茶的钱，这也是一次花费不多但超级好玩的娱乐体验。karangahakegorge.co.nz/mainpage.html；SH2，位于Waihi和Paeroa之间；免费。

08 罗托鲁阿库伊劳公园

尽管华卡雷瓦雷瓦（Whakarewarewa）和蒂普亚（Te Puia）等主要地热公园的体验都能值回票价，毕竟在那儿能感受到生动的毛利（Māori）文化，还能看到迸射的间歇泉和色彩鲜艳的硅土梯形丘；但它们也不是见识罗托鲁阿（Rotorua）雾腾腾一面的唯一方式。库伊劳公园管理区（Kuirau Park Precinct）距离罗托鲁阿中心区只有10分钟的步程，那里有一座火山口湖，还有冒泡的泥浆池和四处飘散的蒸汽。rotoruanz.com/kuirauparkprecinct；Ranolf & Pukuatua Sts；免费。

08

酒吧演出

北岛没有一个角落对于酒吧乐队是陌生的，不论是有意寻求还是无意撞上一个演出之夜，外来者们都会发现自己收获颇丰，特别是许多都是免费的。无论是身穿黑色背心弹拨乡村精选的剪羊毛工，还是嘶吼着主流摇滚歌曲散发着荷尔蒙气息的二十多岁年轻人，你总会找到某种适合自己的音乐。称职的翻唱乐队是这里的特色，特别是在城市之外的地方，所以你会听到龙乐队（Dragon）的《古巴四月的太阳》（*April Sun in Cuba*）和倡导者乐队（Exponents）的《为何爱情如此待我？》（*Why Does Love Do This To Me?*）等新西兰大热歌曲。

© John Alexander | Getty Images

09 汤加里罗越山步道

世界上最棒的徒步一日游之一只需你花些去登山口的路费，再费点儿鞋底和汗水。汤加里罗越山步道（Tongariro Alpine Crossing）穿过汤加里罗国家公园（Tongariro National Park）火山所在的中心区，这是一片独特的如月球表面一般的地区，有冒着热气的喷火口、泉水、梦幻的湖泊、火山口和风景壮丽的山脊。步伐稳健的朋友可以从支路爬上锥形的瑙鲁霍伊火山（Mount Ngauruhoe），它在《指环王》（*The Lord of the Rings*）里曾作为末日火山（Mount Doom）出镜。doc.govt.nz; Tongariro NP; 免费。

10 霍克湾农夫市场

想象自己在一个温暖、晴朗的周末上午，懒散地光着脚踩在草地上，旁边是本地音乐人在轻声吟唱，周围的摊位上摆满了美味的当地野餐食材，比如一流的水果、面包、奶酪和葡萄酒，都是由生产者直接供应的。这个非常美好的霍克湾农夫市场（Hawke's Bay Farmers' Market）使周日上午消磨时间的人们可以花很少的钱却能得到极大满足。hawkesbayfarmersmarket.co.nz; A&P Showgrounds, Kenilworth Rd; 周日 8:30～12:30; 入场免费。

11 太平洋文化节

世界最大的波利尼西亚派对在奥克兰夏末的一个周末举行。太平洋文化节（Pasifika Festival）赞美新西兰缤纷的太平洋群岛（Pacific Islands）文化，这些文化构成了它多元的集体文化认同。同时，这也是个美食（而且丰富多样）、艺术和手工艺的节日，现场音乐比魔法变出来的还要好。这些岛屿氛围真是令人流连忘返啊！aucklandnz.com/pasifika; Western Springs, Auckland; 3月初至3月中; 免费。

12 惠灵顿夏季城市节

当温暖惬意的季节到来时，惠灵顿市民狂喜不已，通过音乐会、舞蹈和各种各样的文化活动纵情狂欢。其中多数于户外举办，因此也平添了一种受天气影响而波动的兴奋。总的算下来，这座多风的城市在为期3个月的夏季城市节里串起近100场活动，其中多数都如微风一样是免费的。wellington.govt.nz; 1月至3月; 免费。

澳大利亚和新西兰

AUSTRALIA & NEW ZEALAND'S BEST FREE WALKS

最佳免费徒步

澳大利亚和新西兰的懒人们通常必须花钱才能去许多受欢迎的公园和路径费力地徒步，但这里精选了一些可以自由徒步的路径……

邦迪海滩至库吉海滩

这一都市冒险路线是围绕悉尼（Sydney）五大海滩展开的经典崖顶徒步路线，从海浪翻卷、背包客云集的邦迪海滩（Bondi Beach）出发，沿着曲折的海岸线往南，经过Tamarama、Bronte、Clovelly并最终到达库吉海滩（Coogee Beach）。要留下足够的时间游泳休息和在海滩上喝啤酒。bondito-coogeewalk.com.au；Sydney，NSW，澳大利亚；5.5公里；免费。

奥米斯顿峡谷和湖塘

红土中心（Red Centre）比岩石区（the Rock）可探索的东西更多。作为史诗般的拉拉平塔小道（Larapinta Trail）的一个分支，这条惊心动魄的一日荒漠探险游线路将带你穿过奥米斯顿峡谷（Ormiston Gorge）和西麦克唐奈（West MacDonnell）山脉到达一个没有鳄鱼出没的湖塘。nt.gov.au/westmacs/docs/Ormiston_Gorge.pdf；West MacDonnell NP，NT，澳大利亚；7.5公里；免费。

雷斯—达特步道

这一极富挑战性的4～5天冒险线路——雷斯—达特步道（Rees-dart Track）靠近皇后镇，沿着壮丽的雷斯河（Rees River）与达特河（Dart River）前行。如果你不想住建有小屋的露营地的话，可以考虑在野外负责任地免费露营。doc.govt.nz/parks-and-recreation/places-to-go；Mt Aspiring NP，新西兰南岛；86公里；免费。

费瑟托普山和刀背岩

费瑟托普山和刀背岩（Mt Feathertop and The Razorback）这条两天的旅行路线是维多利亚山（Victorian Alps）的顶级徒步路线，徒步者将沿着美妙的山脊线前往州内第二高（但最美）的山峰，即便对于资深徒步者来说也十分费力。在冬天这里还可以越野滑雪。parkweb.vic.gov.au；Vic，澳大利亚；36公里；免费。

海角到海角

穿行在纳多鲁利斯角（Cape Naturaliste）和露纹角（Cape Leeuwin）之间，这一从灯塔到灯塔的7日史诗级旅行是一场精彩绝伦的海岸徒步，既能看到鲸鱼也能品到葡萄酒，简直包罗万象。还可以野外露营。capetocapetrack.com.au；澳大利亚；135公里；免费。

汤加里罗越山步道

汤加里罗越山步道（Tongariro Alpine Crossing）这条美妙的一日徒步路线将带你小心翼翼地经过活火山和夜光湖。天气与地形一样危险，所以请做好（几乎一切）准备。你需要提前约好接送车辆。tongarirocrossing.org.nz；Tongariro NP，新西兰北岛；19.5公里；免费。

巴陶弗莱勒路径

巴陶弗莱勒路径（Bartle Frere Trail）是一条从凯恩斯（Cairns）以南75公里处的约瑟芬瀑布（Josephine Falls）出发，到达昆士兰州最高点的往返徒步路线。热带小径陡然爬升，穿过茂密的雨林，从浓荫蔽日的森林上方延伸出来，之后就能看到这片高原（Tablelands）对面的大堡礁（Great Barrier Reef），它们在斑斓的珊瑚海（Coral Sea）上依稀可见。nprsr.qld.gov.au/parks/bartle-frere；Tropical North Queensland，澳大利亚；16公里；免费。

惠灵顿山和风琴管

领悟霍巴特（Hobart）末日氛围的最佳方法是徒步登上岩石密布的惠灵顿山（Mt Wellington）顶端，出发地位于市郊，搭乘很便宜的大巴就能到达。艰苦的攀登过后就能收获从风琴管（Organ Pipes；攀岩圣地）到海湾的迷人美景，可以看到几艘破冰船在海港整装待发，准备向南极进发。parks.tas.gov.au；Hobart，Tas，澳大利亚；13公里；免费。

Illustration | Owen Gatley

艺术&文化　音乐&电影　运动&休闲　美食&饮品　节日&活动

新西兰南岛

这里最大的便宜之处就是各种保护区了，它们覆盖了南岛（South Island）大片的土地，提供在神奇的地方免费冒险的无数机会。其中还有大量费用低廉的各种体验，从觅食到节庆再到观赏野生动物、逛美术馆和欣赏殖民地时期的建筑等，包罗万象。

01 坎特伯雷博物馆

在一系列免费文化景点中，坎特伯雷博物馆（Canterbury Museum）首屈一指。而馆内极具当地特色的展览更是令人叫好，比如弗雷德和默特尔的贻贝屋（Fred and Myrtle's Paua Shell House）、毛利人的手工艺品、克赖斯特彻奇（基督城，Christchurch）殖民地时期的复原街道，以及经常更换的丰富多元的临时展览。尽量安排时间参加周二和周四15:30的免费导览游。canterburymuseum.com; Rolleston Ave; 9:00~17:00; 免费。

02 南岛东部美术馆

南岛东部美术馆（Eastern Southland Gallery）被亲切地称为"古根海姆"（Goreggenheim），位于低调纯朴的戈尔（Gore）城内一座老图书馆中。馆内亮点包括拉尔夫·霍特瑞（Ralph Hotere）的作品，这位毛利艺术家以诗意的《黑色》（*black*）系列闻名，而John Money Collection展览既有新西兰人丽塔·安格斯（Rita Angus）的作品，也有来自西非和澳大利亚的土著民间艺术品。esgallery.co.nz; 14 Hokonui Dr, Gore; 周一至周五10:00~16:30，周六和周日13:00~16:00; 免费。

重要数据

人口: 1,000,000

亮点: 改变生活的户外体验

货币: 新西兰元

消费指数: 135美元/天

03 维多利亚遗迹区

奥马鲁（Oamaru）的维多利亚遗迹区（Victorian Precinct）有着大量吸引人的东西，而其殖民地时期的建筑足以比肩那些收费高昂的露天文化博物馆，但欣赏它们却花费不到一个派或者一本有点旧的简装书的价格。避开大小轮自行车，漫步穿过这里有着狄更斯风格石屋建筑的鹅卵石街巷，浏览周边富有年代氛围的店铺，比如面包房、书店、古董店、艺术工作室和美术馆。身着道具服、戴着维多利亚时代假胡须的当地人更增添了这里的古风古韵。victorianoamaru.co.nz; 2 Harbour St; 免费。

04 Mussel Inn的5块钱演出

尽管你可能会因为这家小酒馆里美味的啤酒而超支，但在这里度过一个嬉闹的夜晚并不用你砸锅卖铁。嘎吱作响的木头和凌乱的啤酒园，这里有着纯正的乡村味道，还会定期举办5新西兰元的演出，音乐人来自各地。要喝点小酒助兴的话，我们推荐混合着麦卢卡蜂蜜（manuka）的Captain Cooker。musselinn.co.nz; 1259 State Highway, Onekaka; 11:00至深夜（7月中至9月中歇业）; 5新西兰元。

05 《指环王》和《霍比特人》取景地

没必要参加价格高昂的电影外景地导览游，如果自己制定路线，除了交通费、可靠的情报和生动的想象以外就不需要什么开支了。中土世界电影场景里有不少都是来自南岛的风光，皇后镇地区因作为洛丝萝林（Lothlórien）、布鲁南渡口（Ford of Bruinen）和格拉顿平原（Gladden Fields）的外景地而颇具星味。找一下伊恩·布罗迪（Ian Brodie）的《指环王外景地指南》（*The Lord of the Rings Location Guidebook*），或是在newzealand.com上搜索中土信息。免费。

06 奥拉基/库克山国家公园游客中心

新西兰顶级的国家公园游客中心（National Park Visitor Centre）位于新西兰最高山库克山（Mt Cook）脚下，十分壮观，中心内令人印象深刻的展览、满架子的地图和羽毛冰箱贴不负奥拉基（Aoraki）的美名。引人入胜的自然历史、人类在阿尔卑斯山脉艰苦奋斗的惊险故事争夺着参观者的注意力。这些体验都物超所值，所以也请记得往捐款箱里投些钱……doc.govt.nz/parks-and-recreation; 1 Larch

一日徒步

新西兰需时多日的九大徒步路线（Great Walks）固然景色美得惊人且颇受欢迎，但也不是回归自然的唯一途径。而且住宿许可和交通的费用当然也会水涨船高，更别提还要背着沉重的背包了。令人高兴的是，九大徒步路线中的一些路段和成百上千条令人惊喜的其他路线也可以通过一日徒步游来体验，其中既有10分钟的自然路线，也有花上一整天的史诗级路线。更重要的是，许多路线还有出色的解说板让人能更生动地了解这些风景，令新西兰的免费户外冒险之旅更加超值。doc.govt.nz; 免费。

Grove, Canterbury; 5月至9月8:30~16:30, 10月至次年4月 8:30~17:00; 免费。

07 卡特林斯野生动物游

卡特林斯地区(Catlins)位于南岛观光路线(Southern Scenic Route)上,起伏的农田和湿地、森林和点缀着山洞、悬崖、气孔以及其他地貌奇特的崎岖海岸线都吸引着你的目光。在这片荒野上生活着大量特别的动物,比如**努盖特角**(Nugget Point)的企鹅、**普纳维雅**(Pounawea)的琵鹭,以及**瑟拉特湾**(Surat Bay)的海狮。想看见它们的话,你只需要准备步行鞋、耐心和些许好运。catlins.org.nz; 免费。

08 攀登雪崩峰

这里不是珠穆朗玛峰,而是对于体格适中的徒步者来说,不用背着沉重的氧气罐就能在一天内登上山顶的雪崩峰(Avalanche Peak)。准备好恰当的装备和补给,在国家公园游客中心确认一下登山的天气条件,就等你载誉而归了。要登上海拔1833米的高峰需要辛苦地攀登1100米,山顶的风景与雄伟的喜马拉雅山不相上下(至少这里免费)。doc.govt.nz; Arthur's Pass NP, Canterbury; 免费。

09 冰川瞭望

西海岸(West Coast)的两座冰川——**弗朗兹·约瑟夫**(Franz Josef)和**福克斯**(Fox)——吸引着冰雪徒步者和乘飞机观光的游客们撒大钱过来近距离欣赏。然而,经济旅行者们可以借助有利地点来欣赏它们神奇的形态。在冰河谷内的步道沿线有壮丽的森林、瀑布和史诗般的岩石园,那里就有这种观景地点,而且还有有趣的信息板为你担当向导。doc.govt.nz; Westland Tai Poutini NP; 免费。

10 凯库拉海豹栖息地

没钱看鲸鱼?别担心。去基恩角(Point Kean)免费观看肥嘟嘟的海豹吧。这虽然不是什么载歌载舞的娱乐,但观看这些长着胡须的生物呼呼大睡、嗅着微风或懒洋洋地躺在礁石上的各种姿态还是有种迷人的吸引力。观看海豹可以与**凯库拉半岛步道**(Kaikoura Peninsula Walkway)相结合,后者为3~4小时的环线,能看到盘旋的海鸟和壮阔的海洋以及山景。无价。doc.govt.nz; Fyffe Quay, Kaikoura; 免费。

11 在斯图尔特岛观看几维鸟

斯图尔特岛(Stewart Island)的野外大约游荡着20,000只几维鸟(kiwi; tokoeka),参加昂贵的夜间游或许能看见几只。找个当地人交朋友顺便捡个便宜,悄悄向他们打听奥本(Oban)的一处运动场,这种独特的鸟类或许会在黎明与黄昏过去觅食。到了那里再打听一下码头附近的企鹅游行。Oban, Stewart Island; 免费。

12 在Mackenzie Country观星

观星比冥想好玩比嗑药便宜,是启发心智进入神秘世界的旅行。作为五大国际黑暗天空保护区(International Dark Sky Reserve)之一的奥拉基麦肯奇(Aoraki Mackenzie)地区每晚在特卡波湖(Lake Tekapo)的**约翰山天文台**(Mt John Observatory)提供天文游(earthandskynz.com; 成人/儿童145/80新西兰元)。但你也可以不花钱穿暖和点躺在毯子上,使用移动应用来辨别昴宿星团(Matariki)和南十字座(Southern Cross)等。mtcooknz.com; 免费。

13 看别人蹦极

不参与蹦极有无数条理由，其中有很多颇具说服力，比如想象一下人被绑在橡皮绳上从极高的地方头朝下掉下去……就这还得花钱。幸运的是，你可以通过围观他人蹦极来体味这种令人揪心的恐怖运动，最佳的观看地点就在全世界最早的蹦极地点，位于摇摇欲坠的卡瓦劳桥（Kawarau Bridge）那里。AJ Hackett Bungy，位于皇后镇和克伦威尔（Cromwell）之间的SH6；免费。

14 西海岸野外小径

西海岸野外小径（West Coast Wilderness Trail）只是近年修建的23条新西兰自行车道（New Zealand Cycle Trails）之一，这些车道都投入了大量的时间与金钱才建成。而你，亲爱的旅行者，可以从中受益。这条小径长120公里，位于格雷茅斯（Greymouth）和罗斯（Ross）之间，非常出色，在南阿尔卑斯山（Southern Alps）的脚下沿着充满历史感的路径前行，能够看到壮观的风光。租车站点令这些冒险之旅很经济实惠，不过你也可

游泳地点

“尽管有些人会争论说跳进冰冷的湖水或河水里并不是地球上最令人享受的免费活动，但这种回忆往往比花10新西兰元去参观博物馆要令人难忘得多。南岛有大量的野泳机会，人气高得可疑的停车场、树上摆荡的绳子、停泊的筏子和救生员都是野泳地点的明显标志。最能暴露真相的是大群冒险下水的当地人。只有在安全的地点才可以游泳，因为新西兰的海滩、湖泊与河流有可能狂暴又危险。”—— 萨拉·贝内特（Sarah Bennett），Lonely Planet《新西兰》的作者

以选择步行。westcoastwildernesstrail.co.nz; nzcycletrail.com; 入场免费。

15 在玛拉豪吃蛤蜊

玛拉豪（Marahau）海滩位于阿贝尔·塔斯曼国家公园（Abel Tasman National Park）的边缘，水底下藏着美味的蛤蜊，在退潮时可以捡拾。这活儿并不轻松，而且每个蛤蜊只能吃到一小口，但把它们用大蒜和白葡萄酒文火炖煮开壳后搭配意面，就是用最低的价钱吃到顶级的大餐。海滩上会标明采集蛤蜊的上限。Marahau Beach Rd; 免费。

16 莫尔伯勒品酒会

新西兰葡萄酒产业的巨头绵延分布在多个金色的谷地上，其中35个小规模酒窖提供清爽而不矫情的游览。许多酒厂位于种满葡萄的伦威克（Renwick）一带，租辆自行车甚至步行就可以到达，尽管莫尔伯勒葡萄酒路线（Marlborough Wine Trail）上的有些地方会收取少许品酒费，但仍旧是一个经济实惠的学习品酒的机会，并且消费后通常可以返还品酒费。有时还能在优惠酒里找到令人惊叹的优质好酒——跟着鼻子走吧！wine-marlborough.co.nz; 免费至5新西兰元。

17 基督城世界街头艺术节

基督城世界街头艺术节（Christchurch World Buskers Festival）于1月中举办，为期10天，参与到这座花园之城一年一度的缤纷户外狂欢中吧。演出阵容包括来自世界各地的杂技演员、变戏法的、单人喜剧演员和滑稽戏表演者，共有40多场活动。海格利公园（Hagley Park）是表演的大本营，还有许多其他的热点散布在全城各地，吸引着人群。详情见网站。worldbuskersfestival.com; 场地和日期各异，1月; 免费。

18 昆斯敦（皇后镇）冬日嘉年华

新西兰最高档的阿尔卑斯度假村在滑雪季相当闪亮，经济旅行者却可以在为期10天的昆斯敦（皇后镇）冬日嘉年华（Queenstown Winter Festival）混一下。在所有轻松的娱乐项目之中有大量的免费活动，一开始会有烟火绚烂的湖边派对，之后是一场街头游行，还有手工艺品市集和各种音乐活动。从皇冠峰（Coronet Peak）滑下来的行李箱滑雪比赛（suitcase race）也是免费进场的。winterfestival.co.nz; 6月末至7月初; 免费。

12

© Faisal Syed | 500pxv

明智地购物

新西兰的农产品季节性非常强，每段时间都会有产量过剩的产品，比如牛油果、芦笋和各种浆果，在集中上市的高峰时价格会降到最低点——对于自己下厨的旅行者们来说是绝对的恩赐。周六或周日在大多数城镇都会有农夫市场，那是捡便宜并采买当地美味农产品的好地方，这些产品包括了肉类、奶酪和腌渍品。路边摊定期提供土鸡蛋、柠檬和用来制作沙拉的蔬菜，它们与旁边的诚信箱（honesty box）一起，都是新西兰文化的中流砥柱。farmersmarkets.org.nz; 免费。

艺术&文化　音乐&电影　运动&休闲　美食&饮品　节日&活动

悉尼

悉尼是澳大利亚“事实上”的首都——至少在当地居民的眼里是这样——这里辨识度非常高，有着标志性的建筑，还有世界最赞的海港之一那绝妙的景致。这里大而醒目且美丽，但也有可能会有点盛气凌人并让你预算超支，除非你去……

01 新南威尔士美术馆

在新古典主义风格的外立面之内是一座美妙的美术馆，展出国际与本地艺术家们的作品，其中包括悉尼·诺兰（Sidney Nolan）、格雷丝·柯兴顿·史密斯（Grace Cossington Smith）、约翰·奥尔森（John Olsen）和亚瑟·博依德（Arthur Boyd）的作品。**伊里巴娜画廊**（Yiribana Gallery）里有原住民和托雷斯海峡岛（Torres Strait Island）岛民艺术的展览，还有令人印象深刻的亚洲藏品。新南威尔士美术馆（Art Gallery NSW）提供免费的导览游，周三晚还有免费讲座和电影放映。artgallery.nsw.gov.au; Art Gallery Rd, The Domain 2000; 周四至周二10:00~17:00，周三10:00~22:00；免费。

02 音乐学院

在皇家植物园（Royal Botanic Gardens）上方，有着200年历史的城垛之后正在上演音乐的魔法。这所国际音乐学院（Conservatorium of Music）的大厅里可以免费参观，或者预订一场团队游（收费）以了解这座建筑的历史。最令人激动的是，你可以在许多免费的每月音乐会上欣赏到世界级的古典音乐。详见官网。music.sydney.edu.au; University of Sydney, Bridge St和Macquarie St交叉路口；周一至周六8:00~18:00；免费。

03 现代艺术博物馆

这座庞大的装饰艺术风格建筑坐落在俯瞰环形码头（Circular Quay）的标志性海滨上，万花筒般精彩纷呈的艺术形态使现代艺术博物馆（Museum of Contemporary Art）宛如一座创造力十足的殿堂。进入主要展厅是免费的（重头展览或许收票，详见官网），你也可以加入免费团队游，其中有些由青少年

© Sourabh | Shutterstock

重要数据

人口: 4,800,000

亮点: 露天餐饮和户外探险

货币: 澳大利亚元

消费指数: 150美元/天

带队，以青春的视角为你介绍现代艺术。mca.com.au; 140 George St, The Rocks; 周五至周三 10:00~17:00, 周四 10:00~21:00; 免费。

04 歌剧院

歌剧院（Opera House）的设计师约恩·乌松（Jørn Utzon）从未见到自己这一令人称奇的前卫作品彻底完工——这位丹麦人在一次争吵之后暴躁地离开了——但你可以免费欣赏他的创作。如果你的预算不够欣赏一场演出，就探索一下这些风帆形建筑的底座或是进去找间餐厅吃点东西——**Opera Kitchen**（operabar.com.au; 周一至周四 8:00至午夜，周五至周日 8:00至次日1:00）是其中最便宜的一家了。sydneyoperahouse.com; 入场免费。

05 海边雕塑

从邦迪海滩到库吉海滩（见256页）探索海滩的崖顶徒步已经很够养眼了，而在初夏的月份，初级路段还设有免费的海边雕塑（Sculpture by the Sea）项目，届时你会看到精选的户外装置艺术品。这是Tactile Tour的一个项目，导游来自新南威尔士美术馆，是为视障人群提供的免费触摸雕塑团队游。sculpturebythesea.com; Bondi to Tamarama coastal walk; 10月至11月; 免费。

06 岩石区

岩石区（The Rocks）是悉尼最古老的城区，这里的最高点是望台山（Observatory Hill; 6a; 24小时; 免费）。第一舰队（First Fleet）于1788年在这里靠岸，给土著人口招来了灾祸。这里曾经是罪恶之窟，如今纵横交错的鹅卵石街巷两侧分布着食品市场、原住民艺术馆和咖啡馆。有历史意义的砂石建筑差一点被开发商们拆毁殆尽，好在建筑协会抵制拆除计划——**岩石区探索博物馆**（Rocks Discovery Museum; 6b; 2-8 Kendall Lane; 10:00~17:00; 免费）介绍了这些来龙去脉。therocks.com。

07 白兔美术馆

白兔美术馆（White Rabbit Gallery）曾经是劳斯莱斯（Rolls-Royce）的维修厂，如今是一座别具一格的美术馆，展示着千禧年以来的中国当代艺术品。这听起来很

10

11

观鲸

很少有城市提供免费观鲸的机会，但悉尼位于鲸鱼的一条主要迁徙路线上，可以免费看到自然界最大的动物之一在野外环境中竞逐游弋。在5月中至8月期间，大约有20,000只座头鲸和露脊鲸游过这里，跃出水面、拍打胸鳍和尾鳍，并经常进入海港看风景。顶级的观鲸地点有Cape Solander[位于植物学湾(Botany Bay)的入口]；Arabanoo Lookout[俯瞰曼利海滩(Manly)]；Fairfax Lookout[北岬(North Head)]，那里总有鲸鱼幼崽出生；The Gap[南岬沃森斯湾(Watsons Bay, South Head)]，从这里有时也能看到虎鲸；还有Barrenjoey Head(位于Palm Beach)。

深奥，但免费团队游会帮助解释更多。白兔展(White Rabbit Collection)包含了500多名艺术家所创作的1400件作品，定期循环展出。这里还有间茶室，提供台湾与大陆的茶叶，周围氛围很轻松。茶品包括菊花茶、荔枝茶和绿茶。whiterabbitcollection.org; 30 Balfour St, Chippendale; 周三至周日10:00~17:00; 免费。

08 大道旁的电影

悉尼的傍晚温暖惬意，会放映户外电影。夏季到处都会出现大荧幕，其中有一个位于歌剧院外的海港，在大桥的前面，那里的票价超过30澳大利亚元。然而，在西边的**奥林匹克公园**(Olympic Park)，整个夏季都会免费放映新片、邪典电影(cult film)和经典电影；你可以带上野餐食物看电影，搭乘公共交通工具很容易到达。sydneyolympicpark.com.au; Olympic Park; 免费。

09 百年纪念公园

这座有着125年历史的百年纪念公园(Centennial Park)令人想起伦敦的绿色大花园，这里有湖泊、一个错综复杂的迷宫、15,000多棵树、免费烧烤和游乐场，以及一处狐蝠栖息地，你可以在每月一次的**Bat Chat**上见到它们，除此之外也有其他许多免费的活动。公园是个迷人的野餐地点，花上几块钱就可以租到自行车或骑马。centennialparklands.com.au; 开放时间不定; 免费。

10 海边泳池

悉尼拥有大约40个海边游泳池(Ocean pools)，非常适合那些喜欢游海泳又害怕鲨鱼的人。其中一些，包括邦迪海滩的Icebergs，需要花钱才能进，但大多数是免费的。看看**Giles Baths**[10a；一个天然的潮水潭或者说天然游泳池(bogey hole)]、**McIvers Baths**(10b；仅限女性)和**Ross Jones Memorial Pool**(10c)，以上这些全部都在库吉海滩，还有**Clovelly Ocean Pool**(10d)、长湾(Long Bay)的**Malabar Ocean Pool**(10e)和马鲁布拉(Maroubra)壮观的**Mahon Pool**(10f)。详见randwick.nsw.gov.au; 免费。

11 皇家植物园

悉尼通常因其大城市的做派和高昂的物价为人诟病，但中央商务区(CBD)和海港之间这座占地730公顷的免费公园是一片宁静的绿洲。参加在每天10:30开始的免费团队游，或者单单探索一下这里的环境都是不错的体验。皇家植物园(Royal Botanic Gardens)有着200年历史的植物收藏很迷人，还有“我在悉尼——初次见面”(Cadi Jam Ora – First

Encounters）等展览，展览介绍了悉尼的原住民卡迪加尔人（Cadigal）以及他们与这片土地的关系。rbgsyd.nsw.gov.au；24小时；免费。

12 皇家国家公园

皇家国家公园（Royal National Park）是全球第二古老的国家公园，这里的荒野灌木丛生，海浪拍打着沙滩。总长达100多公里的徒步路径穿过公园、悬崖和跟雨林相接的涧谷到达荒芜的海滩。在Uloola Falls和North Era的营地野外露营收费12澳大利亚元（可能是悉尼最便宜的住处了）。轿车每天收费12澳大利亚元，不过搭乘公共交通工具[前往Waterfall的火车，或从克罗纳拉（Cronulla）发船的渡轮]过来可以免费入场。nationalparks.nsw.gov.au/Royal-National-Park；Audley Rd，Audley；7:00~20:30。

13 浮潜

水肺潜水不便宜，而悉尼水族馆（Sydney Aquarium）也很贵，但如果你带上呼吸管和面罩，在这座城市的众多海滩观赏鱼类则是免费的。曼利的**Shelly Beach**（13a）是个好地方，库吉和Clovelly之间的**戈登湾**（Gordons Bay；13b）也不错。你可以在植物学湾的**秃岛**（Bare Island；13c）附近与美妙的草海龙（weedy sea dragon）共泳，而在**Clovelly**（13d）浮潜者们经常会遇到一条住在这里的古氏蓝唇鱼（blue groper），它的绰号叫Bluey。24小时；免费。

14 悉尼港大桥

这座巨大的“衣架”已经不再主宰着不断变化的悉尼天际线，但它的确勾勒出了城市的轮廓；悉尼港大桥（Sydney Harbour Bridge）与歌剧院一起，是海港城（Harbour City）的两大标志。通过官方途径登上桥顶价格很高——经济的替代之选是沿着桥东端的人行道漫步——那里的风景也令人惊艳。24小时；免费。

15 悉尼港国家公园

占地4平方公里的悉尼港国家公园（Sydney Harbour National Park）保护了悉尼的部分海滩以及几座港内的岛屿。大多数景点免费，其中包括**检疫站**（Quarantine Station；15a；quarantinestation.com.au；1 North Head Scenic Dr；博物馆 周日至周四10:00~

经济出行

在悉尼出行不一定非得花大钱。搭乘公共交通的话，买一张澳宝卡（Opal Card；opal.com.au），在周一至周日付费搭乘火车/公共汽车/电车/渡轮满8次后，这一周再出行都免费了。自驾时，请注意汽油在周初的时候比较便宜，周末价格会升高（特别是公共假日期间），最优的实时油价见motormouth.com.au。悉尼及其市郊十分适合步行探索，比如望台山和岩石区（见266页）以及百年纪念公园（见267页），并且许多地方都有免费/便宜的步行游览App。悉尼极佳的海岸徒步免费地图可以在walkingcoastalsydney.com.au下载。

16:00，周五和周六10:00~20:00）和位于Pinchgut Island的**丹尼森堡**（Fort Denison；15b；fortdenison.com.au），不过你需要购买渡轮的船票，并且这里的团队游是收费的。公园里有徒步的地方，其中包括**Spit to Manly**（15c；walkingcoastalsydney.com.au；免费）的徒步路线。nationalparks.nsw.gov.au；24小时；步行免费。

16 廉价烧烤

在悉尼外出用餐很贵，但在室外吃饭的话只需你花上几根香肠的价钱。在全城与市郊各地众多的公共场所内，从**西悉尼绿地公园**（Western Sydney Parklands；16a；westernsydneyparklands.com.au；Richmond Rd；Dean Park，5月至7月8:00~17:00，8月至次年4月8:00~19:00；免费）到**勃朗特公园**（Bronte Park；16b；Bronte Rd；免费），你都会找到免费（偶尔会有投币式的）烧烤地，那里会有各类家庭、背包客和旅行者一起弯着腰共用一个——尽管非常旧的——烧烤盘。

17 唐人街夜市

唐人街（Chinatown）里到处香气四溢，热闹非凡。悉尼的华人历史悠久，但这片区域如今已是一个泛亚洲的熔炉，你可以在这里吃到数不胜数的美味，有粤菜、泰国菜、马来西亚菜、日本料理和越南菜。悉尼人已经接纳了**早茶文化**，特别是在周末的午间，但周五傍晚是热闹的路边摊夜市出摊的时候。Dixon St；周五16:00~23:00；入场免费。

18 农夫市场

悉尼的街头市集供应新鲜且通常由本地种植/制作的优质产品。而且只要你赶得巧，经常可以在**悉尼永续市场**（Sydney Sustainable Markets；18a；sydneysustainablemarkets.org；Taylor Sq，Darlinghurst；周六8:00~13:00；入场免费）、**车工厂农夫市场**（Carriageworks Farmers Market；18b；carriageworks.com.au；245 Wilson St，Eveleigh；周六8:00~13:00；入场免费）等地买到物美价廉的美味食品。

17

当地人说

"悉尼不便宜，但总有办法把消费控制在可承担范围内。我们是本地独立电影院的会员，因此电影票超级便宜。澳大利亚葡萄酒很棒，但全国生产得太多了；为了避免大量涌入市场，很多顶级的葡萄酒都在悉尼的酒类专卖店里不打标签地售卖，没有牌子价格也不高。得益于悉尼很不错的气候，露营又赞又便宜——兰蔻河旅游公园（Lane Cove River Tourist Park；Plassey Rd，Macquarie Park）和库灵盖狩猎地国家公园（Ku-Ring-Gai Chase National Park）里的盆地营地（The Basin Campground）都有离城市很近的露营地。详见nationalparks.nsw.gov.au。"——奥兰·雷德蒙（Oran Redmond），悉尼人

SOUTH AMERICA 南美洲

艺术&文化　音乐&电影　运动&休闲　美食&饮品　节日&活动

波哥大

波哥大（Bogotá）是哥伦比亚跳动的心脏，是个动人而充满生机的都城，被险峻的安第斯山群峰环抱，却又被繁复的都市酷感所浸染。在白天，历史和文化令人震撼，既有富有氛围的殖民地城区烛台区（La Candelaria），也有全城散落的近80座博物馆；夜晚就让你自己跟着波哥大一起摆动起来吧！

01 波哥大涂鸦游

这场2.5小时的迷人文化徒步游聚焦波哥大令人印象深刻的都市艺术风景。游览本身免费，但建议给导游20,000~30,000哥伦比亚比索的小费。这是深入体验缤纷而富有创意的地下世界很棒（而且便宜！）的方式，不然你很可能会在前往更有名的景点的途中与其失之交臂了。bogotagraffiti.com；Parque de los Periodistas；10:00和14:00；免费。

02 博特罗博物馆

共和国银行（Banco de la República）宏伟的博物馆建筑群用好几个展厅来展览圆嘟嘟的东西：手、橙子、女人、大胡子男人、儿童、禽鸟、哥伦比亚革命武装力量（Fuerzas Armadas Revolucionarias de Colombia，简称FARC）的领导人——当然，所有这些风格粗犷的艺术品都是哥伦比亚著名艺术家费尔南多·博特罗（Fernando Botero；他捐赠了这些作品）的画作与雕塑。banrepcultural.org/museo-botero；Calle 11 No 4-41；周一和周三至周六9:00~19:00，周日10:00~17:00；免费。

03 Cine Tonalá

波哥大少数几家独立电影院之一，专门放映拉丁/哥伦比亚电影和国际邪典经典电影，但这家来自墨西哥城的电影院拒绝被分类。这个风格多元的文化中心位于一座翻新后的20世纪30年代慈悲堂（La Merced）大宅内，是艺术逃亡客们的庇护所，他们为了这里时髦的酒吧、便宜的墨西哥美食和活力四射的泡吧之夜而逃避于此。cinetonala.co；Carrera 6A No 35-27；周二至周日正午至次日3:00；电影

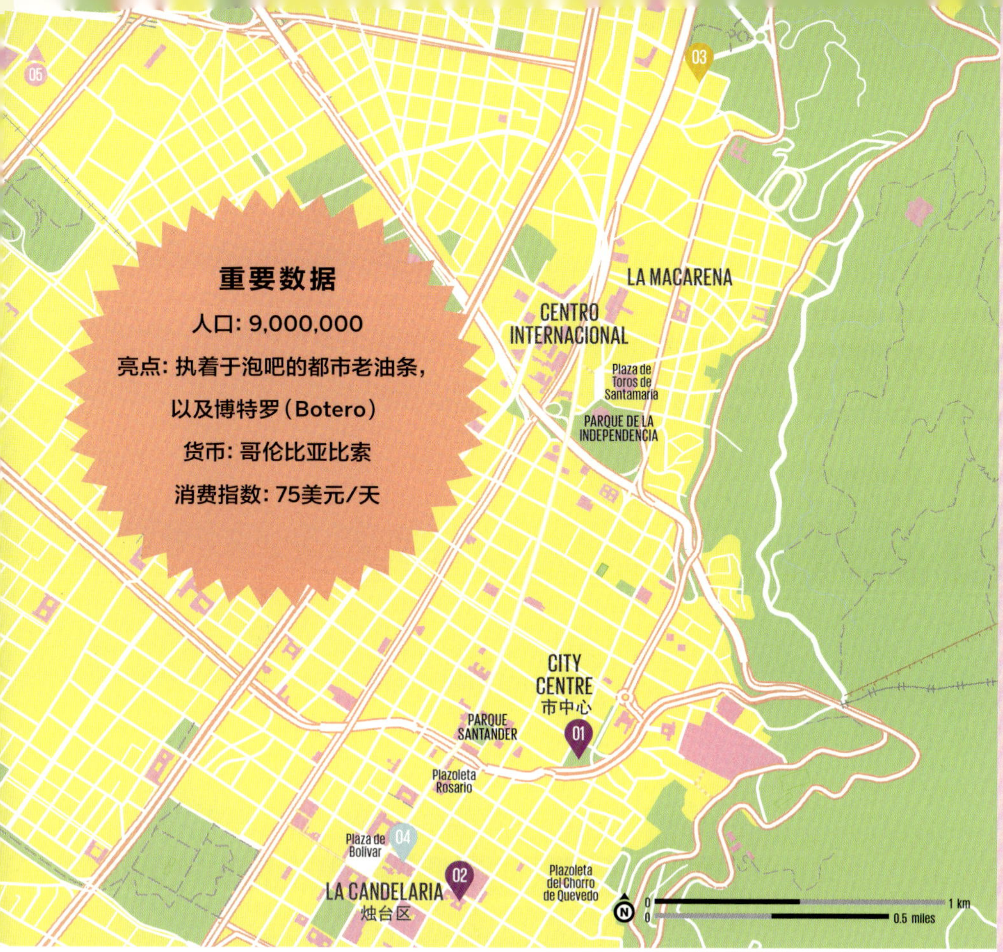

重要数据

人口: 9,000,000

亮点: 执着于泡吧的都市老油条，以及博特罗（Botero）

货币: 哥伦比亚比索

消费指数: 75美元/天

7000～9000哥伦比亚比索。

04 La Puerta Falsa

波哥大最著名的小吃店，彩虹般的糖果陈列诱惑你进入狭小的店铺，在这里品味殖民地城区的历史。鲜美多汁的玉米粽和美味的全巧克力（chocolate completo；热巧克力配奶酪、黄油面包以及一块饼干）是当地人的最爱——价格也很讨喜。Calle 11 No 6-50；周一至周六7:00～21:00，周日8:00～19:00；糖果1500～2000哥伦比亚比索，小吃3500～6300哥伦比亚比索。

05 美术馆之夜

沉醉于浓厚文化氛围中？还有免费的葡萄酒？你说我该去哪找这样的地方？不用费心！每季度一次，波哥大几家最酷炫的美术馆都会在美术馆之夜（Noche de Galerías）时开门迎客。把它想成一场受葡萄酒驱使的美术馆漫游，有免费的酒水、导览游和还算欢腾的氛围，它们全部由这座城市最具创造力也最好玩的一些人提供。nochedegalerias.co；详见网站；免费。

06 面向所有人的免费音乐

说到免费音乐会，波哥大是世界上首屈一指的城市，其中包括为期3天的**公园摇滚音乐节**（Rock al Parque；rockalparque.gov.co；Parque Simón Bolívar；详见网站；免费），届时会有（大多来自南美洲的）摇滚/金属/流行/放克/雷鬼乐队助阵演出。其他重要的活动还有**公园萨尔萨音乐节**（Salsa al Parque；salsaalparque.gov.co；详见网站；免费）、**公园嘻哈音乐节**（Hip-Hop al Parque；hiphopalparque.gov.co；10月/11月，详见网站；免费）和为期10天的**夏季音乐节**（Festival de Verano；idrd.gov.co/sitio/idrd；详见网站；免费）。

小贴士

» 骑车可能是在城里转转的最佳方式。波哥大有着世界上最畅行无阻的自行车路线网之一，拥有总长超过350公里的独立且标识清晰的自行车道，名为“Ciclo Ruta”；而每到周日和节假日的7:00至14:00间，全市会有121公里长的路段车辆禁行，这座城市各处都会为Ciclovía而疯狂。

» 等到周日再去参观博物馆，这时城里各式各样的博物馆中至少有35家会免费开放。

艺术&文化　音乐&电影　运动&休闲　美食&饮品　节日&活动

布宜诺斯艾利斯

布宜诺斯艾利斯（Buenos Aires）是一座热情之城。从足球到政治，人们的情绪总会随之高涨，并在生机勃勃的艺术中找到表达的方式。这里不仅有许多免费的音乐会和展览，在街区里随便走走，你还会发现街头艺术、街头艺人和纸上谈兵的哲学家。

01 Caminito

沿这条街道漫步，两边那些五颜六色的房子曾是意大利移民造船厂工人们的典型住房。这里也是欣赏街头探戈表演与博卡区（La Boca）著名的马拉多纳（Maradona）壁画的好地方。从**金克拉·马丁博物馆**（Quinquela Martin Museum; Ave Don Pedro de Mendoza 1835; 周二至周五10:00~18:00，周六和周日11:00~18:00; 建议捐款10阿根廷比索）屋顶露台上可以看到无与伦比的风景。24小时；免费。

02 卡洛斯·加德尔博物馆

即便你之前并不了解卡洛斯·加德尔（Carlos Gardel），来布宜诺斯艾利斯待几天，很快也会记住他的样子——他的脸无处不在。这位著名探戈歌手的故居如今是一座博物馆，很值得一看，而且别错过附近的Calle Zelaya和Calle Agüero所绘的加德尔壁画。museocasacarlosgardel.buenosaires.gob.ar/; Jean Jaurés 735; 周一和周三至周五11:00~18:00，周六和周日10:00~19:00; 5阿根廷比索，周三免费。

© Krzysztof Dydynski | Getty Images, © Billy Cox; Jess Kraft | 500px

重要数据

人口：14,100,000

亮点：繁荣的文化、自由的节日和便宜的肉食

货币：阿根廷比索

消费指数：45美元/天

03 面向所有人的免费艺术

想在周中免费感受一下艺术，那就去参观**现代艺术博物馆**（Museum of Modern Art; 3a; 简称MAMBA; buenosaires.gob.ar/museoartemoderno; Ave San Juan 350; 周二至周五11:00~19:00，周六和周日11:00~20:00；周二免费）吧。博物馆位于一座旧烟厂，如今已被改造成一家宽敞的美术馆。或者去看看**国立美术博物馆**（Museo Nacional de Bellas Artes; 3b; 简称MNBA; mnba.gob.ar; Ave del Libertador 1473; 周二至周五12:30~20:30，周六和周日9:30~20:30；免费）。

04 雷科莱塔公墓

雷科莱塔公墓（Recoleta Cemetery）举世闻名，尽管伊娃·庇隆（Eva Perón）的墓地吸引着人群，但公墓最精致的墓地却在别处。找一下报业大亨何塞·C.帕斯[José C Paz；相当于他那个时代的威廉·鲁道夫·赫斯特（William Randolph Hearst）]的宏伟墓地，以及多雷戈·奥尔蒂斯·巴苏阿尔多（Dorrego Ortíz Basualdo）的"陵墓"，里边甚至有小礼拜堂。在死亡之城里，唯一活着的住客是猫。Junín 1760; 8:00~17:45; 免费。

05 玫瑰宫

在总统的行政大楼参加一场免费的导览游并看一看胡安·庇隆（Juan Perón）和伊娃·庇隆对狂热群众演讲的阳台。每周四15:30，五月广场母亲（Mothers of the Plaza de Mayo）都会围绕玫瑰宫（Casa Rosada）前的纪念碑举行感人的纪念活动，她们的孩子"消失"在了1976~1983年的军事独裁统治时期。casarosada.gob.ar/la-casa-rosada/visitas-guiadas; Balcarce 50; 周六和周日10:00~18:00；免费。

06 Club Cultural Matienzo

Matienzo是这座城市美妙的文化中心之一，也是悠闲的社区活动场地，供应便宜的饮食[通常是肉馅卷饼（empanada）]并举办音乐会、工作坊和展览等各种活动。去网站看一下活动安排，Matienzo会定期邀请新兴的优秀乐队，你通常可以免费欣赏，此外还有音乐节和文学之夜。ccmatienzo.com.ar; Pringles 1249; 时间价格各异。

免费一日游

先从一顿典型的布宜诺斯艾利斯早餐（medialuna，羊角面包）开始，但别去咖啡馆，而是去面包房买完面包在公园里吃（当心那里的遛狗人和他们的很多狗）。上午去看看圣特尔莫区（San Telmo）的市场（见279页）、古董店和街头艺术，沿Calle Defensa走到五月广场（Plaza de Mayo）。跳上地铁（subte）前往Retiro，然后沿大宅林立的街道步行前往雷科莱塔公墓。可以在El Cuartito（Talcahuano 937; 12:30至次日1:00）的柜台边吃个肉馅卷饼补充能量。

© Matt Munro | Lonely Planet Images

07 La Glorieta

别把钱花在昂贵而低劣的旅游表演上，欣赏真正探戈的最佳地点是舞厅（milonga）。许多都要求低廉的最低消费，但最有氛围的La Glorieta是免费的。很难想象比公园演奏台更浪漫的布景了，在这里，每周末都有各年龄段的各种水平的人们过来一起跳探戈。Barrancas de Belgrano；周五至周日19:00～22:00；免费。

08 南岸生态保护区

南岸生态保护区（Costanera Sur Ecological Reserve）最棒的一点是这里几乎让你感觉自己离开了城市。保护区夹在拉普拉塔河（Río de la Plata）河口与马德罗港区（Puerto Madero）黄金地段的高楼之间，是占地360公顷的自然开放空间，满是芬芳的植物和有趣的动物，适合徒步、慢跑、骑自行车或观鸟。Costanera Sur；周二至周日8:00～18:00；免费。

09 布宜诺斯艾利斯当地游

漫步在布宜诺斯艾利斯，你自己就能欣赏到很多东西，但当你通过一场步行导览游了解到建筑物与纪念碑背后的故事时，这座城市的历史便真正鲜活起来。这种旅行是“随心支付”的，即向你的导游支付你自认为合适的小费，或者不给也行。buenosaireslocaltours.com；地点见网站；每天10:00；免费。

10 在巴勒莫树林玩轮滑

一条平整的柏油小路环绕着一座人工湖，二月三日公园[Parque Tres de Febrero；巴勒莫树林（Bosques de Palermo）的官方名字]最适合玩轮滑了，更别说还能观看人来人往——来这里逛公园的人通常风格各异。如果你没有自己的轮滑鞋，可以在公园租到；还有自行车可租。Ave Sarmiento和Ave Libertador交叉路口；24小时；入场免费。

11 南岸三明治

当港口居民(porteño)们旅行回家后，南岸(Costanera Sur)是他们最先来的地方之一，他们会来这里吃腊肠三明治(choripán)或炖猪肩肉(bondiola)。这是布宜诺斯艾利斯风格的路边小吃：长长的路边烧烤摊(parrilla)以实惠的价格出售肉量丰富的三明治。烤肉的味道——或许是这座城市的精华——让人难以抗拒。Ave Int Hernán M.Giralt；24小时；腊肠三明治25~30阿根廷比索。

12 在Plaza Lavalle喝马黛茶

喝马黛茶(mate)与遛狗是两项阿根廷的典型活动，把它们愉快地结合到一起只需要花费一袋散茶(yerba)的价钱。带上一保温瓶的热水(但别是沸水!)、茶叶、喝茶的葫芦以及金属吸管(bombilla)前往Plaza Lavalle观看牵着一大群狗的职业遛狗员，同时喝着上午茶。Libertad和Tucuman交叉路口；上午；免费。

骑车游览布宜诺斯艾利斯

探索布宜诺斯艾利斯的最佳方式是骑自行车：这里几乎都是平地，并且自行车道四通八达，令骑行非常轻松。在3000辆免费的EcoBici自行车中挑选一辆，充分享受这个政府的自行车方案，只需持护照与入境章复印件前往32个黄色自行车站点中的一处登记即可。从现在起的一个小时内，自行车就是你的啦。在城里任何一个站点还车都可以；在你登记的时候可以拿一份标注着站点位置的地图。buenosaires.gob.ar/ecobici；24小时；免费。

13 Pizzería Güerrin

忘记自己对比萨的认识吧，Güerrin对酥脆的薄皮可不感冒。站在柜台旁来上一两块夹生、油腻且令人满足的碳水化合物的狂欢可以省掉餐位费。上边加上一块fainá（一种鹰嘴豆口味的面饼）会更加满足。pizzeriaguerrin.com; Ave Corrientes 1368; 11:00至次日2:00; 比萨每块25阿根廷比索起。

14 法国广场的手工艺品市场

法国广场周末的手工艺品市场不仅是购买手工艺品的地方，也留神一下出售自制奶酪番茄馅面包（pan relleno）的商贩，这是你在城里能找到的最便宜最饱腹的餐食了。小贩通常挎着一篮子美味在摊位间走动。Recoleta; 周六和周日 11:00~20:00; 奶酪番茄馅面包20~25阿根廷比索。

15 Sabores Entrerrianos

它或许看起来有点边缘，但这家位于Villa Crespo的烤肉店（parrilla）供应城里性价比最高的牛排——比它那些闪亮的邻居们要便宜得多——而且这里的菜码很大，以至于服务员都会建议你只点半份。老板显然认为实质重于风格；这里的肉质很棒且烹调永远完美。Serrano 954; 12:00~15:00和20:00至午夜; 每餐约70阿根廷比索。

16 布宜诺斯艾利斯的节日

布宜诺斯艾利斯的节日很多——有庆祝爵士乐、骑行、摇滚乐、电影的，甚至还有庆祝数学的——以至于似乎一个节日还没有结束，另一个就开始了。节日期间都有一流的表演和工作坊，免费。关于各节日的详情见网站（festivales.buenosaires.gob.ar）。其中最棒的两个是**阿根廷国际节**（Buenos Aires International Festival，简称FIBA; 9月至10月; 免费）和**阿根廷探戈节**（Tango BA; 8月和4月; 免费）。

17 阿根廷屠宰市场

要想在城里感受乡间高乔（gaucho; 阿根廷牛仔）的氛围，就去屠宰场（Mataderos）街区参加周日集市。那里展示的骑术、民间音乐、舞蹈以及大量的皮革制品都是亮点。集市上也是品尝玉米蔬菜炖肉汤（locro; 一种传统的丰盛汤肴）的地方。feriademataderos.com.ar; Ave Lisandro de la Torre和Ave de los Corrales交叉路口; 周日 11:00，夏季 周六 18:00; 免费。

18 圣特尔莫周日集市

你不想购物也没关系，圣特尔莫（San Telmo）区街头的周日集市有着大量的娱乐项目，既有街头艺人也有探戈舞者。集市从多雷戈广场（Plaza Dorrego）绵延10个街区直到五月广场，这里的摊位出售古董和手工艺品，有的很奇特，也有常见的纪念品。Calle Defensa; 周日 10:00~18:00; 入场免费。

当地人说

"我住在Mercado del Progreso市场（mercadodelprogreso.com; Ave Rivadavia 5430; 周一至周六7:30~14:00和17:00~20:30; 免费）旁边，这是城里最古老的市场之一。市场的摊贩售卖顶级的肉类，价格并不比一般的肉店贵。如果我想来顿烤肉（asado）就会去那里采购，并且去中国人开的社区小超市里买葡萄酒。我最喜欢的两个地方是查卡里塔公墓（Chacarita cemetery; Ave Guzmán 680; 7:30~17:00; 免费），探戈歌手卡卢斯·加德尔就葬在那里；还有巴勒莫赛马场（Palermo Hippodrome; palermo.com.ar; Ave del Libertador 4101; 入场免费，最低下注5阿根廷比索）。"——帕特里西奥·桑托斯（Patricio Santos），Che Vos Spanish的西班牙语老师

WINE TASTING ON A SHOESTRING IN SOUTH AMERICA

南美洲 平价品酒游

南美洲的葡萄酒产区是浪漫的目的地，但你也不用为了品尝丰收的果实就和你的钱吻别。

卡法亚特葡萄酒产区，阿根廷

很少有游客来到卡法亚特(Cafayate)，这里是阿根廷“别样的”葡萄酒之乡，以馥郁的白葡萄酒特浓情(Torrontés)而著名，但从萨尔塔(Salta)顺路过来很容易，许多游客在往来玻利维亚(Bolivia)途中都会经过萨尔塔。welcomeargentina.com/cafayate。

FINCA NAR-BONA，乌拉圭

卡梅罗(Carmelo)附近的酒庄是品尝鲜为人知的丹娜(Tannat)葡萄酒的地方。你无须在Narbona Wine Lodge过夜也能参观令人印象深刻的酒庄：过来吃顿配酒午餐就行。narbona.com.uy; Ruta 21,km 267,Carmelo,Uruguay。

干露酒庄，智利

拉丁美洲最大的葡萄酒制造商干露酒庄（Viña Concha Y Toro）或许不算特别有趣，但你至少可以从圣地亚哥（Santiago）市区坐地铁过来。conchaytoro.com; Virginia Subercaseaux 210, Pirque, Chile; 10:00~17:00; 品酒12,000智利比索。

卡萨布兰卡山谷，智利

你为了优美的建筑和巴勃罗·聂鲁达（Pablo Neruda）来到瓦尔帕莱索（Valparaíso），现在参加一场瓦尔帕莱索葡萄酒游（Wine Tours Valparaíso）的一日游吧——这是欣赏卡萨布兰卡山谷（Casablanca Valley）的最佳方式。winetoursvalparaiso.cl; Cerro Alegre, Valparaíso, Chile。

嘉斯山酒庄，智利圣克鲁斯

在智利科尔查瓜山谷（Colchagua Valley）产区漂亮的嘉斯山酒庄（Montgras Winery）住一天吧：除了品尝佳美娜（Carménère）之外，你还可以徒步或登山。montgras.cl; Camino Isla de Yáquil s/n, Palmilla; 10:00~16:30; 搭配食物品酒15,000智利比索。

萨兰亭酒庄，阿根廷乌格河谷

在阿根廷备受关注的乌格河谷（Valle De Uco），如果你想参观酒庄，那就安排好时间参加萨兰亭酒庄（Salentein Winery）圆形露天剧场众多文化活动中的任一场吧，你的收获绝对会物超所值。bodegasalentein.com; RP 89, Los Árboles, Tunuyán, Argentina; 周一至周六9:00~17:00; 品酒150阿根廷比索。

骑车探索门多萨，阿根廷

租辆自行车探索门多萨（Mendoza）附近的葡萄酒之路（los caminos del vino）。Mr. Hugo Bikes提供自行车、储物柜和地图，并组织团队游。mrhugobikes.com; Urquiza 2288, Maipú, Mendoza; 网上预订。

CASA VALDUGA，巴西

人气颇高的Casa Valduga是葡萄园谷（Vale Dos Vinhedos；巴西新锐葡萄酒的发源地）的大玩家，免费提供基本品酒，包含三种葡萄酒。casavalduga.com.br; Via Trento 2355, Vale Dos Vinhedos, Brazil; 9:30~18:15; 免费。

艺术&文化　音乐&电影　运动&休闲　美食&饮品　节日&活动

利马

利马（Lima）不再只是个中转站。这里草木繁盛的市郊俯瞰着大海，令无数旅行者感叹："我想住在这里。"许多人留了下来，为秘鲁的融合文化加入一丝国际化的腔调，而你可以像闻到这里的海洋气息一样，强烈感受到利马这种令人震颤的新气象。

01 利马艺术博物馆

利马艺术博物馆（Museo de Arte de Lima）是利马最重要的美术博物馆，位于一座可爱的布杂艺术风格建筑中——有些廊柱来自居斯塔夫·埃菲尔（Gustave Eiffel）本人的工坊。展品包括前哥伦布时代的艺术品，以及当代艺术品，并且对于查文（Chavín）和其他的前印加（pre-Inca）时代文化有着不错的见解。在周日，平时12新索尔的门票会降价到1新索尔，且包含一场导览游和儿童活动。mali.pe；Paseo Colón 25；10:00~17:00，周三闭馆；周日1新索尔。

02 宗教裁判所博物馆

西班牙的宗教裁判所（Inquisition）曾经在这座小型博物馆中履行自己的职责。你可以游览地下室，那里病态滑稽的蜡像被伸展在刑具上接受鞭打——8岁的孩子没准儿会感到好奇。1楼古老的图书馆保留着巴洛克风格的木天花板，漂亮到"令人发指"。通过参加半小时的西班牙语和英语导览游进场，之后可以自由参观。www.congreso.gob.pe/museo.htm；Jirón Junín 548；9:00~17:00；免费。

03 免费步行游览

利马充满了大多数人会忽略掉的奇妙场所。这场步行游览的向导会热情地向你讲述海盗袭击老利马等各种引人入胜的事件，也会让平淡无奇的邮局鲜活起来，那里曾经是利马的第一座火车站。团队游免费但会有一些强行推销，不过大多数人都会留点小费。fwtperu.com/fwt-lima.html；团队游从肯尼迪公园（Parque Kennedy）北门开始；周一至周六11:00；免费。

每日特餐

这是品尝利马美食的最佳方式，也是最便宜的方式。忘掉正式的晚餐，随便在哪条街上享用一次极为丰富的午间每日特餐（menú del día）吧。留意一下餐厅门口白板上的菜单。即便是在高级的米拉弗洛雷斯区（Miraflores），你也有可能花上区区7~14新索尔吃上一顿。餐厅可能是简单的家庭经营小馆，也有可能是铺着白桌布、供应精致点心的高级场所。不管是哪种，你都有可能遇到众多白领和外出就餐的家庭食客，享用三道菜佳肴，里面通常包括一份丰盛的羹汤、米饭、沙拉和一杯饮料，饮料多为茶。有的供应酸橘汁腌鱼（ceviche），所以你还能吃到每日的腌渍生海鲜。

04 武器广场

沿着Milaflores的崖顶绿地漫步很放松，并且充满了惊喜。其中最好的就是这座公园高踞在太平洋岸边，分布着一些高迪（Gaudí）风格的弯曲长椅和装饰着马赛克的拱门，镶嵌的马赛克用西班牙语传达着爱意。开阔的武器广场（Parque del Amor）就像是一座没有围墙的美术馆。你能看到情人们在这里低声说着甜言蜜语，还能欣赏滑翔伞爱好者飞越利马海滩的场面。Malecón Cisneros；24小时；免费。

05 叹息桥和Barranco区

牵起爱人的手屏息走过叹息桥（Puente de los Suspiros）。如果你能一口气走完，你的爱情貌似会像周边的Barranco区一样美好。穿过教堂边曲折的小路，出来就是观海点：这里的美景无疑会令你的约会对象着迷。Paseo Chabuca Granda，广场以西一个街区，Barranco；24小时；免费。

06 米拉弗洛雷斯巧克力博物馆

这里其实更像是一个商店，但这所“博物馆”的免费团队游介绍了巧克力的历史，你还可以触摸一下原料。试吃环节是大家来这里的真正目的，可以免费品尝生可可、令人赞叹的巧克力棒、巧克力茶和公平贸易热可可。这里还有价格合适的工作坊——详见官网。chocomuseo.com；Calle Berlin 375；周日至周四11:00~20:30，周五和周六11:00~21:30；入场免费。

重要数据

人口：10,800,000

亮点：历史、户外活动

货币：新索尔

消费指数：80美元/天

艺术&文化　音乐&电影　运动&休闲　美食&饮品　节日&活动

里约热内卢

你很难不爱上里约热内卢(Rio de Janeiro)，这里有绚丽的海滩、雨林覆盖的群山和桑巴热舞的夜生活。尽管这里很容易让你超支(海边酒店、高档餐厅、昂贵的团队游)，但想体验里约热内卢并不一定要花很多钱；城里有些非常棒的活动是免费的。

01 巴西银行文化中心

巴西银行文化中心(Centro Cultural Banco do Brasil)位于一座精心修复的1906年建筑中，经常举办里约最棒的展览——全部都是免费的。你会在这里度过一段好时光，参观各展厅的多媒体展览，或者参加晚间音乐会或电影放映会。如果你在工作日过来的话，文化中心的参观者通常都不多。culturabancodobrasil.com.br；Primeiro de Março 66,Centro；周三至周一9:00~21:00；免费。

02 塞勒隆阶梯

里约最受欢迎的景点之一就是这座壮观的铺砖阶梯，它连接了拉帕区(Lapa)和圣特雷莎区(Santa Teresa)。这些装饰张扬的阶梯(一共有215级)由智利出生的艺术家豪尔赫·塞勒隆(Jorge Selarón)创作，已经成为了拉帕区富有创造力的波希米亚精神的象征。它们是塞勒隆送给巴西人民的礼物，所用瓷砖来自世界各地。一块英文和葡萄牙文的标志牌阐述了艺术家的愿景。紧邻Joaquim Silva,Lapa；24小时；免费。

03 圣本笃隐修院

在市区的北边你能找到巴西最精美的殖民地时期教堂之一。圣本笃隐修院(Mosteiro de São Bento)建造于1617年至1641年，坐落在Morro de São Bento的山顶，有着瑰丽的巴洛克风格内饰，漂亮的雕塑和引人注目的小礼拜堂更为隐修院增添了威严。要想获得更完整的体验，就在修士们吟唱格里高利圣咏(Gregorian chant)时来参加弥撒(工作日

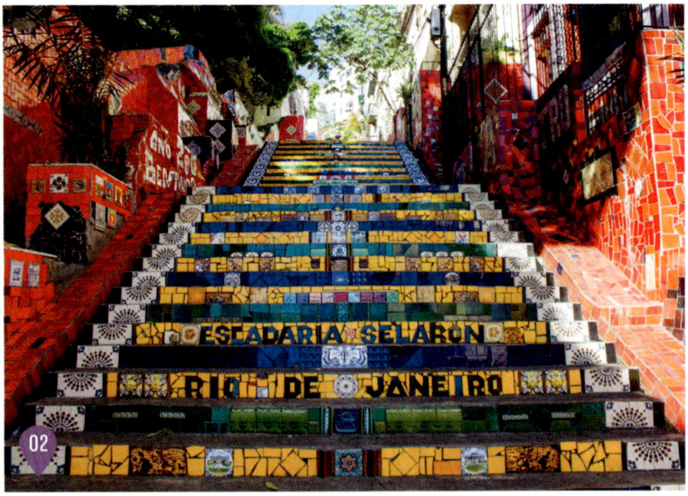

02

重要数据
人口: 11,700,000
亮点: 海滩、美景和夜生活鼎足而立
货币: 巴西雷亚尔
消费指数: 120美元/天
GAMBOA
SAÚDE
SAARA
SANTO CRISTO
SÃO CRISTÓVÃO
JARDIM ZOOLÓGICO
QUINTA DA BOA VISTA
MARACANÃ
SÃO CRISTÓVÃO
BARÃO DE MAUÁ
LAURO MULLER
ESTAÇÃO DOM PEDRO II
Maracanã Football Stadium
Ilha das Cobras
科布拉斯岛
Ilha Fiscal
CENTRO
中央区
CAFÉ GAÚCHO
CASTELO
SAARA
CAMPO DE SANTANA
FREE WALKER TOURS
CINELÂNDIA
FÁTIMA
Aeroporto Santos Dumont
圣杜蒙特机场
CIDADE NOVA
新城区
ESTÁCIO
LAPA
拉帕
Enseada da Glória
CATUMBI
RIO COMPRIDO
Marina da Glória
SANTA TERESA
GLÓRIA
PARQUE DO FLAMENGO
CATETE
Praia do Flamengo
FLAMENGO
Baía de Guanabara
瓜纳巴拉湾
COSME VELHO
旧科斯梅
LARANJEIRAS
ESTAÇÃO DA ESTRADA DE FERRO CORCOVADO
Praia do Botafogo
Enseada de Botafogo
博塔福古湾
Praia da Urca
Praia de Fora
URCA
PAINEIRAS
PARQUE NACIONAL DA TIJUCA
蒂茹卡国家公园
BOTAFOGO
HUMAITÁ
Praia Vermelha
LAGOA
HUMAITÁ
Cemitério São João Batista
LEME
Praia do Leme (Leme Beach)
Lagoa Rodrigo de Freitas
JARDIM BOTÂNICO
PARQUE DA CATACUMBA
BAIRRO PEIXOTO
BAALBECK
LAGOA
LAGOA
GÁVEA
COPACABANA
科帕卡瓦纳
BAIXO COPA
COPACABANA BEACH
科帕卡瓦纳海滩
Ilha dos Caiçaras
IPANEMA
ATLANTIC OCEAN
大西洋
LA VERONESE
Praia de Leblon
Ipanema Beach (Praia de Ipanema)
依帕内玛海滩
Praia do Arpoador
ARPOADOR
Praia do Diabo
2 km
1 miles

7:30)吧。Rua Dom Gerardo 68,Centro; 7:00~17:30; 免费。

04 皇宫

这座宫殿(1743年)曾经是葡萄牙皇室的住所,他们在19世纪初为了躲避拿破仑乘船来到葡萄牙在新世界的殖民地转而在这里执政。皇宫(Paço Imperial)已经被改造成了经常举办免费展览的画廊。过去的遗迹依然保留下来了,其中包括隔壁的大广场,伊莎贝尔公主(Princesa Isabel)1888年在那里宣布废除奴隶制。Praça XV(Quinze) de Novembro 48; 周二至周日正午至18:00; 免费。

05 Bip Bip

几年来,Bip Bip已经成了欣赏圆圈桑巴(roda de samba; 围着一个桌子进行的非正式桑巴表演)的最佳地点之一,尽管这里只有一个店面和几张桌子。傍晚这里会上演严肃的即兴演奏,伴着音乐,醉酒的狂欢者多到都挤到了街上。这里不要求最低消费,但请给音乐人打赏小费。Almirante Gonçalves 50, Copacabana; 周日至周五20:00起; 免费。

06 拉帕区

拉帕区(Lapa)是里约现场音乐界的中心,这里曾经是红灯区,如今拥有露天酒吧和老派的桑巴俱乐部。在周末,到处洋溢着狂野喜庆的氛围,而拉帕拱门(Lapa Arches)旁的广场更是成为一场露天的跳舞派对。小贩们推着临时凑合的饮料车售卖鸡尾酒,还有现场音乐演出。之后,你还可以沿着拉帕区最热闹的地带Ave Mem de Sá漫步。Largo da Lapa; 周六和周日,免费。

07 Pedra do Sal派对

这场周一和周五晚间的街头派对极受桑巴爱好者们欢迎。充满活力的桑巴舞池里舞者轮番上场献技,伴着耳熟能详的歌曲,为围绕在小广场周围快乐的人群表演。这个富有氛围的老旧场所有着深厚的历史底蕴——桑巴其实诞生于这里曾经盛极一时的巴伊亚人(Bahian)社区。Largo João da Baiana,Gamboa; 周一和周五20:00至午夜; 免费。

步行游览

要想深入了解里约的历史，可以参加各公司组织的市区免费步行游。名副其实的Free Walker Tours（freewalkertours.com）带游客参观Travessa do Comércio、Praça XV、Cinelândia、拉帕拱门（Arcos da Lapa）和塞勒隆阶梯（见284页）以及其他地方，3个小时的漫步让你对这座城市有一个深入的了解。尽管是免费的，最后导游还是会索要小费。多数人给25巴西雷亚尔左右。同一个公司还在依帕内玛（Ipanema）和拉帕区组织性价比很高的酒馆串烧游活动（每项55巴西雷亚尔，含酒水和多个夜店的入场费）以及免费的科帕卡瓦纳（Copacabana）步行游览。

01

14

08 Vaca Atolada

想要纯正的桑巴体验，就去这个简单、明亮、铺着地砖的小餐饮场所吧。你可以欣赏到圆圈桑巴和聚集于此的当地人，加入进去一起载歌载舞吧（如果还有空地的话）。这里是老派的拉帕风格，友好、未经改造而且富有活力。早点过来占张桌子，并且准备好舞动起来吧，这些节奏就是为了跳舞而生的！Rua Gomes Freire 533,Centro；周二至周六20:00至次日2:00；免费。

09 依帕内玛海滩

依帕内玛海滩（Ipanema Beach）是在海边晒太阳消磨一天的最佳地点之一。你可以在海浪中嬉戏、冲浪、长时间地漫步，或者干脆坐下来沉浸于观看人来人往这项朴素的艺术。当你饿了时也不需要离开沙滩。海边小摊（barraca）从三明治到凯匹林纳鸡尾酒（caipirinha）什么都卖，还有移动小贩兜售冷饮和小吃。紧邻Av Vieira Souto,Ipanema；24小时；免费。

10 Morro da Urca瞭望台

里约青葱的山麓有着迷人的美景，但前往那里通常意味着支付高昂的缆车费用。不过，如果你打算步行上山，也可以尝试登上一些令人称奇的瞭望点。Morro da Urca便是其中最好的一个。沿着标示清晰的小径爬陡坡穿过树林，你中途可能还会见到猴子。入口紧邻Urca的Claudio Coutinho小径；24小时；免费。

11 海边小径

沿着科帕卡瓦纳海滩（Copacabana Beach）或依帕内玛海滩漫步，你很快就会明白里约为何被称作“美妙之城”（cidade maravilhosa）。要想领略这些美景，可以沿着环绕海滩的柏油道行进。周日是最好的活动时间之一；海滩道路机动车禁行，道路完全被骑行者、慢跑者和玩直排轮的人“占领”。Copacabana & Ipanema beaches；24小时；免费。

12 拉赫公园

如果你知道具体方位，就仍旧能在里约热内卢找到几片大西洋雨林。拉赫公园（Parque Lage）就是品味热带风情的好地方。这座葱郁的公园有着可爱的森林步道，还有一个锦鲤池、几处洞穴和一座迷你城堡，孩子们可以在那里尽情攀爬。你有时还能看到树上的狨猴（marmoset）和鹦鹉。eavparquelage.rj.gov.br；Rua Jardim Botânico 414；9:00~19:00；免费。

13 Bibi Sucos

富有活力的果汁吧是里约热内卢的特色，大多数店铺从早到晚供应美味的调配饮料。Bibi Sucos是里约最棒的小吃店之一，供应数十种风味的饮品，其中包括用亚马孙流域各种水果与浆果榨出的果汁。巴西莓（açaí）汁很受欢迎，这种富含维生素的浆果汁很浓稠，你可能需要用勺子挖着吃。bibisucos.com.br；Ave Ataúlfo de Paiva,Leblon；8:00至次日1:00；巴西莓汁6~15巴西雷亚尔。

14 椰汁

椰汁（água de coco）是神的饮料，在里约热内卢广受喜爱。它是热带消暑的完美冷饮，都是带壳直接喝——价格只要5巴西雷亚尔。最棒的一点是，你甚至不需要离开沙滩就能喝到它；依帕内玛和科帕卡瓦纳海滩旁的海边杂货亭就有供应。另一个好处就是，椰汁富含钾离子和电解质——对于缓解宿醉非常有利……

15 嬉皮集市

在周日，依帕内玛最有意思的地方就是这里。尽管有很多纪念品可以买，我们建议你过来买吃的。在广场的角落里你能找到美味的巴伊亚街头小食，比如acarajé（一种油炸豇豆馅饼，上面有虾和香料），只卖12巴西雷亚尔。价格这么亲民，你肯定负担得起这些甜品。Praça General Osório,Ipanema；周日9:00~18:00；入场免费。

16 狂欢节

尽管狂欢节期间酒店很贵，但还是有许多不必花太多钱就能享乐的办法。在这场大型活动前的几周里，Blocos和Bandas，也叫巡回街头派对，在全城各处举行（见290页）。也有免费的音乐会举行，参加大游行的桑巴学校还会举行派对。rio-carnival.net；地点和时间各异，圣灰星期三（Ash Wednesday）前两周；免费。

免费一日游

首先，沿科帕卡瓦纳沙滩散步或慢跑，然后停下来在海边小亭子喝些椰汁补充能量。之后，前往市区，再在Café Gaúcho（Rua São Jose 86；周一至周五7:00~19:00，周六7:00~13:00）吃份三明治，然后继续去皇宫（见286页）和巴西银行文化中心（见284页）观看展览。下午，回到依帕内玛海滩从Arpoador欣赏日落。晚上，带上舞鞋前往拉帕区（见286页）。从人行道小贩那里买杯饮料，然后沿Ave Mem de Sá漫步。

17 Feira Rio Antigo集市

如果当月的第一个周六你恰好在这里，别错过这场集市，届时会有现场音乐、餐饮小贩和无数出售手工艺品、服饰和古董的小摊。集市沿拉帕区最古老的街道之一Rua do Lavradio分布，街边矗立着优美的建筑。你肯定会度过一段美好的时光，最好早点去以避开人群。Rua do Lavradio,Lapa；每月第一个周六10:00~18:00；入场免费。

18 新年派对

别去寒冷的时代广场或阴雨连绵的伦敦了，到热带来跨年吧。里约热内卢会举办一场真正令人难以置信的盛典，近200万人前往**科帕卡瓦纳海滩**观看夜空中绽放的璀璨烟花。在这个重大的夜晚，狂欢者按惯例都穿着白衣，有些人甚至会跳进海里（据说这样做会为来年带来好运）。rioguiaoficial.com.br；Copacabana Beach；免费。

16

当地人说

"我会吃固定价格午餐（prato feito）省钱。中东风格的餐馆Baalbeck（Ave Nossa Sra de Copacabana,664，周一至周六9:00~20:00）是我的最爱之一，你在那里花上15巴西雷亚尔就能吃得很好。小吃吧也很不错，其中包括La Veronese（Rua Visc de Pirajá,29），那里以15巴西雷亚尔的价格供应迷你比萨。还有Café Gaúcho，那里有10巴西雷亚尔的牛排三明治。晚上，我会去有街头派对的地方——Empório、Pedra do Sal、Baixo Gávea、Pavão Azul——你可以从街头小贩那里买啤酒。"——克里斯蒂亚诺·诺盖拉（Cristiano Nogueira），《里约派对》（*Rio For Partiers*）作者

如何在里约纵情狂欢节 HOW TO PARTY AT CARNIVAL IN RIO

你不需要为了狂欢节大把撒钱。有些最好的活动——特别是里约欢乐的街头派对——都是免费的。

萨尔盖鲁桑巴学校

在狂欢节的准备期间，最令人兴奋的地点之一就是桑巴学校的彩排现场，而萨尔盖鲁（Salgueiro）非常受欢迎。穿上红色和白色衣服（萨尔盖鲁的标志颜色），腾出一个深夜来跳舞吧！salgueiro.com.br；Rua Silva Teles 104，Andaraí；周六22:00至次日4:00；门票20~40巴西雷亚尔。

曼格拉桑巴学校

从9月直到狂欢节的每个周六夜晚，这所传统的桑巴学校曼格拉（Mangueira）都会举办一场大派对。准备好迎接劲爆的打击乐、源源不断的凯匹林纳鸡尾酒以及欢庆的人群吧。www.mangueira.com.br；Rua Visconde de Niterói，Mangueira；周六22:00至次日4:00；门票20~40巴西雷亚尔。

依帕内玛乐队

依帕内玛最赞的巡回庆典之一依帕内玛乐队（Banda De Ipanema）在狂欢节期间会举行两次。你可以身穿特别的服饰（不穿也行），加入到汹涌人潮中去，大家载歌载舞穿过街区。Praça General Osório，Ipanema；狂欢节期间的周六与节前一个周六16:00；免费。

MONOBLOCO派对

里约的狂欢活动并不是在圣灰星期三就戛然而止。你可以在市区这场盛大的派对中加入到50多万的欢庆人群中，向狂欢节告别。Ave Rio Branco，靠近Presidente Vargas，Centro；狂欢节后第一个周日9:00；免费。

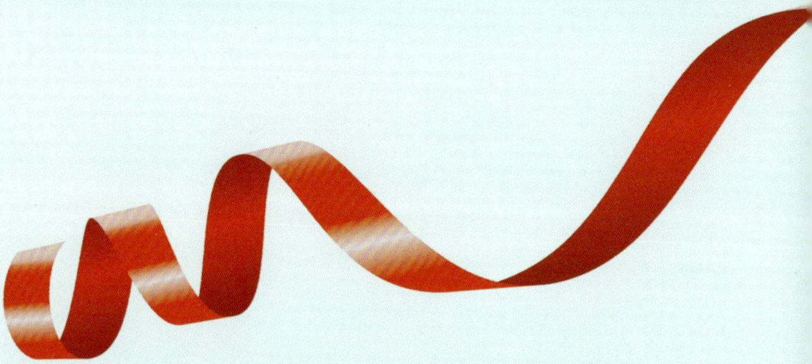

圣衣会乐队

随着圣衣会乐队(Banda Carmelitas)一扭一摆舞动着穿过圣特蕾莎区鹅卵石街道的感受十分独特——最好打扮成修女(首选服装)。Rua Dias de Barros和Ladeira de Santa Teresa交叉路口, Santa Teresa; 狂欢节周五13:00和狂欢节周二10:00; 免费。

黑球串派对

早点过来加入里约历史最悠久、规模最大的街头派对黑球串(Cordão Do Bola Preta)吧,近200万人在这里狂欢。你最好打扮起来——特别是穿带有黑白点的创意服饰。cordaodabola-preta.com; Primeiro de Março, 靠近Rua Rosário,Centro; 狂欢节周六8:00; 免费。

冠军游行

如果你不想为狂欢节的大游行花钱,就在那一周之后的周六过来吧,届时会有6所顶级的桑巴学校游行穿过桑巴馆(Sambódromo)。表演精彩夺目,值得一看。Sambódromo; 狂欢节后的周六21:00至次日4:00; 门票145巴西雷亚尔起。

桑巴之城

这座桑巴馆附近的大广场在狂欢节期间(以及节前的周末)会变成派对的中心,各种各样的现场音乐通宵上演,外加大量的餐饮小贩。Praça Onze,Centro; 狂欢节期间的周五至周二19:00至次日6:00; 门票约40巴西雷亚尔。

RIO FOLIA

在狂欢节期间,前往拉帕拱门前的广场欣赏城里最棒的免费演出。在这些露天音乐会上还可以尽情跳舞和观看人群。Praça Cardeal Câmara,Lapa; 狂欢节期间的周五至周二20:00至深夜; 免费。

Photography | Daniel Di Paolo, Styling | Hayley Warnham

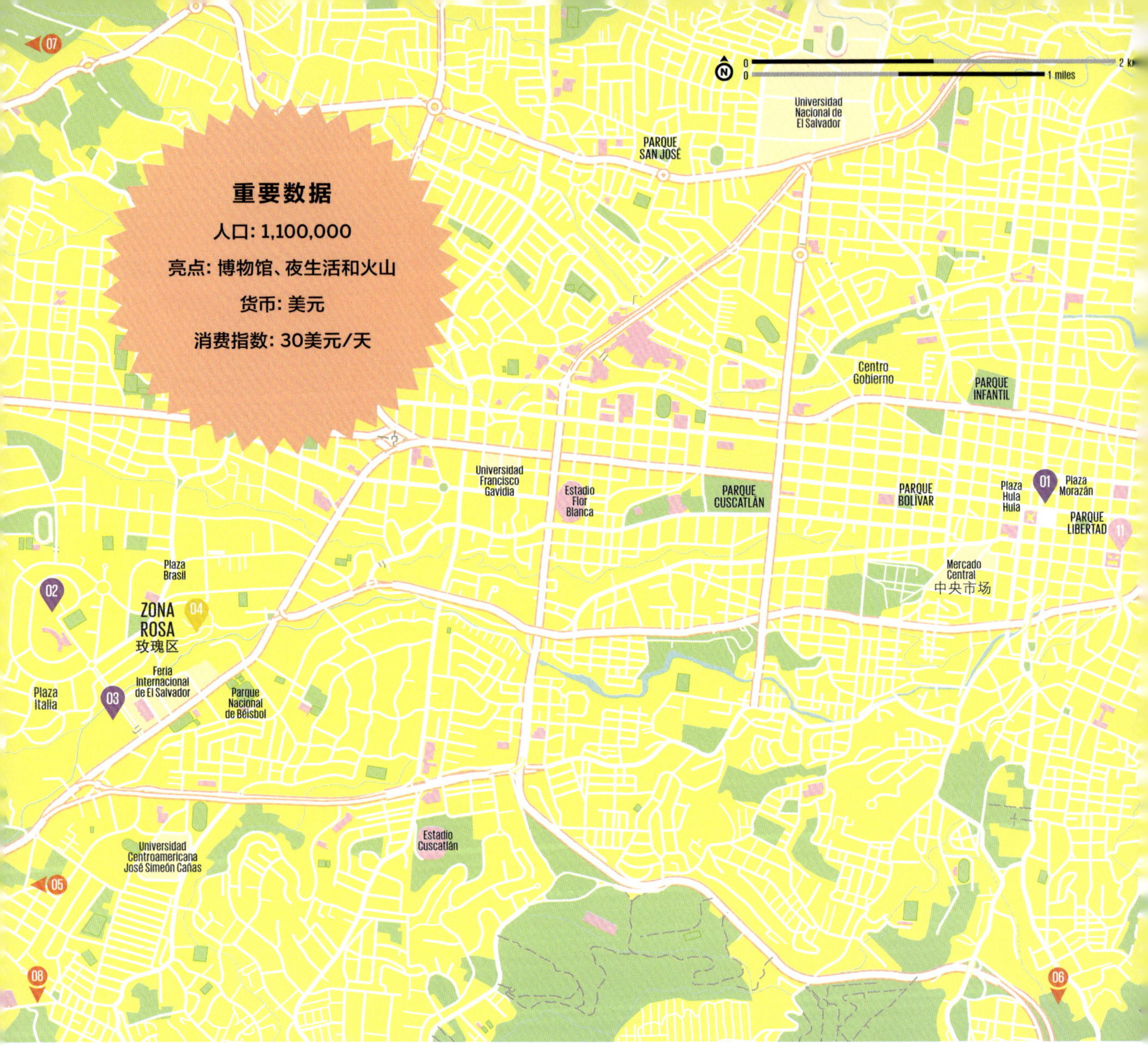

圣萨尔瓦多

萨尔瓦多 (El Salvador) 这个邮票那么大的国家有很多精彩亮点。黑沙海滩和翻滚的海浪、火山口湖和花海之路 (Ruta de las Flores)、工匠村以及袖珍的首都，这里没有什么需要花上大价钱才能去做的事情。圣萨尔瓦多 (San Salvador) 是中美洲省钱之旅的典范。

艺术&文化　音乐&电影　运动&休闲　美食&饮品　节日&活动

01 总主教座堂

大主教奥斯卡·罗梅罗（Archbishop Oscar Romero）在20世纪80年代就直言不讳地批评政府"敢死队"，在总主教座堂（Catedral Metropolitana）主持弥撒时被暗杀。如今他的遗体安葬于此，在壮观的彩色玻璃窗下，和其他可以追溯至16世纪的圣像一同永垂不朽。这座位于市区的建筑维护得很好。宗教建筑或许不合你的口味，但这座教堂讲述的重要故事可能会使你感兴趣。Calle Ruben Dario；8:00至正午和14:00~16:00；免费。

02 艺术博物馆

这座小型国立博物馆位于Colonia San Benito，馆内展出的艺术品令人印象深刻。本地艺术作为政治表达形式的演化被巧妙地记录下来，而当代展览鲜活且妙趣横生。你在艺术博物馆（Museo de Arte）可以轻松地度过半天时间，特别是夏季来这里参观还能够躲避酷暑。marte.org.sv；Ave de la Revolución,Colonia San Benito；周二至周日10:00~18:00；成人/学生1.50/0.50美元。

03 国立人类学博物馆 戴维·J.古斯曼博士楼

戴维·J.古斯曼（Dr David J.Guzmán）是19世纪的自然科学家，支持欧洲的自由价值观，并且了解如何运营一座博物馆。他的同名博物馆里收藏了跨越各个时期的文物，并以通俗易懂的方法介绍这片地区的历史背景。皮普（Pipil）和玛雅（Maya）文化是馆内的主要内容，这两种文化对现代中美洲（Meso-America）仍有着深远的影响。这里还举办免费音乐会和电影之夜。cultura.gob.sv；Ave de la Revolución；周二至周六10:00~17:00，周日10:00~18:00；3美元。

04 玫瑰区

首都最浮夸的市郊玫瑰区（Zona Rosa）也是与友善的当地人共舞的最佳地点。夜店里轮番播放着萨尔萨、梅伦格（merengue）、空比亚（cumbia）舞曲和嘻哈乐，而在这个中美洲最酷的首都也能听到喇叭里传来的斯卡（ska）、雷鬼和重金属[偶尔还有传统的嘘克（xuc）乐队]。如果你在22:00前去大多数场所，就能避免入场费。地点和时间各异。

05 卡门大道

卡门大道（Paseo El Carmen）位于中央商务区（CBD）西南10公里处的圣特克拉（Santa Tecla），很值得在下午或傍晚过去漫步，看看萨尔瓦多人如何回击这座城市危险的名声。这条迷人的复原街道车辆禁行，有着朝向甬道开放的咖啡馆、酒吧和商店，而周末的夜市比其他中美洲首都的大小夜市都更有大都市的感觉。在这里喝杯咖啡也用不了几个钱。免费。

当地人说

“如果你想见识令人惊叹的玛雅遗址，不用大费周章前往危地马拉（Guatemala）。去塔苏莫（Tazumal）的金字塔（Chalchuapa；周二至周日；5美元）只要1小时车程。圣安东尼奥庄园（Finca San Antonio）由奥尔梅克人（Olmecas）建造，历史甚至早于玛雅文化，最近也对外开放了。查丘瓦帕（Chalchuapa）本身是个好地方，可以在Trench Town Rock（Carretera Panamericana desvio a Chalchuapa，周三至周六19:00至深夜）欣赏本地雷鬼乐队的演出。你甚至可能会找到人教你一点纳瓦特尔语（Nahuatl），它是玛雅文明的核心语言。你大概早已掌握一个词了……tequila（龙舌兰酒）！”——豪尔赫（Jorge），查丘瓦帕当地人

06 恶魔之门

恶魔之门（Puerta del Diablo）是圣萨尔瓦多以南13公里处的一处多石山脊，是古代玛雅人的一个献祭场所，也是内战时期（Civil War）的行刑地。如今，这里是个绝妙的地方，你可以轻松（尽管有点不安全）地登顶，从那里端详两座巨石并欣赏太平洋与山下Panchimalco村不受遮挡的壮观全景。免费。

07 博克龙火山

前往城西北19公里处的博克龙国家公园（Boquerón National Park），徒步爬到两个巨大火山口的顶端来享受可以大口呼吸的氧气。从首都的Parque Cuscatlán坐公共汽车到博克龙村只要30分钟——101A路或B线到圣特克拉，然后从6a Ave Sur搭乘103路公交车。登顶的1公里步道沿途可以购买野生浆果和野花。免费。

08 图恩可海滩

在海滩上乱晃很便宜也令人愉悦，你可以去位于首都西南方35公里处的图恩可海滩（Playa El Tunco），那里很适合感受它难以捉摸的魅力。这一片狭长的美丽黑沙海滩濒临太平洋，以整洁、翻腾的卷浪而闻名，但在周末这儿并不算安静。拍岸的海浪与生机勃勃的夜生活非常相称，人们在沙子步道上慢慢溜达，那感觉可是相当放松啊。24小时；免费。

09 街边美食：普普莎和奇拉特

这座城市里每隔一个摊位就有一个低调的普普莎摊（pupuseria），供应萨尔瓦多的一

免费艺术品

萨尔瓦多有数不胜数的街头艺术，在首都随便逛一逛就能看到令人印象深刻的壁画。有些来自不远的过去，而有些不过是单纯试图记录时代精神的乐观创意表达。就在Colonia Escalon和玫瑰区一带转转吧，或者何不冒个险去萨尔瓦多以北84公里的拉帕尔马（La Palma）呢，这座酷劲十足的山村可能是全世界人均拥有壁画量最多的地方。画家费尔南多·略尔特（Fernando Llort），是稚拙艺术（naïve art）的先锋，20世纪70年代生活在这里，他对全国艺术的影响持续到了今日。

种主食，每个大约卖50美分。这些巴掌大小的馅饼略微煎过，里边塞有豆子、奶酪和肉馅。大口大口地吃cordida（一种腌卷心菜做成的风味小菜）吧。而奇拉特（chilate）是一种温和的玉米饮料，装在葫芦做成的碗里售卖。萨尔瓦多版本的则加入了生姜和胡椒。健康美味！普普莎约0.50美元，奇拉特约0.75美元。

10 八月节

为期一周的八月节（Fiestas Agostinas），是为了纪念救世主（El Salvador del Mundo）而举行的，开始时间非常早，直到你真的站不住了才会中止。游行乐队一大早4:00就开场，之后是舞蹈、美食与欢笑。游行队伍在8月3日至4日于圣萨尔瓦多穿街走巷。哦，还有很多人会戴上面具，所以小心别亲错了人。8月1日至6日；免费。

11 中央市场

在这家有遮篷的中央市场（Mercado Central）里，小摊摆到了街上，售卖蔬果与日常用品——这是个挑选产自村庄的手工艺品的好地方，特别是那些有名的吊床，许多萨尔瓦多人在夏夜仍然会使用吊床。小心扒手，避免开车去市场。6 Calle Oriente，周一至周六7:30~18:00，周日7:30~14:00；入场免费。

12 圣周

萨尔瓦多是个虔诚的天主教国家，会盛大而热闹地庆祝圣周（Semana Santa）。首都有着最为引人注目的公共仪式，特别是围绕总主教座堂的鞭打游行（Procession of the Flagellation）。但你也会找到一些更小型的聚会，当地人会高兴地与家人一起待上几天，如果你有意参与其中，在这个过于友善的国家里，人们无疑也会欢迎你这个陌生人一起来聚聚的。免费。

艺术&文化　音乐&电影　运动&休闲　美食&饮品　节日&活动

圣保罗

圣保罗(São Paulo)庞大，气势咄咄逼人，能满足你一切的愉悦渴望，宛如全天候运转的文化与美食发动机。品味数不清的一流博物馆、文化中心、实验剧院和疯狂的夜生活，还有南美洲其他最诱人的纵情享受，这些都不需要你花大价钱。

01 巴西非裔博物馆

伊比拉布埃拉公园（Parque do Ibirapuera）的巴西非裔博物馆（Museu Afro Brasil）重要而迷人，常设展览按照年代记录了500年的非洲移民历史（并承认了在巴西建设过程中近1000万非洲人失去了生命），还有各种以当代非洲为中心的循环展览。museuafrobrasil.org.br; Ave Pedro Álvares Cabral s/n,Parque Ibirapuera,Gate 10; 周二至周日10:00~17:00，每月最后一个周四10:00~21:00; 成人/学生6/3巴西雷亚尔，周六免费。

02 圣保罗音乐厅

世界著名的圣保罗音乐厅（Sala São Paulo）位于经过华丽翻新的儒利奥·普列斯特斯（Júlio Prestes）火车站，是个新古典主义风格的市区标志，如今是圣保罗州交响乐团（São Paulo State Symphonic Orchestra，简称OSESP）的所在地。在周日，音效惊人的空间里会举办免费音乐会。在演出前的星期一去售票处取票（每人最多领5张）。salasaopaulo.art.br; Praça Júlio Prestes,16; 时间不定; 周日免费。

03 伊比拉布埃拉公园

这座公园占地2平方公里，是圣保罗市中心最大的绿地，也是文化生活的繁荣中心。这片空间由著名的景观设计师罗伯托·布勒·马克思（Roberto Burle Marx）设计，拥有多栋由奥斯卡·尼迈耶（Oscar Niemeyer）设计的地标建筑以及几座博物馆和圆形剧场。无论是步行、滑旱冰、骑车或是踩着滑板而来，

免费一日游

从Luz地铁站走一小段就到了南美洲最赞的城市市场之一——市立市场（Mercado Municipal；oportaldomercadao.com.br；Rua da Cantareira 306；周一至周六6:00~18:00，周日6:00~16:00；入场免费）。在这里吃一顿便宜的午餐，然后坐地铁去São Bento参观这座城市最古老的教堂圣本笃隐修院（Mosteiro de Sao Bento；mosteiro.org.br；Largo de São Bento s/n；周一至周三和周五6:00~18:00，周四6:00~20:00，周六和周日6:00至正午和16:00~18:00；免费），它是一座新哥特风格的彩绘玻璃奇迹。最后登上银行大楼（Banespa Building；Edifício Altino Arantes；Rua João Brícola 24；周一至周五10:00~15:00；免费）欣赏这座大都市的全景风光。

重要数据

人口：20,300,000

亮点：食物！圣保罗的美食业在整个南美洲无可匹敌

货币：巴西雷亚尔

消费指数：105美元/天

圣保罗人对这座公园的热爱是显而易见的。parqueibirapuera.org/ibirapuera-park；Ave Pedro Álvares Cabral；5:00至午夜；免费。

04 圣保罗“老城区”免费步行游览

“老城区”徒步游每周三次，将桑帕（Sampa；本地人对圣保罗的昵称）450多年的历史浓缩进了迷人的两个小时里。这无疑是了解圣保罗富有氛围的市中心老城的最佳方式，这片迷宫般的步行区有着形形色色、风格多样的建筑，如果没有这些当地的“专业向导”，人们很容易会错过这些特色建筑。spfreewalkingtour.com；Praça da República；周一、周三和周六11:30；免费，但欢迎小费。

05 勘

圣保罗的顶级日式料理世界闻名，但大多数正宗的热点店铺价格都高得令人却步，但别烦恼——勘（Kan）的价格高得并不算过分，你可以在这里吃到《次郎的寿司梦》（*Jiro Dreams of Sushi*）级别的8个寿司的午市套餐，制作它们的是寿司超人江头启介（Keisuke Egashira；他几乎不会说葡萄牙语！），价格却只要50巴西雷亚尔！这么一看可真便宜。restaurantekan.com.br；Rua Manoel da Nóbrega 76，Jardins；周二至周六11:30~14:00和18:00~22:00，周日18:00~22:00；omakase套餐230~280巴西雷亚尔。

06 文化急转弯

文化急转弯（Virada Cultural）是全城无休的文化节日和音乐活动，通常在5月举行，集中在市中心最著名的几处公共广场附近举办，比如**儒利奥·普列斯特斯火车站**、**共和国广场**（Praça da Republica）、**Largo do Arouche**和**Ave São João**。活动内容广泛，包括马戏表演和戏剧表演、舞蹈、类型多样的音乐、儿童活动等，全部免费。viradacultural.prefeitura.sp.gov.br；场地、日期和时间见网站；免费。

消费指数

图表比较了书里每个目的地的每日平均消费水准*。

*其中包括一晚的中档住宿费用、价位合理的三餐、一个文化景点的门票、一天的旅行以及一品托啤酒或一杯葡萄酒的价格。

价格以美元计算

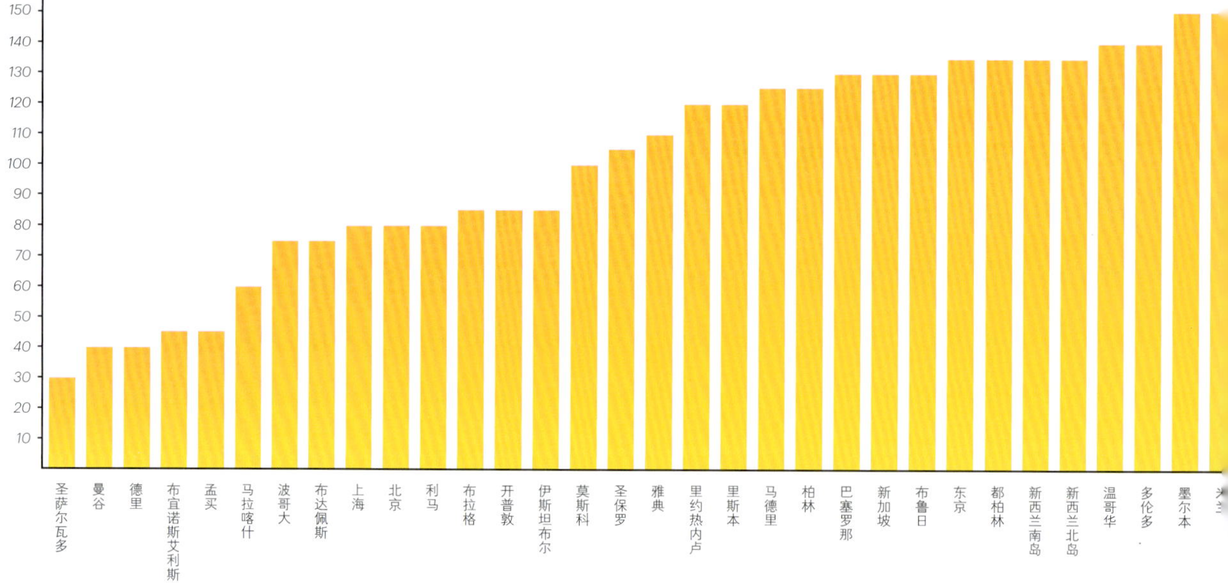

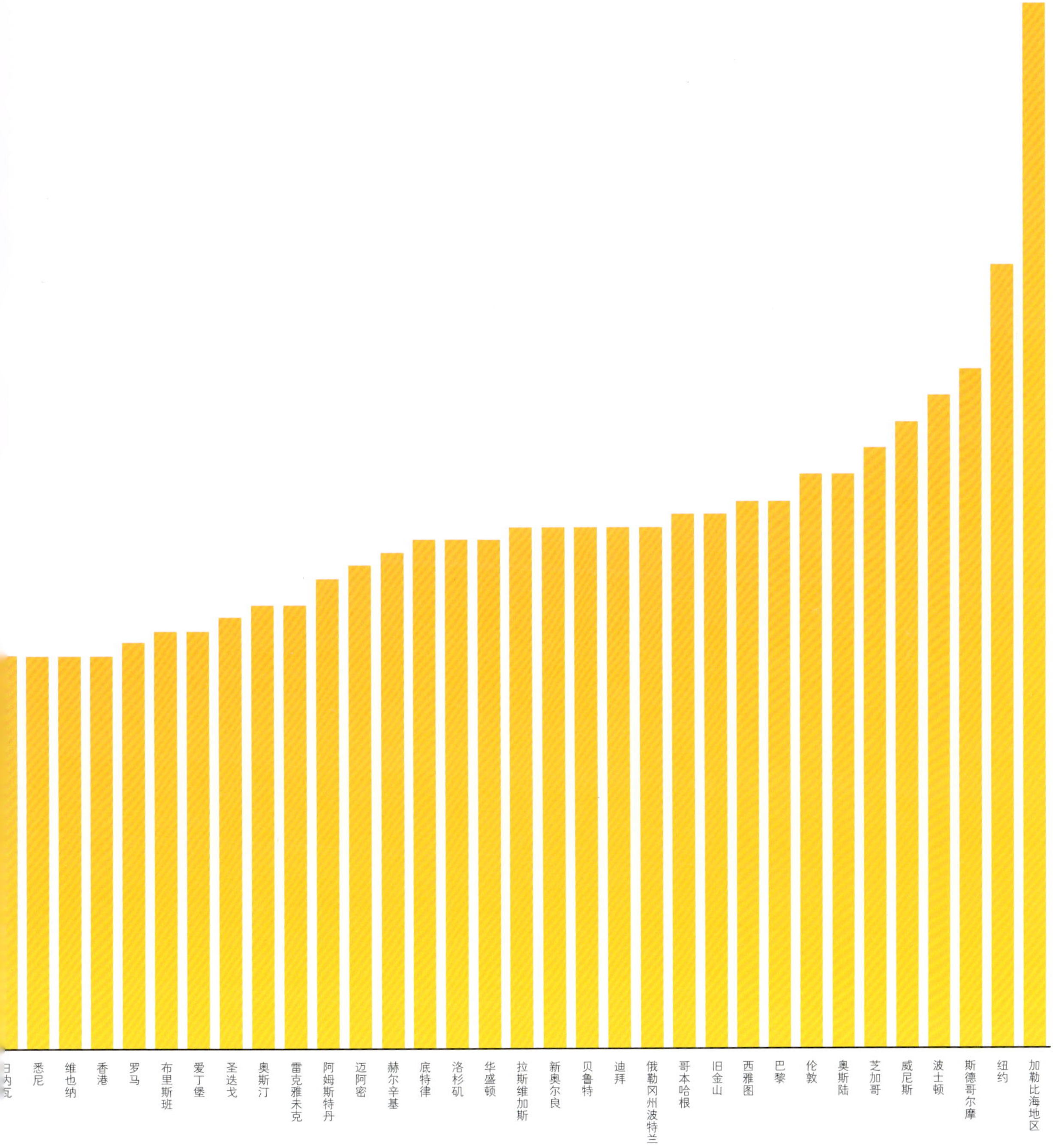
悉尼
维也纳
香港
罗马
布里斯班
爱丁堡
圣迭戈
奥斯汀
雷克雅未克
阿姆斯特丹
迈阿密
赫尔辛基
底特律
洛杉矶
华盛顿
拉斯维加斯
新奥尔良
贝鲁特
迪拜
俄勒冈州波特兰
哥本哈根
旧金山
西雅图
巴黎
伦敦
奥斯陆
芝加哥
威尼斯
波士顿
斯德哥尔摩
纽约
加勒比海地区

作者

作家兼圣洛伦索球迷**伊莎贝尔·阿尔比斯顿**(Isabel Albiston)在布宜诺斯艾利斯的Boedo街区喝了4年的马黛茶和马尔贝克(Malbec)。

凯特·阿姆斯特朗(Kate Armstrong)最爱的旅行时刻包括美味的一餐、令人趣味盎然的景点和当地人的陪伴,其中许多都是(近乎)免费的。

生活在布拉格的作者**马克·贝克**(Mark Baker)为Lonely Planet撰写了多本指南,其中包括口袋指南《布拉格》和*The Best of Prague and the Czech Republic*。

旅行作家、作者、编辑和小气鬼**萨拉·巴克斯特**(Sarah Baxter)最爱在世界各地讲价。

安德鲁·本德尔(Andrew Bender)是一位真正的加利福尼亚人(虽然不在那里出生),为Lonely Planet的指南撰写了圣迭戈的部分。

乔·宾得洛斯(Joe Bindloss)是Lonely Planet南亚次大陆部分的目的地编辑,并为Lonely Planet撰写了50多本指南。

萨拉·贝内特(Sarah Bennett)参与撰写过Lonely Planet的《新西兰》、*Hiking New Zealand*和*The Best of Wellington*。www.bennettandslater.co.nz

并非在加利福尼亚州出生的加州人**萨拉·本森**(Sara Benson)把奥克兰称为家。她逃到了拉斯维加斯,尽管她不愿意承认。

彼拉·陈(Piera Chen)是一位旅行作家、影评人和诗人,大多数时间他都乐意把香港叫作家。

雅尼娜·埃贝莱(Janine Eberle)是一位亲法人士,愿意尽可能多地待在巴黎,并把她全部预算都花在了奶酪和葡萄酒上。

布里奇特·格利森(Bridget Gleeson)生活在布宜诺斯艾利斯,在南美洲四处旅行,沿途品尝各种葡萄酒。

汤姆·霍尔(Tom Hall)大部分的成年生活都在为Lonely Planet撰写指南,一边写着书,一边给伊斯坦布尔的哈吉亚·索菲娅(Hagia Sophia)写情书。

安东尼·哈姆(Anthony Ham)不可救药地在第一次去的时候就爱上了马德里,之后在那里生活了10年。他能说一口流利的西班牙语,并定期回到这座被他当作精神故乡的城市。

从丽都(Lido)的海滩到后巷小酒馆,**葆拉·哈迪**(Paula Hardy)为Lonely Planet的《意大利》指南做了超过15年的贡献。她的推特是@paula6hardy。

丹尼尔·麦克罗汉(Daniel McCrohan)创作了iPhone应用"Beijing on a Budget"(便宜游北京),并参与创作了28本指南,还是一位穷游专家,在中国已经生活了十几年。

弗吉尼亚·杰勒斯(Virginia Jealous)目前在追寻1904年去世于印度的诗人劳伦斯·霍普(Laurence Hope)——又名维奥莱特·尼科尔森(Violet Nicolson)的足迹。

亚当·卡林(Adam Karlin)为新奥尔良和迈阿密撰写过多本指南,并且热爱在这两座城市里消磨时间——有时也包括金钱。

在世界各地搜刮、省吃俭用、讨价还价并搭顺风车20年之后,**帕特里克·金塞拉**(Patrick Kinsella)尝试过的东西比买过的东西多。

玛里埃拉·克劳泽(Mariella Krause)自2006年起便为Lonely Planet撰写指南,在那之前享受奥斯汀便宜的玛格丽塔酒已经很久了。

自2002年起,**亚历克斯·列维通**(Alex Leviton)已经为Lonely Planet撰写了无数本指南,最近的一本是关于意大利、美食与快乐的。

卡琳·诺布尔(Karyn Noble)是Lonely Planet伦敦办公室的高级编辑,也是专注于豪华与美食旅行的自由撰稿人。但她最近最难忘的部分体验没花一分钱。她的推特是@MsKarynNoble。

弗吉尼亚·马克斯韦尔(Virginia Maxwell)长期且定期拜访中东,为Lonely Planet撰写了《土耳其》《伊朗》和*Lebanon*等目的地的指南。

丽贝卡·米尔纳(Rebecca Milner)住在东京,参与撰写了Lonely Planet的《日本》和《韩国》指南。

凯特·摩根(Kate Morgan)是一位自由旅行作者和编辑,参与了Lonely Planet多本指南的撰写。

贝姬·奥尔森(Becky Ohlsen)是一位俄勒冈州波特兰的自由撰稿人,总是乐于发现划算的东西。

斯蒂芬妮·翁(Stephanie Ong)是一位活跃于米兰的澳大利亚编辑/作者。

当没有沉浸在写作和旅行时，她吃美食并抱怨赋税——就和每一位地道的意大利人一样。

马特·菲利普斯（Matt Phillips）热爱免费的东西（谁不热爱呢？），特别是与很棒的户外活动相关的东西。书写关于非洲、欧洲、亚洲以及他的故乡温哥华的故事。

布伦丹·塞恩斯伯里（Brendan Sainsbury）是一位活跃于加拿大温哥华附近的英国作者。他探索和书写关于西雅图的东西已经超过了10年。

布兰登·普雷瑟（Brandon Presser）是一位获过奖的旅行作者和电视名人，拜访过100多个国家，并为Lonely Planet写过40多本书。

凯文·劳布（Kevin Raub）是一位生活在圣保罗的旅行记者，参与撰写了4本Lonely Planet与巴西相关的指南。

旅行作者**萨拉·里德**（Sarah Reid）热爱在每次拜访的时候发现新加坡新的一面——特别是免费的时候。

安德烈亚·舒尔特-皮弗斯（Andrea Schulte-Peevers）生活在柏林，并且参与了Lonely Planet《柏林》指南全部9版的创作。

李·斯莱特（Lee Slater）为Lonely Planet的《新西兰》、*Hiking New Zealand*和*The Best of Wellington*等指南担任过作者。www.bennettandslater.co.nz

汤姆·斯珀林（Tom Spurling）是一位生活在香港的作者和老师。他参与过11本Lonely Planet的指南的创作过程，其中包括*Central America on a Shoestring*。

菲利普·邓（Phillip Tang）在许多Lonely Planet的出版物里都喜欢炫耀高性价比的兴奋经历，其中包括*Peru*和*Discover Peru*。更多见philliptang.co.uk

玛拉·沃尔西斯（Mara Vorhees）是一位旅行作者、城市居民和双胞胎的母亲。在www.havetwinswilltravel.com关注她的冒险吧。

里吉斯·圣路易斯（Regis St. Louis）是一位全职旅行作者，也是Lonely Planet《纽约》和*Rio de Janeiro*指南的作者。

为Lonely Planet贡献过无数关于文化和旅行的书籍，**卡罗林·维尔德胡伊斯**（Caroline Veldhuis）在世界各地继续她品味素食的终生使命。

塔斯敏·瓦比（Tasmin Waby）是一位生活在伦敦的囊中羞涩的作者和编辑，并借一切机会旅行（通常带着孩子，但也不一直带着）。

英国作者**尼古拉·威廉斯**（Nicola Williams）生活在日内瓦湖南岸。她为Lonely Planet撰写了《瑞士》的指南，推特是@tripalong。

在芝加哥活跃了超过25年，**卡拉·齐默尔曼**（Karla Zimmerman）了解便宜货藏在哪里（特别是关于啤酒和甜甜圈的）。

地图图例

道 路

- 高速公路
- 一级公路
- 二级公路
- 三级公路
- 台阶
- 小路

境 界

- 国界
- 未定国界
- 地区界
- 停火线
- 省界
- 未定省界
- 地级界
- 县级界
- 悬崖

水 系

- 河流、小溪
- 间歇性河流
- 沼泽
- 运河
- 湖泊
- 干/盐/间歇性湖
- 冰川

地区特征

- 海滩/沙漠
- 基督教墓地
- 其他墓地
- 公园/森林
- 重要景点(建筑)
- 一般景点(建筑)
- 运动场所
- 景点
- 地铁站

注：并非所有图例都在此显示。

幕后

本书作者

伊莎贝尔·阿尔比斯顿(Isabel Albiston)、凯特·阿姆斯特朗(Kate Armstrong)、马克·贝克(Mark Baker)、萨拉·巴克斯特(Sarah Baxter)、安德鲁·本德尔(Andrew Bender)、乔·宾得洛斯(Joe Bindloss)、萨拉·贝内特(Sarah Bennett)、萨拉·本森(Sara Benson)、彼拉·陈(Piera Chen)、雅尼娜·埃贝莱(Janine Eberle)、布里奇特·格利森(Bridget Gleeson)、汤姆·霍尔(Tom Hall)、安东尼·哈姆(Anthony Ham)、葆拉·哈迪(Paula Hardy)、丹尼尔·麦克罗汉(Daniel McCrohan)、弗吉尼亚·杰勒斯(Virginia Jealous)、亚当·卡林(Adam Karlin)、帕特里克·金塞拉(Patrick Kinsella)、玛里埃拉·克劳泽(Mariella Krause)、亚历克斯·列维通(Alex Leviton)、卡琳·诺布尔(Karyn Noble)、弗吉尼亚·马克斯韦尔(Virginia Maxwell)、丽贝卡·米尔纳(Rebecca Milner)、凯特·摩根(Kate Morgan)、贝娅·奥尔森(Becky Ohlsen)、斯蒂芬妮·翁(Stephanie Ong)、马特·菲利普斯(Matt Phillips)、布伦丹·塞恩斯伯里(Brendan Sainsbury)、布兰登·普雷瑟(Brandon Presser)、凯文·劳布(Kevin Raub)、萨拉·里德(Sarah Reid)、安德烈亚·舒尔特-皮弗斯(Andrea Schulte-Peevers)、李·斯莱特(Lee Slater)、汤姆·斯珀林(Tom Spurling)、菲利普·邓(Phillip Tang)、玛拉·沃尔西斯(Mara Vorhees)、里吉斯·圣路易斯(Regis St. Louis)、卡罗林·维尔德胡伊斯(Caroline Veldhuis)、塔斯敏·瓦比(Tasmin Waby)、尼古拉·威廉斯(Nicola Williams)和卡拉·齐默尔曼(Karla Zimmerman)。

关于本书

这是Lonely Planet《免费旅行》的第1版。

本书由以下人员制作完成:

项目负责 关媛媛

项目执行 丁立松

翻译统筹 肖斌斌　王玫珺

翻　　译 丁子凌　姜珊　王瑜玲

内容策划 郑娜娜　王珏　李昕(本土化内容)

视觉设计 李小棠　佟雪莹

协调调度 高原　沈竹颖

责任编辑 马珊　李偲涵

特约编辑 莱畦

地图编辑 马珊

制　　图 田越

流　　程 孙经纬

终　　审 杨帆

排　　版 北京梧桐影电脑科技有限公司

感谢李斯、付皓、向阳、罗霄山、李爽、黄俏旻为本书提供的帮助。

声明

本书部分地图由中国地图出版社提供，其他为原书地图，审图号GS(2017)3092号。

说出你的想法

我们很重视旅行者的反馈——你的评价将鼓励我们前行，把书做得更好。我们同样热爱旅行的团队会认真阅读你的来信，无论表扬还是批评都很欢迎。虽然很难一一回复，但我们保证将你的反馈信息及时交到相关作者手中，使下一版更完美。我们也会在下一版特别鸣谢来信读者。

请把你的想法发送到**china@lonelyplanet.com.au**，谢谢!

请注意：我们可能会将你的意见编辑、复制并整合到Lonely Planet的系列产品中，例如旅行指南、网站和数字产品。如果不希望书中出现自己的意见或不希望提及你的名字，请提前告知。请访问lonelyplanet.com/privacy了解我们的隐私政策。

免费旅行

中文第一版

书名原文：*The Best Things In Life Are Free*（*1st edition*，*Aug 2016*）

本中文版由中国地图出版社出版

图书在版编目(CIP)数据

免费旅行 / 澳大利亚 Lonely Planet 公司编；丁子凌，姜珊，王瑜玲译. -- 北京：中国地图出版社，2017.12

书名原文：The Best Things in Life Are Free

ISBN 978-7-5204-0218-7

Ⅰ. ①免… Ⅱ. ①澳… ②丁… ③姜… ④王… Ⅲ. ①科学知识－普及读物 Ⅳ. ① Z228

中国版本图书馆 CIP 数据核字 (2017) 第 272749 号

出版发行 中国地图出版社
社　　址 北京市白纸坊西街 3 号
邮政编码 100054
网　　址 www.sinomaps.com
印　　刷 北京华联印刷有限公司
经　　销 新华书店
成品规格 185mm×240mm
印　　张 19
字　　数 517 千字
版　　次 2017 年 12 月第 1 版
印　　次 2017 年 12 月北京第 1 次印刷
定　　价 99.00 元
书　　号 ISBN 978-7-5204-0218-7
审 图 号 GS（2017）3092 号
图　　字 01-2017-5513

如有印装质量问题，请与我社发行部（010－83543956）联系